HAUTE PROTECTION

Suivi éditorial et mise en pages :
Marie-Mélodie Delgado

Corrections :
Catherine Garnier

24, rue des Grands-Augustins - 75006 Paris

ISBN : 978-2-84736-544-3
Dépôt légal : novembre 2010

Philippe DURANT

HAUTE PROTECTION

LA PROTECTION DES HAUTES PERSONALITÉS DE DE GAULLE À SARKOZY

nouveau monde
éditions

« Gorille c'est pas une situation d'avenir.
Sauf à l'Élysée. »
Jean Gabin dans *Le Soleil des voyous*
(Jean Delannoy, 1967)

VINCENT, RENÉ, ALBERT ET LES AUTRES…

GOÛT BULGARE

C'est la faute au Mauser.

Une arme efficace, le Mauser. Catégorie pistolet semi-automatique. Le jour où son créateur, le Teuton Paul Mauser, le présenta au Kaiser Guillaume II, ce dernier fit mouche à plusieurs reprises. Il en sourit de satisfaction. Une sorte de certificat de baptême pour ce flingue aussi moderne que redoutable. Date : 20 août 1896.

Ce premier Mauser connut une fastueuse descendance, mais aussi des frères, des cousins et même des imitateurs moins fiables. Le Mauser pullula dans toute l'Europe, avec un ancrage plus marqué à l'Est. Il n'avait pas fini de faire parler de lui.

En octobre 1934, un calibre 7,65, modèle Schnellfeuer, se retrouva entre les mains de Vlado Tchernozemski. Un nationaliste bulgare militant au sein de l'Organisation révolutionnaire intérieure macédonienne. Résistant pour les uns, terroriste pour les autres ; pas commode pour tout le monde. Il empoigna le pistolet allemand avec la ferme intention de s'en servir. Pas sur des cibles en carton comme son impérial prédécesseur. Le Bulgare stationnait à Marseille. Bains de mer et parties de pétanque ne figuraient pas à son programme. Il était là pour Alexandre, ci-devant roi de Yougoslavie, en voyage officiel en France. Il devait se rendre à Paris via la cité phocéenne où un train spécial n'attendait plus que lui. Vlado connaissait le parcours du cortège. Qui ne le connaissait pas ? Tout Marseille se bousculait pour admirer les fastes de la République déployés en faveur du roi venu de l'Est. Mieux que le Grand Guignol. Gratuit, en plus. Tchernozemski se planta sur la Canebière avec vue sur le Vieux Port d'un côté et l'église des Réformés de l'autre, Mauser planqué dans ses frusques.

Dès que la Delage noire décapotée arriva à sa hauteur, il sauta sur l'occasion et sur le marchepied. Bang, bang. Deux coups tirés avec un calme surprenant. Le royal Alexandre entra dans la rubrique nécrologique. Présent à ses côtés, le général Georges tenta de s'interposer. Mal lui en prit, il fut touché par deux autres balles qui le firent passer de vie à trépas. Vlado paraissait déterminé à vider son chargeur coûte que coûte.

Le Mauser remplit sa mission.

Au-delà du fait divers aux répercussions internationales, l'autre intérêt fut d'observer la réaction des forces de l'ordre. Il y avait du monde, et du beau : 1500 gardiens de la paix, 200 inspecteurs en civil, plusieurs compagnies de gendarmes. Ne manquaient que les tirailleurs sénégalais et les chasseurs alpins. De quoi contenir une émeute. Mais pas stopper un tireur isolé. Dire que ce fut la panique serait très en deçà de la vérité. Désordre, bousculade, cris. Personne n'y comprenait rien. Réflexe quasi conditionné chez certains : répondre au feu par le feu. Des assermentés défouraillèrent leurs armes et tirèrent à qui mieux mieux. Sans savoir sur qui ni pourquoi. Cela aurait pu tourner au massacre. Beaucoup de balles perdues. Pas pour tout le monde, hélas. L'une se logea dans le poitrail du ministre des Affaires étrangères, Louis Barthou, qui « défunta » à son tour. Mort que l'on s'empressa de mettre sur le dos de Vlado en dépit d'une analyse balistique formelle : la balle assassine avait été tirée par l'arme d'un policier français. Des anonymes aussi furent touchés, dont une femme qui en mourut. Dans cette pagaille indescriptible, seul le lieutenant-colonel Pollet conserva sang-froid et efficacité. De son sabre effilé, il frappa Tchernozemski à plusieurs reprises et exhorta les forces de l'ordre à cesser le feu. Plus facile à crier qu'à obtenir. Le forcené fut arrêté et les armes regagnèrent, enfin, leurs étuis.

Bilan de la journée : trois morts chez les officiels, un scandale d'ampleur mondiale et un service d'ordre à revoir de A à Z..., à construire. Ce qui fut fait, promptement.

Ainsi donc, le Mauser, qui n'en demandait pas tant, provoqua, malgré lui, la création d'un nouveau service au sein de la police, le SVOSHP (service des Voyages officiels et de la Sécurité des hautes personnalités).

Une nouvelle entité allait s'épanouir.

Merci la Waffenfabrik.

LE LIVRE DE MARS

Dans la réalité policière, cet attentat contre le roi de Yougoslavie fut la goutte de sang qui fit déborder le vase. Car de fâcheux précédents confirmaient les faiblesses des balbutiants services de protection français.

En quarante ans, la douce France avait quand même perdu deux de ses présidents dans des circonstances violentes. Le 24 juin 1894, alors qu'il se rendait au Grand Théâtre de Lyon, Sadi Carnot fut occis d'un coup de poignard par un anarchiste italien… Le 6 mai 1932, Paul Doumer fut la cible d'un immigré russe qui lui tira dessus à bout portant. Le président décéda le lendemain… À cela s'ajoutaient divers incidents dont le plus célèbre, qui fit ricaner la France entière, fut la chute nocturne de Paul Deschanel, lui aussi président. Dans la nuit du 23 mai 1920, il tomba du train qui l'emmenait à Montbrison, sans que personne ne s'en rende compte, pas même ses « gardes du corps ». Blessé, le président chancelant erra en pyjama le long de la voie. Fort heureusement, il finit par croiser un cheminot qui, non sans méfiance, s'occupa de lui…

Cette succession d'événements tendait à prouver que, question sécurité des officiels, les policiers français brillaient par une incompétence crasse. On pouvait se faire assassiner sous leurs yeux sans qu'ils ne lèvent un bras ou choir d'un train sans qu'ils ne lèvent un sourcil. Autant dire que s'ils avaient été absents ou ailleurs, la face de l'histoire n'en eût pas été beaucoup changée. Ces policiers-là n'étaient pas faits pour la protection et n'avaient reçu aucune formation en conséquence. En ces temps pas si reculés, on protégeait les dirigeants du mieux que l'on pouvait, à la bonne franquette et au coup de coude. Efficacité : néant.

Afin d'enrayer l'hécatombe et d'éviter de nouvelles bévues en tous genres, il était plus que temps de réagir. Entre le maintien de l'ordre et la sécurité des chefs d'État s'étendait un gouffre qu'aucun service ne pouvait franchir sans un minimum d'organisation.

Le ministère de l'Intérieur lança une saine réflexion. Le ministre lui-même y participa peu car, en ces temps troublés, aucun n'avait le temps de profiter de son siège : en cinq ans se succédèrent onze ministres ! Pendant que les hommes politiques jouaient à la chaise musicale, les fonctionnaires de la direction de la Sûreté nationale planchaient sur le dossier. Ils aboutirent à un texte ad hoc, point de départ d'une professionnalisation progressive de la protection rapprochée.

Le 1er mars 1935 parut une « circulaire relative à la sécurité des déplacements officiels » signée par le président du Conseil Pierre-Étienne Flandin et par cinq ministres.

Dès les premières lignes, elle enfonçait le clou : « À la suite d'événements douloureux et regrettables, il a paru nécessaire de résumer, en les mettant à jour et en les précisant, les directives à suivre lors des voyages officiels. »

Cette circulaire constitua l'acte de naissance de ce nouveau service qu'était le SVOSHP rapidement réduit, dans le jargon policier, à « Voyages officiels » et même à « VO ».

Personne n'eut l'outrecuidance de remarquer que l'existence de « hautes » personnalités impliquait, *ipso facto*, celle de « basses » personnalités. Distinguo nécessaire pour éviter que toutes les personnalités se retrouvent sur un pied d'égalité, ce qui aurait fait désordre. Restait à dessiner la frontière séparant l'élite de la piétaille, les gens d'en haut de ceux d'en bas, mais aussi à définir précisément ce qu'était une « personnalité ». Aucun texte ne le fit. On préféra se référer à l'usage et à la coutume. Ceux qui ne bénéficiaient pas de la protection du SVOSHP pouvaient se poser des questions quant à leur position sur l'échelle politique…

Les auteurs du texte novateur s'étaient efforcés de couvrir tous les domaines. En amont, un service d'information était créé pour « examiner les différentes phases par lesquelles passe l'organisation proprement dite du voyage ». Concrètement cela impliquait d'abord de recueillir tous les renseignements possibles, particulièrement au niveau des menaces potentielles. Mieux valait prévenir qu'essuyer des coups de feu.

Désormais chaque déplacement officiel devait être préparé un mois à l'avance. Le temps des voyages éclairs ou surprises n'était pas encore de mise. Un mois avant la date fatidique, donc, se tenait, dans la préfecture chapeautant la future ville visitée, une première réunion. Autour de la table s'asseyaient le représentant de la présidence de la République, le général commandant la région, le commissaire divisionnaire chargé des voyages officiels, le commandant d'armes, le commandant de la compagnie départementale de gendarmes, le commissaire central, le commissaire spécial, le chef de la brigade régionale de la police mobile, le chef du service télégraphique de l'Élysée, le directeur départemental des postes, le représentant du réseau de chemin de fer local, le chef du service de la voirie du secteur, plus diverses autorités tels maires, président du Conseil général, président de la chambre de commerce, etc. Bref, une petite foule chargée de dresser les grandes lignes de la venue du président. Chacun défendait ses prérogatives, tentait d'en tirer les meilleurs avantages.

En réalité, celui qui suait le plus était ce fameux commissaire divisionnaire chargé des voyages officiels. Toute la sécurité reposait sur ses larges épaules. Magnanime, la circulaire lui mâchait le travail, lui rappelant quelques règles de base :

Envoi d'un télégramme circulaire pour inviter tous les préfets à prendre des mesures de sécurité de protection pendant le voyage.

Dispositions particulières déterminées par les renseignements recueillis par le service d'information.

Rédaction des coupe-files de sûreté pour les personnalités accréditées, invités, membres de la presse, fonctionnaires de police.

Le divisionnaire devait saisir le problème à bras-le-corps, étudier le parcours du cortège, vérifier l'emplacement des policiers et gendarmes, éplucher les listes d'invités… Pour ce faire, épaulé par ses adjoints, il se rendait sur place et inspectait le plus de lieux possibles : bâtiments, rues, édifices, etc. Rien ne devait lui échapper. D'après la circulaire, il se devait aussi de vérifier la solidité des arcs de triomphe, des mâts et de toutes les décorations et illuminations présentes sur le lieu de passage du cortège.

Ce même policier avait l'autorisation et l'autorité pour organiser une répétition grandeur nature du cortège. Dans la louable intention de l'aider dans sa tâche, la circulaire réglementait strictement la disposition des véhicules et de leurs escortes. Ainsi, le « groupe officiel » comportait « cinq motocyclistes ouvrant la marche, un peloton de gendarmes ou de gardes mobiles à cheval, une fanfare de cavalerie, une ou deux voitures dites “protocolaires”, un peloton de cavalerie dit “de tête”, l’étendard et sa garde, la voiture présidentielle flanquée de huit cyclistes ou motocyclistes et gardée à l’arrière par huit autres cyclistes ou motocyclistes sur un ou deux rangs, la voiture de sûreté de l’Élysée, les voitures transportant les personnalités officielles, un peloton de cavalerie dit “de queue”, déployé sur toute la largeur de la chaussée ».

Concernant la protection rapprochée *stricto sensu*, le texte précisait : « Un officier général et un officier supérieur sont placés à hauteur des portières de la voiture. » Le reste du service d’ordre était assuré par la police locale, la gendarmerie et la garde mobile. Charge pour eux, non seulement de surveiller et de contenir la foule, mais également d’interdire les jets de confettis, serpentins et même bouquets lors du passage du cortège. L’heure n’était plus à la fête, la sécurité de la République devenait chose sérieuse. On comprend pourquoi un mois était nécessaire à toute cette mise en place.

La circulaire de mars ne prêtait pas à sourire. Il allait falloir l’appliquer à la lettre. Plus qu’un bouleversement, cela provoqua un changement en profondeur. Oubliées les habitudes, terminées les préparations bâclées, le nouveau service allait avoir du pain sur la planche. Il ne pouvait se douter de sa longévité ni que, trois quarts de siècle plus tard, il n’aurait plus du tout le même aspect.

« La circulaire de 1935 était très bien faite, constate Gilles Furigo, directeur du service en 2010. Par exemple, elle parlait déjà des coupe-files, c’est-à-dire de l’équivalent des badges que l’on emploie aujourd’hui ! Incroyable. »

Le service nouvellement créé comptait cinq commissaires et trente inspecteurs.

Pendant ce temps, en ce même mois de mars 1935, non loin de là, Adolf Hitler rétablissait le service militaire obligatoire.

MARÉCHAL, LES VOILÀ

Les consignes imposées par la circulaire furent respectées. L'efficacité en sortit grandie. Régicides, anarchistes, conspirateurs et autres semeurs de troubles hésitèrent à l'idée de se heurter à de solides obstacles. Confiant dans ce nouveau dispositif, le président pouvait se déplacer en France en toute quiétude. Bénéficiant du service dit de Sûreté de la présidence de la République, attaché à sa seule personne, Albert Lebrun n'eut à se plaindre d'aucun incident. Il n'en fut pas de même pour la mère patrie.

Après une guerre, qui n'avait de « drôle » que le nom, suivit un conflit douloureux. Le militaire Pétain succéda au civil Lebrun. Le récent service mis en place fut rebaptisé *in petto* « Sûreté du Maréchal », sans doute pour faire croire aux Français qu'un maréchal est plus important qu'un président. Le commissaire Wurstlin, directeur à la préfecture de police de Paris, prit les commandes de cette unité qui regroupa d'abord cinq puis dix-sept inspecteurs de police, pour la plupart issus des Voyages officiels, tous enhardis par leur mission de protéger le nouvel homme fort du pays. Dans les faits cela consista essentiellement à sécuriser les couloirs menant à son bureau et à sa chambre, car le nouvel homme fort affichait 84 ans et une énergie déclinante.

Parallèlement, des gendarmes se trouvèrent chargés d'assurer la protection « extérieure » de Pétain à Vichy, en particulier lors de ses déplacements en France et autour de l'*Hôtel du Parc* où résidaient le maréchal et son épouse, qui faisaient chambre à part. Ces gendarmes, qui se voulaient d'élite, formaient la compagnie de garde personnelle du chef de l'État. Ils furent surnommés les Mousquetaires du Parc.

Pétain se comparait-il au roi Louis XIII ou au cardinal Richelieu ? Nul ne le sut. Au total quatre cent vingt hommes placés sous la férule du colonel de gendarmerie Lionel Lazare Barré à la fibre patriotique exacerbée :

« C'est une tâche splendide que la vôtre, clama-t-il pour haranguer ses troupes. Héritiers des traditions légendaires des "cent gardes", vos grands anciens, vous avez le rare honneur et la satisfaction enviable d'assurer par une veille exclusive et permanente le repos et la sécurité de notre grand chef. Unis dans un enthousiasme vibrant, sans faiblesse comme sans relâche, ensemble nous présenterons à la Nation ravie et à la gendarmerie toute entière l'exemplaire accompli des qualités de discipline, d'ardeur et de foi qui font et refont les peuples grands et forts[1]. »

Les plus attentifs notèrent que le repos du grand chef passait avant sa sécurité. Personne ne se permit d'en faire la remarque à haute voix.

Le sémillant Barré, qui portait bien son nom, menait son petit monde à la baguette. Il exigeait l'excellence tant autour des bâtiments officiels, au cours des voyages officiels, qu'au quotidien. Il passait son temps à épier ses hommes et à écrire des notes. Celle du 3 décembre 1942 est symptomatique du climat bon enfant qui régnait dans la ville d'eau : « J'ai rencontré ce matin, rue Georges-Clemenceau, un gendarme du corps de la garde personnelle accompagné de sa femme et portant un enfant dans ses bras. Si le geste, en soi, part d'un bon sentiment paternel, il est cependant contraire au règlement. Le capitaine de la compagnie veillera tout particulièrement à ce que ce fait ne se renouvelle pas, ni celui, pour un gendarme, de donner le bras à sa femme en ville. Je suis décidé à sanctionner impitoyablement tout fait de cette nature[2]. »

Si la plupart des militaires formant la garde prétorienne se disaient fiers et honorés de servir le maréchal, certains avaient une vision plus aiguë des réalités. Ainsi, le lieutenant Robert Frumin espionna le pouvoir vichyste et transmit de précieux renseignements à Londres. Il le paya de sa vie.

---

1 Cité par Xavier Aiolfi, *La garde personnelle du chef de l'État : 1940-1944*, Nouvelles Éditions latines, 1999.

2 Cité par Jean-Marie Pontaut et Éric Pelletier, *Chronique d'une France occupée*, Michel Lafon, 2008.

Pétain aimait aussi se déplacer pour rassurer un pays en proie aux doutes. En voiture ou en train, il sillonnait les routes de province. Sa Renault Vivastella noire type « Viva Grand Sport » ne tarda pas à être connue et reconnue. Les voyages officiels du maréchal étaient l'occasion d'une mobilisation importante : cinq cents hommes chargés de veiller sur sa sécurité. Près de lui, un inspecteur de l'équipe de Wurstlin faisait office d'unique vrai garde du corps et voyageait dans la Renault officielle, qui, elle-même, était suivie par deux autres voitures chargées d'inspecteurs de la même équipe, prêts à agir. Le vainqueur de Verdun affectionnait bains de foule, serrements de mains et tapotements affectueux sur les chères têtes blondes, ce qui compliquait quelque peu le travail de ses protecteurs. Pas vraiment d'inquiétude, tant les Français semblaient apprécier, voire aduler, le sauveur de la patrie. Les hommes de Wurstlin devaient plus repousser les assauts de sympathie que les manifestations de colère.

Au fil des années, la façade se lézarda à en troubler civils et militaires en poste à Vichy. Quand vint 1944, depuis plus de quatre ans, la France n'était plus un pays où il faisait bon vivre. Pourtant, au sein du gouvernement, on continua de soutenir que la personne du maréchal n'était aucunement en danger et que tout allait pour le mieux dans le meilleur des mondes. Le 5 juin, veille du Débarquement, les hautes instances s'efforçaient encore d'afficher bonne figure. La note de service de l'inévitable Barré, datée de ce jour, se voulait primesautière : « Afin de stimuler le zèle, je décide d'organiser un concours dit du plus beau jardin. Ce plus beau jardin sera celui qui aura donné les plus beaux légumes et la plus grande quantité de légumes[3]. » En dépit des sourires et des manifestations d'optimisme, des gendarmes furent appelés en renfort pour protéger Pétain. À quoi bon ? L'heure du choix avait sonné : certains s'empressèrent de rejoindre la Résistance.

Le 9 septembre 1944, la garde du maréchal fut officiellement dissoute. Elle avait fait son temps et ne laissait pas un impérissable souvenir.

Une dizaine de jours auparavant, une autre unité était également passée à la trappe pour tomber dans les limbes de l'oubli : le Groupe spécial de protection, qui comptait deux cent cinquante hommes. Sa mission, protéger Pierre Laval, objet de nombreuses menaces et cible d'un attentat à Versailles, en août 1941.

3 *Ibid.*

Ces événements espérés marquèrent le retour du service des Voyages officiels, dépendant de la Sûreté nationale. La parenthèse pétainiste se refermait avec moins de panache qu'elle ne s'était ouverte. La réalité dépassait l'affliction.

LA QUATRIÈME

Philippe Pétain emprisonné, les hommes politiques firent sortir des textes une nouvelle république, quatrième du nom. On conserva toutefois le concept de Parlement, d'un président du Conseil fort et d'un président de la République (élu par ledit Parlement) aux pouvoirs limités. Il avait pour fonction essentielle de représenter la France, de rassurer les citoyens, de nommer le président du Conseil et, éventuellement, de dissoudre la Chambre des députés.

À nouvelle république, nouveaux présidents.

Il était temps de tourner la page et de débarrasser la fonction présidentielle de ses images d'Épinal pétainistes qui n'avaient plus lieu d'être. L'heure n'était plus à la propagande mais à la reconstruction. L'apparat fut réduit et les policiers reprirent leurs fonctions autour du chef de l'État.

Élu en janvier 1947 avec quatre cent cinquante-deux voix[1], Vincent Auriol prit son rôle très au sérieux. Il se servit des voyages comme d'un instrument de communication pour prouver qu'être président de la Quatrième République c'était aussi être près du peuple.

« Entre le peuple et ses élus, à quelque échelon qu'ils soient, il doit y avoir communication permanente de pensées et de volonté, annonça-t-il d'emblée. J'irai d'ailleurs partout à travers la France pour réaliser l'unité nationale, mobiliser toutes les forces vives du pays, entendre les doléances, exposer la politique nationale et internationale de la France, et, entre les élus de la population, être le trait d'union permanent qui fera la force de notre pays[2]. »

1 Contre deux cent quarante-deux à son plus proche adversaire, Auguste Champetier de Ribes.

2 *Journal du Septennat 1947-1954*, Librairie Armand Colin, 1970.

Sur le terrain, des agents de police en uniforme et gants blancs, ou des gendarmes peu discrets, assuraient tant bien que mal sa sécurité. Mal formés, certains se tenaient si près du président qu'ils gênaient ses relations avec les officiels. D'autres le suivaient avec bonhomie, l'écoutant en souriant et, ce faisant, oubliant totalement de surveiller les alentours. Tout cela tenait plus du folklore que de l'infaillibilité. La sécurité rapprochée n'était pas très au point. La présence remplaçait le savoir-faire. On se disait que, du fait de la constance de policiers à ses côtés, personne ne serait assez fou pour attaquer le président.

« Mon grand-père a été commissaire et a connu cette époque des VO, rapporte Christian Lambert. Quand il m'en parlait, j'étais tout môme mais je comprenais qu'il ne les prenait pas pour des professionnels, c'était un service monté de bric et de broc. »

Vincent Auriol leur compliqua la tâche quand il se rendit aux États-Unis. Non point en bateau mais, progrès oblige, en avion. Cela obligea les VO à mettre en place de nouvelles techniques pour s'assurer à la fois du bon fonctionnement de l'appareil et de sa couverture radio tout au long du vol.

Ces fréquents déplacements ne signifièrent aucunement que le président délaissait son logement. Il imposa une rénovation de fond en comble de l'Élysée et lança des travaux destinés à lui redonner tout son éclat. Il en allait du symbole de la France.

Question protection rapprochée, le septennat de Vincent Auriol se passa en douceur. Comme il ne se passait jamais rien, la vigilance des professionnels faiblit et l'on s'enfonça dans une sorte de routine. Partant du principe que l'oisiveté est mère de tous les vices, les VO auraient dû se méfier…

En 1953, après treize tours de scrutin, l'arrivée de René Coty modifia un peu les données. Il se dota d'un service de Sûreté de la présidence, du Gouvernement et des Hautes Personnalités – autrement dit d'un SVOSHP dont le nom changea dans la forme mais non dans les textes – placé sous le commandement d'un chef de service qui cornaquait six commissaires et une soixantaine d'inspecteurs de police. Képis et uniformes disparurent des abords immédiats du président, au profit de messieurs en vestons et cravates qui préféraient regarder autour d'eux plutôt que d'admirer béatement René. La presse télévisée en fut impressionnée. En avril 1954, alors que Coty prenait quelques jours de repos au château de Vizille, un reporter de la télévision ébahi estima le président « remarquablement protégé par de vigilants services de sécurité ».

Très populaire, René Coty fut l'une des personnalités les plus chères au cœur des Français. Ce qui explique pourquoi, des années plus tard, un OSS 117 parodique loua ses qualités : « C'est notre Raïs à nous : c'est M. René Coty. Un grand homme. Il marquera l'Histoire. Il aime les Cochinchinois, les Malgaches, les Marocains, les Sénégalais c'est donc ton ami. Ce sera ton porte-bonheur[3]. » En réalité, René Coty eut à gérer diverses crises politiques et internationales. Surtout, il eut à supporter le déclin d'une république qui, bien que jeune, était déjà exsangue.

Il effectua quelques voyages officiels de prestige, dont un au Danemark, pays longtemps délaissé par la France puisque le président suivant à s'y rendre sera François Mitterrand, en 1982. Il déclarera dans son discours officiel : « Je remarque, dans la note qui m'a été remise que c'est la quatrième visite d'un chef d'État français au Danemark, le dernier en date étant M. René Coty dont je me rappelle avoir été le ministre, il y a bien longtemps. C'est M. Coty qui, en 1955, avait posé la première pierre du bâtiment où nous nous trouvons et je me réjouis d'en voir aujourd'hui le résultat. »

Le visage avenant et rassurant du président Coty ne saurait cacher la vérité : les fonctions présidentielles, qui avaient de plus en plus tendance à s'étioler, pressentaient le déclin de la Quatrième République. Plus présents sur le terrain, tant politique que provincial, les chefs d'État seront plus exposés. D'où la nécessité d'un service de protection efficace.

Les événements allaient s'accélérer.

---

3 Réplique tirée du film *OSS 117 : Le Caire, nid d'espions* (Michel Hazanavicius, 2006).

CHARLES DE GAULLE

GARE AUX GORILLES

Le 1er juin 1958, Charles de Gaulle, « le plus illustre des Français », selon René Coty, occupe l'Élysée. Il a 67 ans, une détermination de fer et un moral d'acier. Avec lui les choses vont changer. Président d'un nouveau style, et, prochainement, d'une nouvelle république, il n'a aucune intention de rester confiné dans les lambris élyséens. Il veut sortir, voir la France et le monde, convaincre les peuples avec des discours tonitruants et des phrases pas toujours bienheureuses. De Dunkerque à Tamanrasset, de Baden-Baden au Québec, il ne tient pas en place tout au long de la décennie à venir.

Le Général rompt avec les traditions et rejette la placide bonhomie de ses prédécesseurs. Il est un leader et, en tant que tel, une cible. Les dossiers urgents à traiter sont aussi épais qu'explosifs. En premier lieu celui de l'Algérie encore française. Les esprits sont surchauffés. Devenu Premier ministre, Georges Pompidou dira clairement ce que toute la classe politique craint : « Le moment est proche où le seul recours de l'OAS sera le terrorisme désespéré, non plus en Algérie, mais en métropole. »

Les gardes du corps du Château – surnom donné à l'Élysée – vont devoir retirer les mains de leurs poches et relever leurs manches. On ne protège pas un de Gaulle comme on protégeait un Auriol. Délicat hiatus, l'intéressé ne veut pas entendre parler de protection trop rapprochée. Maître de son temps, de ses mouvements et même de son destin, il ne veut pas se laisser embrigader. Son entourage, quel qu'il soit, devra se plier à sa manière de faire et non l'inverse. Il marche, on le suit. Il impose une méthode française – très différente de la méthode américaine – qui perdurera.

« De Gaulle était un personnage extrêmement difficile à protéger parce qu'il ne voulait pas d'une protection lourde, confirmera le commissaire Jacques Delarue qui s'occupe de déjouer les attentats en provenance de l'OAS. Quand il se rendait dans une ville de province, il voulait absolument pénétrer dans la foule, aller serrer des mains ; il ne voulait pas du tout être ennuyé. À cette époque, il y avait d'une part une protection qui était assurée à l'Élysée par la préfecture de police et, quand il se déplaçait, par le service des Voyages officiels. Mais comment voulez-vous protéger un homme qui refuse les mesures de protection ? Si l'OAS avait trouvé un seul homme qui soit prêt à mourir, on n'aurait absolument rien pu faire. C'était notre hantise[1]. »

Pour éviter le pire, on fait au mieux. Assurer une présence discrète mais efficace. En réalité, de Gaulle n'accorde aux deux services chargés de sa protection qu'une confiance relative. Militaire dans l'âme, il privilégie ses grognards. Des fidèles, des infaillibles. Blanchis sous le harnais. Madrés par l'expérience. Il n'arrive pas seul à l'Élysée et, outre une cohorte de conseillers, de secrétaires, de diplomates, il amène dans ses bagages ses propres gardes du corps, que l'on surnommera sans tarder les « gorilles du Général[2] ». Paul Comiti, Henri Djouder, Roger Tessier et Audray sont engagés en tant que contractuels par la préfecture de police. Ils prennent leurs fonctions tout près du Général. Tous sont issus du service d'ordre du RPF (Rassemblement du peuple français), le parti gaulliste par excellence. En 1961, Audray, malade, est remplacé par Raymond Sasia. Ce champion de judo, contrairement aux autres gardes du corps, est un vrai policier, issu de la Sûreté nationale. Il revient d'un stage de six semaines à l'académie de Quantico, base d'entraînement du FBI, d'où il ramène idées et méthodes nouvelles.

« C'est le ministre de l'Intérieur qui m'a envoyé là-bas, explique-t-il. Avant de partir, j'ai reçu un diplôme remis par John Edgar Hoover, le patron du FBI. À cette occasion, il m'a proposé un poste au Canada. Il cherchait un agent parlant parfaitement le français et l'anglais. Je lui ai dit non car je voulais servir mon pays. Il l'a accepté car il avait une grande admiration pour le Général. Quand je suis revenu en France,

1 Émission télévisée *Les Brûlures de l'Histoire*, diffusée le 16 novembre 1993.

2 Le terme vient du surnom de Géo Paquet, personnage de fiction créé par Antoine Dominique et immortalisé à l'écran par Lino Ventura (*Le Gorille vous salue bien*, Bernard Borderie, 1958). Paquet, dit « le Gorille », est un colosse au torse couvert de poils qui travaille pour les services d'espionnage français.

j'ai dit au ministre : "J'ai rapporté des films et des documents." Ils montraient que nous étions très en retard sur bien des niveaux. »

Sasia est également champion de tir et expert en armement. À Quantico, il a réussi le redoutable test de la hache qui consiste à tirer sur le tranchant d'une hache, la balle se coupe en deux et vient briser deux soucoupes placées de chaque côté. Le genre d'exploit que l'on ne voit que dans les westerns et qui, pourtant, est une réalité en ce début des années 1960. De retour en France, cet as propose la création d'un centre de perfectionnement du tir de la Sûreté nationale.

« Le premier stand, je l'ai créé dans un garage, raconte-t-il. Ça n'avait pas exactement la même allure qu'au FBI, où quatre-vingts policiers pouvaient tirer en même temps, en ligne, mais c'était un début. C'était aussi l'époque de la guéguerre entre la Sûreté nationale et la préfecture de police. Du coup, le préfet de police, pas bête, m'a demandé d'être son conseiller en matière de tir. De là est né, en novembre 1963, le Centre d'entraînement et de perfectionnement du tir dont je fus le directeur technique. »

De plus, Sasia a dans ses bagages une arme fraîchement sortie des usines Smith et Wesson : un calibre .357 Magnum, trois pouces, six coups.

« Quand je suis allé aux États-Unis, poursuit-il, j'ai été impressionné par leur armement : revolvers, colts, pistolets automatiques, fusils à pompe… On m'avait donné un Smith et Wesson modèle 19 mais je me suis toujours dit qu'un fonctionnaire de police n'est pas un militaire, il n'a pas besoin d'une arme pour une fusillade. Un policier c'est la première balle qui doit toucher. Il lui faut une arme puissante, facilement maniable, qu'il puisse sortir rapidement de son étui. J'ai opté pour le revolver qui, à cette époque, était beaucoup plus sûr que le pistolet. Un Smith et Wesson, vous le placez dans votre table de nuit, vous le ressortez dix ans après, il tire toujours au premier coup, pas un pistolet. »

Ce Smith et Wesson est appelé modèle 19-RS. « RS » pour Raymond Sasia !

Celui-ci ne cesse de révolutionner les méthodes en place. Il fait également acheter des pistolets mitrailleurs israéliens Uzi, légers et discrets, pour doter les gorilles du président. Enfin, il invente la méthode de tir instinctif qui consiste à dégainer et tirer le maximum de balles en un minimum de temps, en touchant la cible, bien entendu.

Les quatre défenseurs du président disposent d'un armement redoutable.

« Pendant toute ma durée avec le Général, je n'ai jamais sorti mon arme, précise toutefois Sasia. De toute façon, s'il y avait eu un mec motivé, il n'avait qu'à venir au milieu de la foule avec une grenade et on sautait tous ! »

La garde rapprochée s'efforce de former un rempart quasi infranchissable.

« Pour faire un bon garde du corps, expliquera Roger Tessier, il faut du sang-froid, des qualités sportives et une technique des affrontements dans la rue. Moi, je suis professeur de boxe, je n'ai pas appris le métier en trois mois. Il faut aussi du dévouement. Nous c'était spécial avec le "personnage" qu'on avait. C'était un monument ! Nous étions quatre, prêts à faire un rempart de notre corps[3]. »

Tous sont des spécialistes. Habitués à la fois à la surveillance, à la défense et à la personnalité du nouveau président. Ils savent comment écarter les gêneurs, repousser les suspects tout en laissant le chef de l'État agir sans contrainte. Avec eux, et autour d'eux, le service s'organise différemment. Le SVOSHP a franchi la barre des 20 printemps et acquiert sa véritable maturité. Il était auparavant un peu gauche, maladroit, il devient désormais redoutable sans pour autant être infaillible. Pour souriants qu'ils soient, les « gorilles » ne sont pas des dilettantes. Ils ne se trouvent jamais loin de leur « personnalité ».

« Il y avait beaucoup de cérémonies officielles avec des anciens combattants, rappelle Raymond Sasia. Il y avait tous ces drapeaux sur des hampes aux pointes acérées. Il aurait suffi qu'une de ces pointes soit enduite de curare et nous n'aurions rien pu faire. »

Parallèlement, de 1959 à 1962, Jacques Cantelaube, autre proche du Général, gère la sécurité présidentielle. Il accompagne le chef de l'État dans tous ses voyages à l'étranger, et, quand le danger plane, dort sur un lit de camp, derrière la porte de la chambre présidentielle. L'équipe totale affectée à la protection du président, chauffeurs compris, compte alors douze personnes.

Quant à Madame de Gaulle que tous ses amis – c'est-à-dire toute la France – n'appellent que par son prénom, Yvonne, elle ne dispose que d'un chauffeur. Et c'est avec cette seule escorte qu'elle s'en va faire ses courses dans Paris, achetant notamment des poulets chez un grand traiteur parisien.

---

3 Émission télévisée *JA2 dernière*, diffusée le 26 décembre 1977.

L'ALGÉRIE

Les policiers affectés autour du président ont pour lourde tâche de veiller sur un personnage sans cesse en mouvement vers qui tous les regards sont tournés et certaines animosités aussi. L'heure est grave. La question du sort de l'Algérie plombe chaque discussion politique et attise les esprits. On craint, à juste titre, pour la sécurité du chef de l'État.

Charles de Gaulle se rend à de nombreuses reprises en Algérie. Accueilli d'abord en héros, il verra l'hostilité d'une partie de la foule grandir. Chaque voyage provoque des sueurs chez ses gorilles. Recourir à l'appui des CRS et de la gendarmerie pour contenir la populace paraît tout juste suffisant. Les gardes du corps ont beau être, discrètement, armés, ils savent qu'ils ne pourront rien contre une balle bien placée. Les armes circulent de toutes parts en Algérie et il suffirait d'un bon tireur pour atteindre le Général dont la haute stature constitue une cible facile. Là se situe la limite de la protection rapprochée. Tous les spécialistes le savent. Le franc-tireur, le sniper, le tireur d'élite, le flingueur appointé sont pratiquement impossibles à stopper. Il faut sur les toits et aux alentours de plus en plus de policiers en surveillance. Il faut, surtout, en amont d'excellents services de renseignement pour contrecarrer les tentatives issues de groupes organisés.

La menace contre le Général grimpe d'un cran supplémentaire quand, après l'offre de « la paix des braves » en octobre 1958, il en vient à proposer l'autodétermination aux Algériens. Sans aucun doute, de Gaulle devient l'homme à abattre.

Il a beau répéter qu'il ne veut pas de gardes autour de lui quand il travaille dans son bureau élyséen, son entourage n'en a cure, le danger est trop grand. On sait que l'OAS recrute des « sympathisants » à tous les niveaux. L'un d'eux pourrait fort bien frayer dans l'entourage direct du Général. Roger Tessier se ménage une cache dans une petite pièce jouxtant le bureau présidentiel. Quand il estime un visiteur suspect, il entrouvre légèrement la porte, pose son arme de service sur une table, observe les faits et gestes dudit individu et se tient prêt à intervenir à la moindre alerte. Beaucoup d'hôtes du Général ne savent pas qu'ils ont intérêt à éviter tout geste brusque.

Constamment préoccupé par la question algérienne, de Gaulle rencontre en secret des émissaires du camp adverse. Manœuvre à hauts risques, tant sur le plan politique que sur celui de sa sécurité personnelle. Le 10 juin 1960, il annonce à un très petit nombre de personnes qu'il va recevoir, le soir même, Si Salah, commandant en chef des forces algéroises en lutte contre la France. L'entrevue est secrète, au point que la majorité des fonctionnaires et des gardes de l'Élysée est absente. Henri Djouder, lui, est là et bien là. Il sait que Si Salah ne viendra pas seul. Il sera entouré par plusieurs collaborateurs dont certains très déterminés. Parce qu'ils viennent à l'Élysée en tant que diplomates, non en tant que rebelles, impossible de les fouiller. Peut-être seront-ils armés. Le risque est grand. Djouder pourrait placer un garde au pied de chaque colonne de l'Élysée mais en guise de comité d'accueil on a connu mieux. Cela risque d'irriter Si Salah et ses amis…

Djouder ne renonce pas à ces gardes armés. Il ne faut pas qu'on les voie. Il profite des épaisses tentures de la salle de réunion pour les cacher. Invisibles mais tenant qui un pistolet qui un fusil pointés sur Si Salah et ses hommes. Au moindre geste suspect, ils ont ordre de tirer. La mission est lourde. Ne pas se faire remarquer, observer, et évaluer le danger à sa juste valeur. Un tir mettrait le feu aux poudres et embraserait toute l'Algérie. La réunion est animée mais sans excès. On se respecte de part et d'autre. Alors qu'il y a des hommes armés cachés tout autour de lui, de Gaulle réclame un cessez-le-feu « honorable ». Les Algérois partent dans le calme. Se sont-ils doutés qu'ils étaient si bien « entourés » ? Nul ne le sait. Avec leur départ, la tension dans la salle baisse d'un cran.

Pour autant tout danger n'est pas écarté.

En scellant le sort de l'Algérie, plus française pour longtemps, le président s'attire la haine farouche de nombreux colons, à commencer par les membres de l'OAS qui ont juré sa perte.

En avril 1961, au plus fort de la crise, c'est-à-dire au moment de l'échec du putsch des généraux, la menace se fait de plus en plus précise. Des militaires, y compris des gradés, rejoignent la clandestinité. L'Algérie stigmatise toutes les violences. La métropole pourrait devenir le cadre de débordements. Des enquêtes déjouent plusieurs tentatives d'attentats qui ont tous le même but : éliminer de Gaulle. Pour mieux le protéger, on réquisitionne le commando marine Hubert, des militaires en armes rompus au combat. Un commando à l'Élysée ! Du jamais vu depuis la fin de la guerre !

Dans cette ambiance pour le moins tendue, les VO organisent les voyages du chef de l'État. Plus question de longs cortèges comme du temps de Lebrun. Place aux formations légères. En France, le président se déplace systématiquement en Citroën, sa marque favorite, avec une préférence certaine pour la DS.

Une fois en voiture, de Gaulle devient presque ingérable. Il n'a que faire des consignes de sécurité. Souvent, il fait arrêter le convoi présidentiel pour aller rendre visite au maire d'un petit village. Cela perturbe à la fois l'emploi du temps et les normes de sécurité.

Le pire est sa volonté permanente de s'enfoncer dans la foule.

« Il était difficile à garder parce qu'il gigotait, il rentrait dans la foule, regrettera Tessier. Nous étions collés au Général, complètement collés. Nous n'étions que quatre. Le Général nous supportait mais il n'aimait pas être gardé. Il n'y a qu'une chose que l'on ne pouvait éviter, et que l'on craignait, c'est qu'en serrant des mains il soit piqué par une piqûre de curare[1]. »

Le Général ne partage pas ces craintes. Au contraire, il voit la foule comme un bouclier compact et s'affirme convaincu que toute personne tentant d'attenter à sa personne serait immédiatement lynchée par la populace. Les Français sont peut-être des veaux mais ils peuvent se révéler aussi pitbulls. Malgré ses railleries, de Gaulle aime la France et les Français. Ces bains de foule sont pour lui des bains de jouvence, même s'ils donnent des cheveux blancs à ses gorilles.

---

1 Journal de 20 heures sur TF1, diffusé le 8 octobre 2002.

De Gaulle a raison : la foule lui est acquise. Aucun danger à craindre de là. À l'Élysée aussi, il risque peu, tant nombreuses sont les consignes de sécurité. Idem pour les voyages officiels qui mobilisent des centaines de gendarmes et de policiers. Il y a, pourtant, forcément une faille dans ce dispositif.

Où ?

Sur la route.

LA TRAVERSÉE DE PONT

« L'OAS ne désarme nullement. Pourtant elle a plus ou moins abandonné le rêve de l'Algérie française. Elle a transporté sa lutte en métropole pour s'attaquer au régime et à son chef. »

Ses propos, tenus par Roger Frey, ministre de l'Intérieur, confirment l'imminence et la persistance du danger. Le « chef » c'est, bien entendu, de Gaulle.

Les accords d'Évian ne sont pas encore signés mais le président reste l'ennemi juré pour une grosse poignée d'individus qui refusent de voir l'Algérie quitter le giron français. Politiquement, on peut se demander si la disparition du Général empêcherait l'indépendance de l'Algérie. Mais c'est le symbole que l'OAS veut éliminer, le « traître » qu'il faut faire payer à tout prix. De Gaulle est l'objet d'une haine tenace.

Les services de renseignement sont unanimes : les événements d'Algérie, qui refusent de prendre le nom de « guerre », ont attisé passion et rancœurs. La liste des hommes et des femmes qui souhaitent la mort du président s'allonge de jour en jour. Certains sont prêts à passer à l'action. Et ce ne sont pas des amateurs. Quelques-uns, mais pas tous, ont déjà organisé des attentats en terre algérienne, d'autres ont du sang sur les mains. Des gens à prendre au sérieux.

« Très vite, cette hostilité se concentre sur la personne du général de Gaulle, confirmera Jacques Delarue. Les renseignements qui nous parviennent montrent que des attentats contre le chef de l'État sont en préparation dans les différents groupes de l'OAS. Les difficultés ont aggravé leurs désaccords, créant une situation ambiguë : rassurante pour nous parce qu'une organisation unique et puissante aurait des moyens plus importants ; inquiétante parce qu'une concurrence est née entre les divers groupes, chacun pensant que celui qui parviendra à tuer le chef de l'État aura la prééminence lors de la prise du pouvoir qui suivra. La probabilité d'un attentat est donc prise au sérieux par tous les services de police. Mais malgré la présence d'informateurs très bien placés, la multiplicité des groupuscules ne permet qu'une connaissance incomplète des projets. »

Divers projets sont rapidement identifiés et anéantis. Mais d'autres continuent de croître dans l'ombre. Leurs organisateurs recrutent quasiment des « gens de la rue » et échappent ainsi à toute surveillance policière. Toutefois, comme le soulignera Delarue, ils manquent de moyens, ce qui leur coûtera cher. De plus, faire appel à des amateurs peut avoir des conséquences désastreuses.

Un groupe dispose d'un plan précis et de la logistique pour le concrétiser.

Résultat envisagé : un vrai feu d'artifice.

Le vendredi 8 septembre 1961, le Général et son épouse se rendent à Colombey-les-Deux-Églises pour le week-end, comme ils en ont l'habitude. Le couple présidentiel n'apprécie guère la froideur de l'Élysée et éprouve le besoin de se mettre régulièrement au vert dans la propriété familiale de la Boisserie.

Paris-Colombey : environ deux cent trente kilomètres. Une longue balade. Il faut compter au bas mot quatre heures de route, temps que de Gaulle met à profit pour relire des dossiers.

Ce vendredi, le convoi n'est composé que de trois DS noires. Dans la première, qui ouvre la route, se trouvent le couple présidentiel, à l'arrière, et le chauffeur, François Marroux, à l'avant. Les policiers du service de Sûreté de la présidence sont assis dans la voiture qui suit. La dernière est occupée par des conseillers de l'Élysée. Pas de motards. Schéma classique.

Vers 21 heures, le convoi franchit la localité de Pont-sur-Seine. Il arrive à hauteur d'un tas de sable, identique à ceux que l'on trouve autour de chantiers pour préparer du mortier. Tout a l'air normal. Rien à signaler.

À ce moment, une explosion déchire le calme champenois, assortie de gigantesques gerbes de flammes.

En dépit du souffle et du feu, aucune DS n'est touchée. Dans celle de tête, Marroux accélère et fonce droit devant lui. Les deux autres lui collent à la roue. Le convoi poursuit sa route, à grande vitesse. Personne ne s'interpose, aucun individu suspect.

Les gendarmes de la brigade de Romilly sont alertés. Ils se rendent dare-dare sur place. L'évidence de l'attentat leur saute aux yeux. Une bombe. Mais l'amateur qui l'a posée n'avait aucune compétence en la matière. L'engin aurait aussi bien pu lui exploser à la figure.

L'enquête révélera que l'attentat a été fomenté par des membres de l'OAS. L'échec du coup de force est imputable à… l'humidité. Les comploteurs avaient caché quarante-trois kilos d'explosifs dans une bouteille de gaz enfoncée dans le tas de sable. De quoi provoquer un cratère de huit mètres de large sur un mètre cinquante de profondeur ! Plus l'effet de souffle. Mais, au moment de la mise à feu, seul dix pour cent de la charge totale a explosé, le reste étant rongé par l'humidité. Un vrai pétard mouillé.

Dans une conférence de presse qu'il tient deux jours plus tard, le ministre de l'Intérieur, Roger Frey, précise : « Sur le plan technique, l'attentat avait été très minutieusement préparé. Seules des déficiences techniques ont empêché que cet engin, qui avait un pouvoir destructeur considérable, ne provoquât l'explosion qui aurait été suffisante pour causer des dégâts considérables à la voiture et provoquer une nappe de feu complètement infranchissable. »

Cette fois plus question de tergiverser : il s'agit bel et bien d'un attentat, raté mais authentique. Il faut renforcer la sécurité du Général. Celui-ci rechigne. Tous les dispositifs sont revus de A à Z. À commencer par ce qui concerne les transports. L'hélicoptère devient le nouveau moyen idéal. Rapide, sûr, il est apte à dérouter les fauteurs de troubles.

En digne héritier de la Quatrième République, de Gaulle privilégie le train pour les grandes distances. Cela lui permet de continuer à gérer ses dossiers et de déjeuner en toute tranquillité. Les VO mettent en exergue deux points noirs : la perte de temps et l'augmentation des risques. Une voie ferrée peut facilement être dynamitée, il est impossible de surveiller les rails sur toute la longueur du trajet. Fin des voyages présidentiels organisés par la SNCF. Les trains officiels, pavoisés à outrance, appartiennent au passé.

De même, les VO imposent au chef de l'État de se rendre à Colombey non plus par voie terrestre mais par voie aérienne.

Ces décisions entrent dans l'air du temps : l'hélicoptère est plus moderne et donne une image plus dynamique de la fonction présidentielle. Charles de Gaulle, qui a servi dans les chars, accepte de prendre la voie des airs. Pour autant, ses DS ne sont pas remisées au garage.

Quant aux explosifs, ils resteront une des premières causes d'inquiétude des gardes du corps du monde entier.

« Pour nous, la hantise c'est l'attentat à la bombe de style Beyrouth, explique Christian Oslawska, responsable de formation au sein du SPHP. J'ai fait une étude là-dessus et découvert que les responsables recrutent dans le pays des bandes désœuvrées. Ils les forment pour des missions commando-suicide. Les mecs n'ont rien à perdre puisqu'ils n'ont rien à eux. Et ça c'est imparable. »

CLAMART LE PETIT

Moins d'un an après le pétard mouillé de Pont-sur-Seine, l'OAS récidive. La haine contre le Général n'a pas diminué d'un iota, ni la tenace volonté de l'éliminer.

Autre mois, autre lieu.

Le fait d'avoir été la cible d'un attentat à l'explosif n'a en rien modifié les habitudes du couple de Gaulle, dont celle de se rendre encore et toujours à la Boisserie, à Colombey-les-Deux-Églises. Havre de paix autant que haut lieu de réflexion pour celui qui tient les rênes du pays contre vents et marées. Foin de promenades bucoliques dans la France profonde, il doit désormais voyager en hélicoptère. Unique trajet en voiture : de l'Élysée à la base aérienne de Villacoublay où l'attend le lourd engin volant. Une vingtaine de kilomètres.

En ce mois d'août, Monsieur et Madame profitent de quelques jours de vacances dans la campagne colombéenne. Vacances studieuses, comme souvent avec le grand homme. Vacances interrompues aussi, car le Général doit revenir à Paris présider le conseil des ministres du mercredi 22 qui, ce n'est pas une coïncidence, portera en grande partie sur l'OAS. Un simple aller-retour puisqu'il compte bien regagner la Haute-Marne dans la soirée. Yvonne est, comme toujours, du voyage.

Des comploteurs de l'OAS sont tenus informés de ces allées et venues. Puisque, après le conseil des ministres, de Gaulle doit revenir dans la soirée à Villacoublay, il sera attendu sur le trajet, de pied ferme et à mains armées.

19 h 45. Sitôt terminé le conseil, le mini convoi présidentiel s'ébranle. Deux DS 19, celle du président (assis à l'arrière avec son

épouse à sa droite, tandis que sur les sièges de devant se trouvent le chauffeur, le maréchal des logis François Marroux, et le gendre du président, Alain de Boissieu), et celle de la sécurité (conduite par le brigadier de police René Casselin, avec à son côté le médecin Jean-Louis Degos et sur la banquette arrière le commissaire Henri Puissant – qui remplace son chef André Ducret, absent – et l'inévitable Henri Djouder). En plus, deux motards de la préfecture de police chevauchent des Triumph. Deux routes conduisent à Villacoublay : la N 187 qui passe par Meudon et la N 306 par Clamart. Ce jour-là, la seconde est privilégiée.

20 h 20. Avenue de la Libération, à Petit-Clamart, le convoi est pris dans un feu nourri d'armes automatiques, fusil mitrailleur, pistolet mitrailleur et pistolet. Une première rafale aux abords d'une camionnette, une deuxième cinquante mètres plus loin. Le cortège présidentiel ne ralentit pas. Au contraire, Marroux appuie sur l'accélérateur. Il sait qu'il dispose d'un moteur gonflé par rapport aux modèles de série. Il tente le tout pour le tout. Charles et Yvonne se baissent pour éviter la fusillade.

Une ID s'intercale entre les deux DS. Ses occupants ouvrent maladroitement le feu.

« Ça tirait de partout, rapportera Djouder. J'étais muni d'une mitraillette, j'avais un chargeur mais je ne pouvais m'en servir que si la voiture du Général était bloquée. À ce moment-là, je devais sortir, au prix de ma vie, et tirer. On ne peut pas dire que nous avons eu peur parce que tout ça s'est passé très vite[1]. »

Dans n'importe quel film de gangsters américains, les gardes du corps se seraient penchés par la fenêtre pour mitrailler au petit bonheur. Geste inutile car imprécis et dangereux dans cette brève course-poursuite. Trop de risques de balles perdues. Et puis, quelques secondes seulement après s'être glissée entre les deux DS, l'ID décroche au rond-point du Petit-Clamart et prend la fuite.

Marroux continue sur sa lancée, fonçant malgré deux pneus crevés. Arrivant dans Villacoublay, il est convaincu d'avoir semé ses agresseurs. La DS roule trop mal. Marroux garde quand même le pied au plancher. Il a hâte de se placer sous la protection des militaires. La voiture pénètre enfin dans la base aérienne, toujours escortée par

1 *L'Histoire en question* du 17 février 1982.

les deux motards. Les militaires, au garde-à-vous, ouvrent de grands yeux à la vue des impacts de balles sur la carrosserie. De Gaulle descend et passe la garde en revue comme si de rien n'était.

Plus tard, il fait ce commentaire :

« Cette fois c'était tangent... Mais ils tirent comme des cochons ! »

On relève quatorze impacts de balles sur la DS présidentielle. L'un est situé à onze centimètres au-dessus du siège arrière : si les de Gaulle ne s'étaient pas couchés, lui ou elle aurait assurément été blessé. La DS d'escorte a également été touchée, sans dégâts majeurs.

L'erreur des conjurés : ne pas avoir réussi à bloquer le passage du convoi. Une voiture devant, une derrière et fusillade en règle. Mais dans un tel cas de figure, Djouder aurait riposté. La fusillade aurait viré à la guérilla urbaine.

Dès le lendemain de cette affaire qui fait grand bruit, la sécurité du général de Gaulle est considérablement renforcée.

« Après l'attentat du Petit-Clamart, c'était plus tendu car plus dangereux », résume Henri Cantet.

D'étape en étape, d'attentat en attentat, le SVOSHP se professionnalise. Il tire les conclusions de chaque événement, à commencer par les tragiques. Dans ce service, on apprend sur le tas. L'expérience fait office de brevet d'aptitude.

DÉPLACEMENTS EN GÉNÉRAL

Rien ne fera rester Charles de Gaulle dans son bureau élyséen. Même s'il a procédé à la refonte du palais, redistribuant les fonctions de différents bâtiments[1], il continue de multiplier les voyages officiels tant en France qu'à l'étranger. Il ne tient pas en place. L'Afrique et l'Europe lui ouvrent leurs portes. Le Nouveau Continent aussi.

Il est vrai qu'il bénéficie de l'essor du transport aérien qui lui facilite bien des choses. La Caravelle devient un outil précieux et confortable que le Général finit par apprécier. Il l'utilise pour tous ses déplacements longues distances. Hors de France, la Caravelle est perçue comme ambassadrice de son pays.

Lors du voyage au Mexique en 1964, l'avion, incapable de couvrir le trajet sans escale, est envoyé à l'avance sur une base proche de Mexico. Le général de Gaulle utilise un Boeing 707 mais se pose sur un aéroport relais. Il descend de l'appareil américain pour monter dans le français. Après avoir franchi les derniers kilomètres, il atterrit à Mexico avec sa « chère » Caravelle sous l'œil des caméras et des journalistes du monde entier. Ce n'est pas tout à fait un hasard si, plus tard, un aéroport parisien portera le nom de Charles-de-Gaulle.

Pour autant, il n'a pas renoncé à la route.

« Le Général adorait la voiture, affirme Henri Cantet. Il avait deux conducteurs attitrés : un de la police nationale et un de la gendarmerie mobile. Moi j'étais dans la voiture qui ouvrait la route. Il y avait des gendarmes tout le long du parcours, on ne les voyait pas forcément mais on savait que la sécurité était importante. J'ai fait tous les déplacements en France du Général. On l'appelait toujours

1 Le bureau du président se trouve désormais à l'étage.

"Général", jamais "Président". Il était très discret, ne parlait pas beaucoup. J'étais très impressionné par lui. Avec lui, tout était chronométré et ne variait pas. Il était toujours à l'heure et vous aviez intérêt à l'être aussi. S'il disait 8 heures et que vous arriviez à 8 h 01, il partait sans vous ! »

En voyage officiel, de Gaulle n'aime pas être dérangé. Même par des membres du gouvernement. L'une des tâches de son service de protection consiste à écarter les importuns, avec un minimum de doigté.

En 1964, à Meaux. Djouder, Tessier et Sasia imposent une sorte de no man's land infranchissable autour du président. Le ministre de la Culture, André Malraux, tente de pénétrer dans le cercle interdit. Il a une question importante à poser au grand homme. Son effort est stoppé par Sasia qui lui explique que le Général « n'est pas de très bon poil », doux euphémisme. Il n'est pas prudent de lui adresser la parole en dehors des palabres officiels. Malraux insiste. Peine perdue, Sasia le bloque. Pas question d'aller plus loin, tout ministre qu'il soit. Malraux comprend qu'il n'aura pas le dessus et même qu'il risque de se retrouver à terre s'il tente de forcer le barrage. Il n'a pas la carrure pour résister à un champion de judo. Néanmoins, il ne renonce pas à l'approcher.

Au moment où de Gaulle s'apprête à entrer dans la mairie de Meaux, Malraux réussit à se faufiler. Il sollicite de la part du président un conseil au sujet des prochaines élections législatives. De Gaulle ne répond pas et continue d'avancer à grandes enjambées, laissant son ministre pantois. Soudain, le Général se retourne. Il appelle Malraux qui accourt, convaincu de recueillir une réponse réfléchie. Mais l'homme du 18 Juin le regarde de haut et lui lance un « Fichez-moi la paix ! » sans équivoque. Médusé, Malraux se retourne vers Sasia et lui dit :

« Vous aviez raison, il est de mauvais poil ! »

Au mois d'août, de Gaulle échappe à un nouvel attentat. Le dernier officiellement.

Le 15, il se rend au mont Faron pour commémorer le débarquement allié en Provence. Escorté par ses gardes, il traverse un terre-plein bordé d'imposantes jarres ornées de fleurs. Rien ne se passe… et pourtant il aurait dû se passer quelque chose. Une dizaine de jours plus tard, sans raison apparente, l'une de ces jarres explose en produisant une énorme flamme et beaucoup de dégâts. Sans victime puisque, à ce moment-là, le mémorial du débarquement est désert. Une enquête est diligentée. Elle démontre que la jarre contenait un engin censé exploser au passage du président.

« Nous avons eu un pot terrible, constate Raymond Sasia. Tout le monde était là, tout le gouvernement, si ça avait pété tout le monde disparaissait d'un coup ! Ce qui s'est passé c'est qu'il y avait des pains de plastic reliés par radio. Le matin, le type qui avait la responsabilité du jardin a copieusement arrosé les plantes et a noyé le système de mise à feu. »

La même année, en octobre, le chef de l'État effectue une grande tournée en Amérique du Sud. Avec escale en Argentine. Arrivée à Buenos Aires, accueil par la garde d'honneur militaire, départ en voiture officielle escortée de motards. Sur le trajet de nombreux manifestants scandent le nom de Perón. À Cordoba foule dense mais encore plus d'opposants péronistes brandissant à la fois des portraits de Perón et de De Gaulle. La police repousse les perturbateurs.

« À un moment, raconte Raymond Sasia, nous avons entendu un coup de feu. Je n'ai jamais su s'il avait été tiré par la police ou par un péroniste. Aussitôt, nous, les gardes du corps, avons sauté sur l'arrière de la voiture officielle. C'était une décapotable équipée d'une sorte de marchepied à la place du pare-chocs et de poignées pour nous tenir. En nous dressant, nous formions un barrage entre les manifestants et le Général qui se tenait debout à l'avant aux côtés du président argentin, Arturo Illia. Nous ne sommes pas posé de questions : nous avons fait signe au chauffeur et nous nous sommes barrés ! »

Les VO sont aux aguets à chacun des déplacements présidentiels. Ils vérifient lieux, personnels mais aussi menus servis dans les restaurants. On n'est jamais trop prudent.

Un incident inquiète pourtant la direction des VO. Lors d'une visite présidentielle au mont Valérien, une fillette sort du rang des anciens combattants – où, selon toute vraisemblance, elle n'avait rien à faire – et s'approche du Général pour lui tendre une rose. Que le grand homme prend avec le sourire. Un moment émouvant. Or ce geste n'était pas prévu par le protocole. En haut lieu on s'indigne, on s'offusque, on vitupère.

« On en a fait des tas d'histoires, se souvient Maurice Gravaud. Le lendemain j'ai dû faire un rapport, le seul de toute ma présence aux VO. J'ai donc justifié que j'étais présent sur place et que nous avions délibérément laissé passer cette fillette. On m'a répondu : "Oui mais si ça avait été une bombe humaine ?" Il fallait voir le public du mont Valérien !... Si c'était aujourd'hui, je la laisserais encore passer... »

En 1968, d'autres événements, estudiantins ceux-là, secouent la France et inquiètent le Général. Le chef de l'État s'interroge. On a beaucoup glosé sur son départ vers Baden-Baden que certains ont qualifié de « fuite ». Pourtant, pour ses gardes du corps, c'est presque une balade comme une autre. Aucune consigne particulière n'est donnée ce jour-là et, pour ces fidèles qui connaissent bien leur président, de Gaulle s'envole en hélicoptère pour un aller-retour et non pour un exil. Les gorilles du Général savent garder la tête froide.

En 1969, le chef de l'État prend un bain de foule non loin de Brest. Une manière de sentir que sa cote de popularité n'a pas faibli. Et pourtant, dans ce flot humain se détache un homme visiblement porteur d'intentions malveillantes. Reculant légèrement la tête, il propulse un énorme crachat sur le président. Que faire ? Paul Comiti se précipite. Non sur le fautif mais sur sa victime. De sa veste il sort un mouchoir et s'empresse d'essuyer l'objet du délit. Ce qui est fait en quelques secondes. Le Général ne s'en émeut point. Il continue de prendre son bain et de serrer des mains. Une manière de montrer que cet incident n'est qu'une peccadille. En d'autres temps, le cracheur aurait pu le payer cher...

Ce crachat est-il un signe ? Peut-être. Les Français commencent à se détourner du Général, les reproches à s'accumuler. En avril 1969, vaincu par un référendum, de Gaulle quitte la scène politique pour se retirer à Colombey.

Ses gorilles restent dans la police mais pas forcément dans la protection rapprochée.

« J'ai quitté les VO quand le Général est parti, explique Sasia, car on sert un seul bonhomme, un point c'est tout. »

GEORGES POMPIDOU

ACCALMIE

Après l'arrêt brutal du règne du général de Gaulle, l'avènement de Georges Pompidou se fait plus discret. Il prend ses fonctions le 20 juin 1969, deux jours après l'anniversaire de l'appel gaullien, au moment où les Français ont déjà la tête tournée vers les vacances d'été. Le nouveau président semble vouloir glisser ses pieds dans les chaussons de l'ancien. Georges reprend la DS de Charles – qu'il gardera pendant deux ans avant de la remplacer par une plus moderne, et plus rapide, SM – et occupe son bureau, au premier étage de l'Élysée. Il se demande d'ailleurs comment de Gaulle a pu travailler dans une pièce aussi austère, empreinte d'une froideur qui ne correspond plus à la personnalité du nouveau locataire du Château. D'entrée, Pompidou, que l'on dit débonnaire, mais qui ne l'est pas, déteste l'endroit. Il le trouve vieillot, poussiéreux, triste. Il ne s'y sent pas complètement à l'aise.

« J'y suis prisonnier, affirme-t-il, et ma femme est encore plus affectée que moi par cette situation. Je suis coupé de l'extérieur. Bien sûr, je reçois beaucoup de monde, mais les bruits de la ville me parviennent ici tamisés, déformés[1]. »

Le nouvel élu n'aura de cesse que de renouveler l'ensemble du palais, y amenant l'art moderne. Pour le mobilier, il fait appel à un designer de renom, Pierre Paulin.

« Georges Pompidou voulait la modernité, expliquera ce dernier. Il m'a demandé de dessiner des choses nouvelles avec des matériaux nouveaux. Le président de la République désirait finalement que l'image de cette modernité qu'il introduit à l'Élysée produise un choc. »

---

1 Cité par Éric Roussel, *Georges Pompidou*, JC Lattès, 1994.

Quatre mois de travaux sont nécessaires pour revoir les appartements privés mais aussi de nombreuses pièces. Les couleurs chaudes font leur apparition ainsi que des toiles de Max Ernst, Nicolas de Staël, Soulages, Kupka, Delaunay… La décoration de l'antichambre est confiée à l'artiste israélien Yaacov Agam, spécialiste de l'art cinétique, qui y apporte une gamme de couleurs surprenantes.

Sur le plan de la sécurité rapprochée, la différence entre de Gaulle et Pompidou est abyssale. Les mouvements de Mai 68 sont déjà loin derrière, l'OAS se dissout à grands coups d'amnisties et la notion de terrorisme international n'est décortiquée que par une poignée d'observateurs. Aucune menace précise ne plane au-dessus de ce nouveau président auquel personne n'a rien à reprocher si ce n'est, peut-être, une consommation effrénée de cigarettes. Avec Pompidou, les VO sont en roues libres.

« La sécurité n'avait rien à voir avec celle de De Gaulle, confirme Henri Cantet. Il y avait moins de personnel car Pompidou n'était pas menacé. Et puis, il ne voulait pas de policiers autour de lui. En privé, il aimait se servir de la 404 à injection décapotable que nous avons mise à sa disposition. Il lui arrivait souvent de prendre sa voiture personnelle et nous le suivions. Nous le déposions chez lui à la campagne pour le week-end, nous allions le rechercher le dimanche. Il ne gardait avec lui que quelques policiers. »

À Paris, en revanche, la sécurité est plus resserrée. L'escorte du président forme un ensemble compact qu'il n'est pas conseillé de vouloir ébrécher.

« Il y avait parfois des gars qui s'interposaient entre notre voiture et celle de la personnalité, poursuit Cantet. On les "bousculait" car il ne faut jamais qu'il y ait d'obstacle entre la personnalité et notre voiture. Donc on agissait en conséquence, pas toujours très calmement ni poliment… Certaines personnes ont porté plainte contre nous pour conduite dangereuse ! »

Peu de danger implique peu de personnel et peu de moyens. Le service n'en reste pas moins actif. Chaque ministre est doté de deux gardes du corps et chaque secrétaire d'État d'un seul. Il s'agit d'un « accompagnement » plus que d'une véritable « protection ». Dans le calme ambiant, nul ne voit l'intérêt d'en faire plus. Outre le président, seul le Premier ministre dispose d'une véritable équipe, placée sous l'autorité d'un commissaire.

Le nouveau chef du gouvernement en surprend d'ailleurs plus d'un. Jacques Chaban-Delmas est un sportif émérite doté d'une inépuisable énergie. Rien à voir avec Michel Debré et Maurice Couve de Murville qui ont occupé Matignon avant lui. Toujours pressé, Chaban-Delmas grimpe les marches quatre à quatre, obligeant ses officiers de sécurité à suivre le même rythme.

À l'occasion de l'inauguration d'un bâtiment officiel, le Premier ministre, fidèle à ses habitudes, monte le grand escalier d'un pas rapide. Arrivé en haut des marches, son regard se braque sur sa droite. Brisant le planning du protocole, il ne s'arrête pas pour saluer les personnalités présentes, et continue sur sa lancée. Il pénètre à l'intérieur du bâtiment et marche à bonne vitesse. Les hommes des VO le suivent de plus en plus intrigués. Certains se demandent même s'ils ne feraient pas mieux de sortir leur arme. Enfin Chaban-Delmas s'arrête. Il se penche sur une femme qui termine de faire briller le sol de marbre pour la cérémonie officielle. Il lui parle, la rassure, s'enquiert de savoir si tout va bien et lui conseille d'arrêter son travail. Toujours souriant, il regagne l'endroit où l'attendent les personnalités...

Pendant que Pompidou redéfinit le décorum de l'Élysée, que Chaban-Delmas ne tient pas en place, le Général s'enfonce dans une retraite qu'il souhaite paisible.

L'AIGLE DE COLOMBEY

Charles de Gaulle s'est retiré à la Boisserie, dans ces bâtiments qui formaient l'ancienne brasserie du village. Bien que les textes lui permettent de bénéficier d'une protection rapprochée, il ne réclame qu'une sécurité minimale. Sa propriété est surveillée par des gendarmes tandis que quatre policiers des VO, sous le commandement d'Henri Nicollaud, se tiennent à sa disposition pour tous ses déplacements. Ils logent dans une maison plantée en face de l'église.

« Dès qu'il désirait sortir, nous l'attendions devant la grille, rapporte Henri Cantet. Il aimait beaucoup se promener en voiture. Nous partions avec lui et sa femme, de 7 heures à 16 heures, et nous allions selon ses envies. Souvent, nous nous arrêtions dans un bois pour pique-niquer tous ensemble. Il allait pisser contre un arbre comme tout le monde. C'était un homme très simple. Je ne peux pas dire que nous étions amis mais il était très chaleureux avec nous. Nous lui rendions également quelques petits services. S'il allait à la messe le dimanche, nous lui gardions des bancs. Pour moi il restait le Général et j'étais toujours impressionné. »

L'homme du 18 Juin devient un retraité actif, sachant toutefois partager son temps entre la détente et ses pages d'écriture. Ses gardes du corps ne sont jamais bien loin.

Le 9 novembre 1970, ils sont parmi les premiers informés de la mort de cet homme qui marqua la France de son empreinte.

La perte du Général se fait sans fracas, dans le froid automnal. Ne reste plus qu'à organiser ses obsèques – quasi nationales même si elles sont officiellement « de campagne » – ce qui nécessite une organisation aussi précise qu'infaillible. Les VO sont présents.

L'intégralité du service se retrouve en première ligne. Insuffisant pour couvrir toute la journée et protéger efficacement les nombreuses délégations étrangères – des États-Unis à l'URSS, pratiquement tous les chefs d'État du monde seront présents. Dans les faits, il y aura deux cérémonies : l'une dite « familiale » à Colombey, l'autre dite « officielle » à Notre-Dame de Paris. Des renforts sont réclamés auprès des Renseignements généraux et de la Police judiciaire. Au total plus de mille inspecteurs arpenteront le terrain, soutenus par douze mille policiers. Pour les VO, ce 12 novembre 1970 est une date quasi historique. À Paris, de nombreuses rues sont bloquées. À Colombey, le parcours de la voiture blindée, qui transportera de la Boisserie jusqu'à l'église la dépouille de l'ancien président, est passé au crible. Il faut également sécuriser les abords pour contenir la foule. Quatre-vingt mille personnes s'y regrouperont pour rendre un dernier hommage à de Gaulle. L'événement est si important qu'il est retransmis en direct à la télévision durant près de six heures. La France est en deuil, les VO aussi.

« Ce jour-là, se souvient Joseph Théréné, j'assurais la sécurité du roi de Jordanie. À l'issue des cérémonies à Paris, il a voulu prendre un avion pour se rendre quand même à Colombey. Il a insisté pour nous emmener avec lui. Je lui ai expliqué que nous n'avions pas compétence sur place puisque nous étions uniquement chargés de sa protection à Paris. Il a quand même tenu à nous emmener dans l'avion. Nous avons atterri à Saint-Dizier où nos collègues des VO ont pris le relais. Nous sommes descendus de l'avion, nous avons déjeuné et nous sommes remontés dans l'avion pour repartir avec le roi de Jordanie, revenu de Colombey ! Nous n'avons rien vu d'autre que ce restaurant proche de l'aéroport ! »

Non loin de la Boisserie, au cœur de la foule attristée, se retrouvent les « gorilles », les gardes du corps du Général. La famille a tenu à leur présence, tout près de cet homme qu'ils ont tant et si bien servi. Dernier adieu.

FACULTÉ D'ADAPTATION

Comme ils l'ont toujours fait – et ils n'ont pas le choix –, les VO s'adaptent et s'organisent. Pompidou, Chaban-Delmas et tous les nouveaux ministres sont là pour rappeler que le dernier quart du XXe siècle ne sera pas comme les autres. Plus moderne, plus international. Pour illustrer cette mutation, un décret du 20 juillet 1971 rebaptise le service qui devient « service central des Voyages officiels » mais qui conserve son surnom de VO. Il est toujours placé sous l'autorité du directeur général de la police nationale.

Malgré cela, le service apparaît, dans une certaine mesure, « à l'ancienne ».

« Lors de mon arrivée, se souvient Maurice Gravaud, le critère de recrutement était équivalent à zéro. Pour entrer aux VO, il suffisait de plaire au service du protocole, de lui cirer les pompes. Cela donnait des gens gentils, élégants, courtois, distingués mais avec un niveau de sécurité nul. Ils auraient dû travailler au Quai d'Orsay et non aux VO. »

La protection passant avant les petits fours et les ronds de jambe, la direction décide de donner un grand coup de pied dans cette fourmilière de dandys.

« J'ai apporté mes méthodes, celles de la préfecture de police, qui étaient plus structurées, continue Gravaud qui occupe le poste de sous-directeur. J'ai voulu améliorer la formation. J'ai donc fait faire des stages au personnel : des simulations de situations en liaison avec les CRS ; des stages de secourisme chez les sapeurs-pompiers de Paris ; des stages de conduite de voitures rapides, etc. Ces stages ont été très bien perçus par le personnel déjà en place car il aimait son travail et ne souhaitait que s'améliorer. J'ai aussi créé un club de langue, avec une bénévole extérieure, pour apprendre l'anglais. Nous nous réunissions et nous bavardions en anglais. Cela me paraissait indispensable pour tous ceux amenés à travailler avec des personnalités étrangères. »

Changement également dans l'organisation du travail :

« Quand je suis arrivé, poursuit-il, nous manquions d'effectifs et on demandait à tout le monde de tout faire ! Ce n'est pas possible ou alors on ne fait pas bien l'une des tâches. Par exemple un gars qui a surveillé l'avion présidentiel toute la nuit et à qui on demande, au matin, de surveiller les bagages, ce n'est pas bon. Ça peut paraître mesquin les bagages mais c'est important car, quand on arrive dans un hôtel, il est très facile d'introduire une bombe télécommandée à distance. »

La gestion des horaires fait une timide apparition.

Le matériel aussi évolue. L'ère Pompidou est marquée par l'arrivée des premières mallettes en Kevlar, destinées à parer une attaque directe. Elle est aussi marquée par la venue de RAMI, efficace service de communication. RAMI signifie « Réseau autonome du ministère de l'Intérieur ». Auparavant, les transmissions radio s'effectuaient dans une certaine pagaille où chacun empiétait sur les ondes des autres. Désormais, la police en général et les VO en particulier se dotent de leurs propres systèmes de contacts. Dans les faits, c'est un commissaire, radio amateur et passionné par cette technologie, qui se charge de tout le travail. Deux jours avant chaque voyage officiel à l'étranger, il se rend sur place, repère le point le plus haut et installe tout son barda. Cela marche plus ou moins bien mais ça s'améliore de déplacement en déplacement.

Autre intrusion de la haute technologie au sein des VO : la caméra. Tout déploiement d'importance est filmé par un policier du service. Pas seulement pour constituer une vidéothèque de voyage mais aussi pour permettre de minutieux débriefings. Les comportements des officiers de sécurité sont passés au crible ainsi que ceux des anonymes, de la foule, afin de pointer les attitudes suspectes.

Il y a de toute évidence une volonté de perfectionnement. Une première étape avait été franchie grâce aux conseils de Sasia, une autre se passe avec ces stages et ce besoin de s'améliorer. Tout cela permet aussi de casser la routine qui menace de s'installer en l'absence de menace tangible. Chacun sait que l'oisiveté est mère de tous les vices.

Toutefois, le changement le plus significatif est apporté par le président lui-même, à son corps défendant. La maladie de Waldenström, forme rare de leucémie, le mine. Il le sait et ne le cache pas à ses proches. Bien que voyant sa puissance de travail et de concentration s'amenuiser, il ne peut renoncer à ses sorties officielles.

« La maladie de Pompidou était sensible, rappelle Maurice Gravaud. Le contact avec lui restait toujours bon mais, à certains moments, la souffrance se lisait sur son visage. Mais nous ne disposions pas des moyens techniques qui auraient pu l'aider. Nous n'étions pas préparés pour aider un homme qui souffrait de la sorte. Nous nous sentions un peu démunis et nous n'avons sans doute pas été à la hauteur de ses attentes. »

Le 2 avril 1974, Georges Pompidou décède en son domicile de l'île Saint-Louis.

VALÉRY
GISCARD D'ESTAING

À LA BARRE[1]

Giscard au pouvoir. Un homme jeune qui souhaite faire oublier le style à l'ancienne de ses prédécesseurs. Il est plein d'optimisme et la France paraît éclater de santé. Le premier choc pétrolier ne lui a pas encore fait mettre un genou à terre.

Concernant sa sécurité, Giscard réclame un dispositif allégé, d'autant qu'il faut réduire les coûts. De nombreux policiers en poste à l'Élysée quittent le Château ; les autres doivent s'habituer au nouveau rythme et aux nouvelles méthodes. Rien de très complexe car, comme du temps de Pompidou, aucune menace ne plane.

« La conjoncture était très différente de celle d'aujourd'hui, soulignera Jean-Pierre Duc. Aucune psychose, même si l'on savait qu'existait toujours un risque latent. À l'époque, nous n'envisagions pas qu'il puisse y avoir des attentats organisés. Bien sûr, il y avait eu de Gaulle, mais c'était loin, c'était de Gaulle et c'était la guerre d'Algérie. En 1974, qui aurait pu, si ce n'est un fou, avoir envie de tuer le président Giscard ? »

La protection du chef de l'État se met en place selon plusieurs cercles, suivant une méthode qui a prouvé sa force : un premier cercle comportant entre quatre et six fonctionnaires chargés de la sécurité rapprochée *stricto sensu* ; un deuxième s'occupant de la sécurité statique, des locaux à visiter, des hôtels ; un troisième intervenant au dernier moment pour surveiller routes et bâtiments.

Les VO continuent de s'occuper des voyages officiels, à commencer par ceux du président, lequel n'hésite pas à multiplier les coupes sombres.

---

1 Slogan du candidat à la présidence, Valéry Giscard d'Estaing.

« Giscard réduisait tout. Il fallait faire beaucoup avec rien. Lorsqu'il y avait un voyage à l'étranger à organiser, on lui donnait la liste des personnes invitées et il en rayait une bonne partie, rapporte Maurice Gravaud. On n'était plus au temps de De Gaulle ! »

Aux policiers de s'organiser avec les moyens du bord mais, en contrepartie, avec des pouvoirs étendus.

« À l'époque, se souvient Anne Desbordes, nous avions des prérogatives beaucoup plus larges qu'elles ne le sont aujourd'hui. Autour du président, il y avait un aide de camp, le service du protocole, des policiers, des conseillers qui montaient les voyages. Autour, évoluaient les VO qui prenaient en charge énormément de choses, y compris traiter avec l'aide de camp. Nous montions vraiment les déplacements de A à Z. Nous envoyions des Télex à l'ambassade de France du pays à visiter, à la police nationale en mettant en copie pour le Quai d'Orsay. Nous rencontrions les sécurités locales... Nous travaillions dans des conditions agréables. Bien sûr, il fallait faire attention aux dépenses car c'était l'argent du contribuable mais, par exemple, on ne discutait jamais le fait de loger les agents de sécurité dans un grand hôtel quand la personnalité y descendait. »

Les progrès techniques facilitent certaines tâches. Les VO s'occupent désormais des liaisons entre le chef d'État, en déplacement, et la maison mère, c'est-à-dire l'Élysée. Pour ce faire, il y a les traditionnels relais téléphoniques mais, de plus en plus, les transmissions radiophoniques s'améliorent et permettent de rester en contact constant. Un membre des VO reste l'oreille collée à son talkie-walkie pour être tenu informé de tout événement d'importance. Une vraie liaison particulière, comme le confirme Jean Claude Dorret qui, en juillet 1979, accompagne le président dans un périple polynésien :

« Nous disposons d'un matériel très spécial qui nous permet, justement, d'avoir des liaisons très particulières, que l'on ne peut absolument pas brouiller[2]. »

Tout n'est pas aussi perfectionné.

« En Afrique, rappellera Anne Desbordes, il n'y avait rien, même pas de fax. En cas de besoin nous avions recours au télégraphe et nous ne disposions qu'à partir d'une certaine heure de la ligne satellite de l'ambassadeur local ! »

---

2 Émission télévisée *JA2 20 heures*, diffusée le 22 juillet 1979.

Valéry Giscard d'Estaing bouge beaucoup. Il représente la France qui est, encore, un pays apprécié, voire adulé. Il représente la métropole, qui est, encore, la référence, voire la mère salvatrice.

« J'ai participé à un voyage du président Giscard aux Antilles, témoigne Jean-Pierre Duc. Il a eu un accueil très chaleureux. Les gens se précipitaient sur lui pour le toucher. Pour le protéger, j'ai pratiquement dû le tenir dans mes bras tant il était assailli de toutes parts. Mais cela n'avait rien d'agressif. »

En janvier 1978, le chef de l'État français doit se rendre à Yamoussoukro, ville toute neuve construite autour du village natal du président Félix *Houphouët-Boigny. Les VO se rendent sur place en précurseurs.*

« *Houphouët-Boigny* voyait les choses en très grand, remarque Maurice Gravaud. Il avait décidé de construire un palais pour lui et pour les hôtes officiels. Quinze jours avant, j'y ai été en voyage préparatoire. Sur place, on me montre un cube en ciment au milieu d'un bourbier. J'ai envoyé un télégramme alarmant à Paris expliquant que si cela restait dans le même état dans quinze jours, le président ne pouvait pas venir. Ça a eu des répercussions. L'architecte m'a assuré que ses ouvriers allaient travailler jour et nuit, que tout serait prêt à temps. Ils ont semé une plante qui en l'espace de quinze jours a donné l'illusion d'une pelouse verte. J'ai télégraphié que le président pouvait venir même si ça sentait encore un peu le béton… C'est donc de l'avis du service des VO qu'a dépendu la venue du président. Il y avait un représentant du protocole avec moi et nous étions bien d'accord quant à l'argument sécuritaire. »

Il semble qu'en haut lieu on considère les VO comme un excellent service pour organiser les voyages mais non pour assurer une vraie protection.

« Je me trouvais avec Christian Lambert à la brigade antigang, lorsque Giscard a reçu des menaces provenant de Mesrine, rappelle Jean-Louis Fiamenghi. C'est nous qu'ils ont appelés pour faire sa protection ! Ça voulait bien dire que les autres n'étaient pas au point. »

REFONTE

« Quand je suis entrée aux VO, raconte Anne Desbordes, c'était un service très confidentiel, nous n'étions pas nombreux. Il y avait encore des figures au palmarès impressionnant, des gens comme Paul Comiti, un sacré baroudeur, des gens qui s'étaient distingués dans des affaires qui comptaient. Et puis le service était divisé en deux écoles avec deux techniques de sécurité rapprochée très différentes. Il fallait être hyper entraîné, donc on nous demandait de faire du sport, d'être en forme mais cela n'avait rien d'une obligation comme ça l'est devenu par la suite. Il y avait donc ces deux écoles : une qui ne jurait que par le sport, de manière d'ailleurs un peu excessive, et l'autre qui préparait les missions, qui intellectualisait beaucoup plus les choses si je puis dire. En fonction de cela, les services avaient été répartis selon des zones géographiques : la sécurité rapprochée des Anglo-Saxons était plutôt confiée aux intellos – il y avait tout un cérémonial à connaître et à respecter – ; les missions plus "musclées" étaient attribuées aux autres. Cela engendrait deux ambiances qui s'efforçaient de coexister. »

Le SCVO (service central des Voyages officiels) reste une entité étrange, méconnue de ceux qui n'en font pas partie. On y entre à la fois facilement et de manière biaisée.

« On venait surtout par cooptation, poursuit Anne Desbordes. Ce n'était pas forcément idiot car on voulait des gens sûrs. Nous étions des gardes du corps, prêts à défendre la personnalité et à la protéger physiquement, donc il fallait des gens avec un peu de bouteille. Moi j'en avais peu ! C'était un service extrêmement original et marginal dans la police nationale. »

Une fois entré, pas d'école, peu de stages, le métier s'apprend sur le tas.

« Quand je suis rentré aux VO, je n'avais aucune formation spéciale, confirme Jean-Pierre Duc. Je venais des Renseignements généraux et j'avais juste fait de la sécurité rapprochée à l'occasion de la conférence sur le Vietnam en 1968. Le reste, je l'ai appris sur le terrain, au contact des anciens. »

Le terrain, cela implique de s'adapter aux situations et aux personnalités à protéger. Les policiers des VO, comme nombre de leurs collègues d'autres services, sont des fonctionnaires qui ne sont pas forcément reconnaissables.

« Nous étions un peu corvéables à merci car le système de relève n'existait pas, admet Anne Desbordes. L'une de mes missions a duré deux mois et demi. Auprès d'une mère et de ses enfants. Je ne les ai pratiquement pas quittés pendant toute cette période. Mais je n'étais pas trop à plaindre car certains de mes collègues s'occupaient d'ados et se retrouvaient à les accompagner dans des boîtes de nuit sur la Côte ! On ne travaillait pas du tout comme actuellement. D'ailleurs, quand j'ai quitté le service, on avait instauré le système de relève. »

« Nous étions en très petit nombre, confirme Joseph Théréné. Lorsque nous demandions du renfort, on nous répondait non, parce que ça avait toujours marché comme cela. Un jour, j'ai même demandé directement au président le triplement de nos effectifs. Demande sans aucun effet ! »

Le service chargé des personnalités françaises ne compte que soixante-quatorze personnes. Or, comme le prévoient les textes, chaque ministre a droit à sa protection rapprochée.

Jean-Pierre Duc s'occupe de celle de Françoise Giroud, secrétaire d'État chargée du ministère de la Condition féminine.

« Je n'avais jamais approché un ministre de ma vie, raconte-t-il. J'ai été prendre contact en fin d'après-midi à son ministère rue de Varenne. Je me suis présenté à l'huissier qui m'a fait entrer dans un grand salon où se trouvait le chauffeur du ministre. Nous avons fait connaissance et j'ai attendu d'être reçu par le chef de cabinet. C'était la procédure normale. À un moment, Françoise Giroud a surgi de son bureau. Elle devait sortir du ministère. Elle a dit à son chauffeur : “On y va !” Moi, j'étais un peu pris au dépourvu. Le chauffeur m'a présenté comme le nouvel officier de sécurité et elle a dit : "Oh ! Bonjour. Très heureuse. Eh bien, venez Jean Pierre, on y va !" Et c'était parti... Françoise Giroud est quelqu'un dont j'étais très fier d'assurer la protection. Elle était très respectueuse à mon égard et à l'égard de ma fonction. Petit à petit, les liens se sont resserrés. Par rapport à elle, je me suis retrouvé à ressentir ce que je ressentais quand j'étais au lycée par rapport à un professeur : du respect, de la déférence et une certaine admiration pour la fonction et ce qu'elle représentait. Après son départ, je me suis senti un peu orphelin comme tout fonctionnaire du SPHP. On se sent toujours un peu orphelin après un remaniement ministériel. Au moins pendant quelques heures jusqu'à ce que l'on donne le nom du suivant. »

Le principal stage suivi par les policiers des VO, quand ils en ont le temps, est le tir. La méthode Sasia reste toujours d'actualité.

« Il faut être super bon en tir, estime Jean-Pierre Lorain. Si vous tombez sur un mec qui est cinquième dan de karaté et que vous tentez de vous défendre, vous vous faites casser la gueule et votre ministre avec. Une arme est plus dissuasive. Nous avons ce que l'on appelle la "permission de tuer". Un mec qui arrive avec une barre de fer ou un calibre, on le plombe et puis c'est tout. »

Petit à petit, la formation professionnelle se met, ou se remet, en place, assurant la crédibilité des gardes du corps.

Pendant que, sur les terrains, hommes et femmes s'efforcent de s'améliorer, en haut lieu on s'arrache les cheveux. La protection des hautes personnalités s'avère un fourre-tout difficilement gérable. Le ministre de l'Intérieur, Raymond Marcellin, se rend compte que bien des services effectuent des fonctions similaires : tandis que le SCVO s'occupe des déplacements en province, la préfecture de police se charge de tout ce qui concerne Paris.

« C'était ubuesque, constate Jean-Pierre Duc : quand une personnalité étrangère arrivait à Paris, la préfecture assurait sa sécurité, mais dès qu'elle se déplaçait en province, elle passait entre les mains des VO. Au niveau organisation c'était le foutoir. »

Alors est envisagée une réunification des services. Une unité centrale chargée de chapeauter et d'organiser la protection rapprochée dans son ensemble.

Un projet de longue, très longue haleine.

LES COMPÈRES

Parmi les rares à rester au gouvernement en dépit du changement de président figure Paul Dijoud. La trentaine, ancien élève de l'ENA, ex-député giscardien, maire de Briançon. Il devient secrétaire d'État auprès du ministre du Travail.

Principal handicap : il refuse avec obstination toute protection policière. À sa décharge, il faut admettre qu'il garde un mauvais souvenir d'une confrontation avec un officier aux allures de cow-boy de série B.

À peine venait-il de prendre ses fonctions qu'on lui a envoyé un vieux briscard. Le policier s'est présenté à lui. Dijoud, pas encore enclin à l'accepter, lui a demandé s'il savait tirer. Touché dans son honneur de pistolero, l'homme lui a répondu : « Écoutez, Monsieur le ministre, mettez-vous à quarante mètres et vous verrez si je suis capable de vos mettre une balle en pleine tête. »

Réponse immédiate : « Vous avez cinq minutes pour quitter définitivement le ministère. »

Cela a valu à Dijoud d'être le seul membre du gouvernement à ne bénéficier d'aucune sécurité. Cette situation ne pouvant plus durer, on décide de tenter à nouveau le coup en lui dépêchant une jeune recrue, Jean-Pierre Lorain, issu de la PJ. Coup de téléphone à la chef du cabinet du ministre pour lui annoncer la venue du jeune homme.

« Il n'en est pas question, répond ladite chef, le ministre n'en veut pas. »

L'affaire se corse. Un commissaire a alors une idée. Envoyer Lorain non pour proposer ses services mais pour faire signer au ministre un papier stipulant, en quelques mots : « Moi, Paul Dijoud, je refuse toute protection. » Papier qui désengagera à la fois les VO et l'État de toute responsabilité. Lorain se rend au ministère où le secrétaire d'État consent à le recevoir. Dijoud lit la missive et comprend qu'il est en train de se faire piéger. Il ne peut refuser par écrit d'être protégé. Intrigué par le jeune âge du policier qui lui fait face, il demande :

« Quel âge avez-vous ?

– 24 ans.

– Vous êtes un peu jeune. »

Lorain, qui connaît ses classiques, lui rétorque du tac au tac :

« La valeur n'attend pas le nombre des années. »

Il ne précise pas que cet aphorisme concerne les « âmes bien nées » mais peu importe.

« Ne faites pas d'esprit avec moi, se défend Dijoud.

– Écoutez, Monsieur le ministre, on ne va pas tourner autour du pot. Soit je vous plais, soit je ne vous plais pas. Un point c'est tout.

– Vous vous rendez compte à qui vous parlez ? À un membre du gouvernement et votre intonation ne plaît pas. Vous me parlez comme si vous arrêtiez un voyou !

– Puisque cela ne vous plaît pas, pourquoi poursuivre cette conversation ? Au revoir, Monsieur le ministre. »

Lorain fait mine de s'en aller mais est rapidement, et verbalement, rattrapé par Dijoud.

« Revenez ici ! Vous ne partirez que quand je vous le demanderai !... Pourquoi m'avez-vous choisi ?

– Je n'ai pas eu à vous choisir. Je viens d'arriver dans le service et vous êtes le seul ministre sans garde du corps ! Maintenant, si vous ne voulez pas de moi, j'irai au service de protection des personnalités étrangères.

– J'aime bien la façon dont vous parlez. Je vous prends ! Vous restez avec moi et je suis content de vous connaître. »

Une poignée de main serre une étroite collaboration qui s'étendra sur plus de sept ans.

« J'ai fait quatre fois le tour du monde avec lui, précise Jean-Pierre Lorain. Nous passions dix-huit heures par jour ensemble. Au service, on disait que j'étais le flic le plus proche de son ministre. Nous sommes devenus extrêmement amis, complices. Il avait une confiance absolue en moi et vice versa… Quand j'avais besoin d'un service, il était toujours là. Plus pour les autres que pour moi. Je lui demandais ceci et cela pour des gens de tous bords. Des milliers de services qu'il a rendus car il avait le bras très long. Par exemple, si je rencontrais un gendarme sympa qui me disait "Tu sais, Jean-Pierre, ça fait longtemps que j'attends de repartir sur Marseille, toute ma famille est là-bas, ma femme…", j'en parlais au ministre et je passais un coup de fil aux instances concernées. Après un fax, le gendarme était muté. J'étais très connu et reconnu. Mon ministre a fait muter quarante mecs ! »

Pour Lorain, assurer la protection d'une personnalité, c'est entrer dans un nouvel univers.

« Je venais de quitter la PJ qui était un endroit pourri, remarque-t-il. En trois ans, j'ai vu tout ce qui peut vous martyriser l'esprit pendant vingt ans, j'ai vu ce que l'on peut appeler la pourriture humaine. Et du jour au lendemain, je me suis retrouvé rue Royale avec un bureau napoléonien alors qu'à la PJ on tirait sur les rats. »

À condition de tenir le bon rythme.

« Les ministres sont des gens hors du commun, souligne-t-il. Ils dorment quinze à vingt minutes dans la bagnole ou dans l'avion et c'est comme s'ils avaient dormi huit heures ! Pour moi ce sont des gens bizarres, des surhommes Et avec Dijoud, nous faisions, dix-sept, dix-huit, dix-neuf heures par jour ! Il fallait avoir de la moelle. »

En 1978, Dijoud est nommé secrétaire d'État chargé des départements et territoires d'outre-mer. Là, les choses changent car les voyages vont se succéder à un rythme effréné.

Tahiti.

Durant le vol, Lorain dort peu.

« Il faut toujours se méfier, il peut toujours y avoir un taré parmi les quatre cents passagers, dit-il. Je restais aux aguets. »

Arrivé sur l'île, après trente-six heures de voyage, le garde du corps n'a qu'une hâte : se détendre. Il dépose le ministre dans le bâtiment du haut-commissaire aux Dom-Tom et s'éclipse. La sécurité du bâtiment est assurée par des militaires et des policiers. Le repas officiel va bientôt se dérouler dans un apparat quasi royal.

« Le ministre n'avait plus besoin de protection, précise Lorain. Je me suis rendu dans les cuisines où j'ai retrouvé quelques flics que je connaissais. J'ai bien mangé, j'ai un peu bu. Pour moi c'était la belle vie. Je n'avais aucune envie des fastes, j'étais bien. »

Dans le salon officiel, les choses ne se passent pas de la même manière. Le dîner a démarré mais dans une ambiance peu en rapport avec le climat tahitien. Les convives hésitent à parler. Paul Dijoud ne semble pas à l'aise.

« Êtes-vous fatigué, Monsieur le ministre ?, s'enquiert le haut-commissaire.

– Non, pas du tout. »

Le ton est glacial.

« Il faut dire qu'un ministre est craint comme un père fouettard, remarque Lorain. J'ai vu, devant des ministres, des préfets trembler comme s'il faisait -20 °C ! »

Les mets sont servis mais Dijoud y touche à peine. N'y tenant plus, un lieutenant-colonel faisant partie de sa délégation se penche vers lui :

« Un problème, Monsieur le ministre ?

– Oui. Où est mon officier de sécurité ? »

Panique à bord. Où est cet officier ? Nul ne le sait.

« Probablement aux cuisines, se hasarde un officiel.

– Bien. Où sont les cuisines ? »

Vent de panique. Bien peu de personnes assises à la grande table savent où se situent les cuisines. On se renseigne.

« Au sous-sol, Monsieur le ministre.

– Vous allez m'y accompagner.

– Vous voulez visiter les cuisines ? À cette heure-ci ? »

À ce moment, tout le monde est convaincu que le secrétaire d'État va descendre trucider le cuisinier qui a mitonné un si mauvais repas. Que nenni.

« Je ne m'intéresse pas à vos cuisines, répond Dijoud, je veux dîner avec mon officier de sécurité. »

On lui demande de rester attablé car il est plus simple de faire monter Lorain. Lequel est benoîtement installé après avoir fait ripaille. Alerté, il monte les marches à toute vitesse.

« On a poussé tous les couverts pour mettre une chaise supplémentaire, raconte-t-il. Et j'ai dû rebouffer alors que je n'avais plus faim ! »

Constatant l'étonnement, Dijoud s'explique auprès du haut-commissaire :

« Mon officier de sécurité m'accompagne au paradis comme en enfer. Si je vois que vous le mettez de côté, vous aurez affaire à moi ! »

L'incident fait grand bruit et le téléphone fonctionne à toute vitesse. Consigne stricte : traiter le garde du corps avec le maximum d'égards.

« Ce que Dijoud n'a pas apprécié, conclut Lorain, c'est que je ne bénéficie pas des splendeurs dont lui et sa suite bénéficiaient. Il voulait que je partage avec lui les inconvénients comme les avantages de sa fonction. Et nous ne mangions pas toujours du foie gras. Un jour, en Guyane, nous nous sommes retrouvés à bouffer des sandwichs infects assis sur un tronc infesté de fourmis rouges ! »

Nouvelle-Calédonie.

« Là c'est une autre histoire, rapporte Lorain. Dijoud était missionné par le président de la République pour aider financièrement les colons installés là-bas. Il devait distribuer des chèques. Nous avons fait le tour des colons et nous avons été reçus divinement. Avant de partir, un membre de la délégation signait un chèque. Ce n'était pas cinq cents balles, plutôt quarante briques ! Comme la manne financière n'était pas sans fin, les sommes diminuaient à chaque visite. L'avant-dernier colon a touché cinq briques et le dernier une seule. Or le dernier était une femme avec des gamins beaux comme des dieux. Quand elle a vu la modestie de la somme, elle s'est mise à pleurer. Pendant ce temps, l'escorte officielle s'est mise en branle, du style “le roi s'en va”. Moi, je suis resté en arrière et j'ai été voir cette femme qui m'a expliqué qu'elle s'était renseignée. Elle savait qu'à d'autres personnes on avait donné trente briques et ne comprenait pas pourquoi elle était si mal traitée. Nous avons pris l'avion pour rentrer à Nouméa. Le soir, au palais, le ministre me dit : “On va boire un verre avant de se coucher.” Il voit que ça ne va pas : “Vous faites la gueule, Jean-Pierre ? – Oui, je fais la gueule Monsieur le ministre mais je n'ai pas à vous le dire, je ne me mêle pas de politique. – Dites-le-moi ! – On a vu trente personnes, vous avez donné, donné, et la dernière personne n'a pratiquement rien eu. C'est injuste, elle en a pleuré.” Aussitôt, il a décroché le téléphone et, alors qu'il était plus de minuit, il a appelé le haut-commissaire : “Vous allez prendre de l'argent et l'apporter à la dernière femme. – Mais je n'ai pas d'argent ! – Comment ça, vous n'avez pas d'argent ? Vous allez prendre sur votre cassette personnelle et le porter sur les frais du territoire que je vous rembourserai." Et ils ont envoyé un émissaire apporter l'argent à la femme. Je le sais puisque j'ai vérifié auprès du militaire qui a effectué la transaction… »

Wallis-et-Futuna.

Après Nouméa, la délégation se rend sur cet archipel. À seize mille kilomètres de Paris. Un autre monde. Le vol s'effectue à bord d'un avion militaire peu confortable. Des filets, du genre filets de pêche, ont été tendus pour permettre aux passagers de s'allonger.

Sur place, le ministre est reçu par un roi local. Agapes et festivités.

« Nous avions l'impression d'avoir basculé trois cents ans en arrière, se souvient Jean-Pierre Lorain. Tout le monde était aux ordres du roi. Moi, ça me rassurait parce que si quelqu'un avait menacé de couper la tête du ministre, j'aurais abattu le roi !… Dans ces contrées, il faut toujours se méfier des indépendantistes. Comme il fait chaud et qu'ils picolent, ils peuvent être dangereux. Quand vous voyez des mecs de deux mètres de haut avec le regard qui brille, vous avez un stress extraordinaire. Ça frise même la bavure… Sur un podium, des danseurs s'agitaient dans tous les sens. Les autres préparaient les boissons en crachant dans le récipient. Il fallait que l'on boive sinon ça aurait été considéré comme un sacrilège. À la fin du repas, ils nous ont fait dormir dans des cases infestées par des milliers de moustiques. Mais le breuvage hallucinogène qu'ils nous avaient forcé à boire avait deux effets secondaires : il vous empêchait de dormir et il vous faisait bander pendant huit heures ! Nous étions dans un bel état… »

En 1981, Paul Dijoud quittera le gouvernement. Il n'y reviendra jamais. Jean-Pierre Lorain sera affecté à d'autres personnalités.

FEMMES

En 1974, Simone Veil est la première haute personnalité du gouvernement à bénéficier de la présence d'une femme garde du corps à ses côtés. La ministre de la Santé en a un peu assez des éléments masculins autour d'elle et avait fait remarquer : « Ça ne sert à rien d'avoir un officier de sécurité à moins qu'il ne puisse m'aider à fermer ma robe. »

Comme il n'y a pas encore de femme aux VO, on en recrute une dans un autre service. Mais, sitôt sa mission terminée, celle-ci retourne d'où elle était venue.

Puis, en 1979 arrive au SCVO Anne Desbordes, inspecteur principal.

« Le service a tenté la féminisation, explique-t-elle. C'était un challenge relevé par le directeur de l'époque, je n'ai jamais su vraiment pourquoi. J'ai été très bien accueillie d'ailleurs mais on ne savait pas trop quoi faire de moi, quelle mission me confier. Je me souviens de l'embarras du sous-directeur qui cherchait quelque chose à me faire faire. Je venais d'un service où il y avait huit cents hommes et où j'étais la seule femme ; j'y avais déjà connu cette période de mise à l'écart, une période d'observation en quelque sorte. Là, on m'a fait lire les archives du service pour que je m'imprègne, me mette un peu dans le bain, mais on n'osait pas trop m'envoyer sur le terrain. J'ai fait une sorte de période probatoire. Comme je parlais un peu anglais, on m'a conseillé de me rapprocher de ceux qui montaient les missions, ce qui m'arrangeait bien car j'aimais beaucoup la logistique. Et puis, j'ai été sur le terrain. L'une des premières personnes que j'ai dû protéger était Margaret Thatcher. Je découvrais à la fois le métier et une sacrée personnalité. Très vite on m'a confié la sécurité des épouses et des enfants des personnalités étrangères. »

Une femme chargée dc la protection d'une femme. Dans l'esprit des années 1970, cela paraît normal, quoiqu'un tantinet réducteur. Fort heureusement, le monde évoluant plus vite que les esprits français, de plus en plus de personnes du sexe dit faible accèdent à de très hautes fonctions. Parmi elles, Indira Gandhi, Premier ministre de l'Inde. Lors d'une de ses venues en France, Anne Desbordes est de la partie.

« J'ai participé avec mes collègues, à l'organisation de son déplacement, raconte-t-elle. Pratiquement au dernier moment, elle nous a fait savoir qu'elle voulait se rendre aux Galeries Lafayette. C'était quand même risqué puisque, à cette époque, elle avait déjà des opposants très virulents. Elle connaîtra d'ailleurs un destin tragique puisqu'elle sera assassinée quelques années plus tard. Nous nous sommes rendus aux Galeries Lafayette en cortège, avec contacts radio. Cela représentait beaucoup de voitures car elle disposait d'une suite importante. Quand nous sommes sortis du véhicule, il y avait entre deux et trois cents personnes, clients, badauds et gens de la rue qui voulaient la voir. Nous avions fait appel à la police locale pour nous aider. Nous n'avons pas bouclé le magasin. Au rayon lingerie, elle a demandé à ce que nous soyons seules elle et moi. Je me suis quand même empressée de trouver une vendeuse parlant anglais pour ne pas avoir à faire la traduction. Nous étions là, Indira Gandhi et moi, et elle m'a demandé quelques conseils en matière de lingerie ! »

Ce métier est aussi très contrasté. Difficile d'imaginer personnalités plus dissemblables que la reine mère d'Angleterre et la femme du président de la République socialiste de Roumanie. Deux extrêmes qui laisseront des souvenirs très différents chez Anne Desbordes.

L'inusable Queen Lady.

« Elle était extraordinaire, chaleureuse, simple, mettait tout le monde à l'aise. On ne pouvait pas discuter avec elle, protocole oblige, mais elle avait toujours un mot gentil pour chacun de nous et elle était très consciente des difficultés de notre travail. »

Elena Ceausescu.

« J'avais l'impression d'une paysanne ! Je n'étais pas la seule à avoir cette impression. Elle ne quittait jamais son fichu sur la tête, tenait un petit sac en mauvais cuir et était reçue en grandes pompes. Un visage très fermé, très triste, communiquant peu. »

Encore un autre style avec les épouses de l'émir du Qatar, au nombre de quatre en ces années charnières. Anne Desbordes doit s'occuper de l'une d'elles :

« En réalité, je protégeais davantage ce qu'elle transportait dans son sac qu'elle-même. Nous la déposions devant les boutiques, toute de noir vêtue, sac de cuir et tongs aux pieds. Elle marchandait pour des bijoux de pacotille à la Samaritaine mais ne discutait jamais chez les plus grands bijoutiers de la place Vendôme. Elle réglait tout en cash et c'est pour cela que je surveillais son sac. Il y avait une fortune dedans. »

La protection s'effectue également à l'étranger, parfois presque contrainte et forcée. Ainsi les émirats du Golfe n'acceptent la venue d'Anne-Aymone, épouse Giscard d'Estaing, qu'à la condition *sine qua non* qu'elle soit escortée par une femme. Prévenue presque au dernier moment, Anne Desbordes saute dans l'avion présidentiel et fait la connaissance de l'épouse du chef de l'État.

Sur place, pas de complications : les cortèges sont séparés en deux, d'un côté les hommes, de l'autre les femmes. Or l'une des épouses d'un émir est enceinte. Il lui est interdit de prendre l'avion et *a fortiori* l'hélicoptère. Conséquence, toute sa suite est soumise au même régime, comme la totalité du cortège féminin. Tandis que le président français et l'émir prennent la voie des airs, ces dames empruntent la route. Neuf cents kilomètres. Un désert de sable. Or le temps est compté. Il ne faut pas faire attendre l'émir pour la grande soirée officielle. Les deux seuls hommes, placés dans la voiture de tête, roulent pied au plancher. Les Rolls qui suivent s'efforcent de ne pas se laisser distancer. Elles croisent des camions qui font des écarts brusques, quitte à se retrouver dans le fossé. Mais la femme enceinte craint les secousses. Il faut ralentir et prier pour ne pas arriver en retard. Un troupeau traverse la route. On s'arrête. On attend. On espère que l'émir fera preuve de patience. Une véritable course contre la montre dans des conditions épiques. Le dîner n'aura pas à en souffrir. Madame Giscard d'Estaing, à peine remise, y est bien présente, accompagnée par son officier de sécurité qui a pensé à emporter une robe de soirée. Ne disposant pas de sac, peu pratique, elle porte son arme de service sous le bras.

Pendant que les émirats du Golfe exigent une présence féminine, d'autres pays ne supportent pas cette idée.

« Je me souviens avoir accompagné un de mes patrons en Afrique, rapporte Anne Desbordes. Avant l'événement que nous préparions, nous avons été reçus par le président local ; je préfère ne pas citer le nom du pays. Enfin, mon patron a été reçu, moi j'ai attendu dans l'antichambre car j'étais une femme… »

La route est désormais ouverte, d'autres femmes l'emprunteront pour entrer au SVOSHP puis au SPHP.

Mireille Lombard sera l'une d'elles.

« Nous les femmes, nous bénéficions, peut-être, d'un effet de surprise, dira-t-elle, parce qu'il n'est pas évident qu'une femme soit officier de sécurité[1]. »

Effectivement, garde du corps paraît un métier masculin. D'ailleurs il n'existe pas de nom équivalent au féminin. Sur le terrain, ces femmes sont souvent confondues avec des assistantes, des dames de compagnie, voire avec des secrétaires. On ne les regarde pas, on les oublie souvent.

« Un jour, raconte Anne Desbordes, sur les Champs-Élysées, un type avec un pot de fleurs voulait absolument casser le pare-brise de la voiture de la personnalité. Il fallait agir alors j'ai joué les médiateurs. Le fait que je sois une femme a aussitôt calmé l'espèce de forcené. Souvent, quand les gens découvraient ma véritable fonction, ils étaient surpris. »

Ce que confirmera, enfin, Nathalie Lacquit, autre officier du SPHP : « Lors des mouvements de foule, les gens ne se méfient pas d'une femme car ils ne peuvent imaginer qu'elle puisse dégainer son flingue[2]. »

De plus en plus, les femmes sont bien présentes. Trop, au goût de certains.

« Nous avions affecté une garde du corps qui avait fait des études de commerce à une ministre chargée du Commerce extérieur, rapporte Gilles Furigo. Mais la chargée de communication du ministère a trouvé qu'un reportage télé mettait trop en valeur la garde du corps et éclipsait totalement la ministre, au point que le téléspectateur pouvait les confondre ! Il nous a fallu trouver en urgence une autre garde du corps[3] ! »

---

1 Émission télévisée *Envoyé spécial*, diffusée le 24 novembre 1994.
2 *Le Point*, juillet 2010.
3 *Idem*.

En 2010, le SPHP compte soixante-dix femmes sur sept cent soixante-dix policiers.

Ce qui place la barre en dessous des 10%. Chiffre qui chute quand l'on ouvre la porte du GAHP (Groupe d'appui des hautes personnalités), l'une des composantes du SPHP.

« Dans notre service, nous avons une femme, annonce son responsable Alain Babonneau. Pourquoi une ? C'est compliqué : elle évolue dans un milieu essentiellement masculin avec des vestiaires et des sanitaires communs ; dans les pays du Maghreb, elle est rarement acceptée… Je ne souhaite pas avoir deux femmes, car cela peut créer une concurrence et poser un problème pour la cohérence du groupe. Ceci dit, on peut avoir besoin d'une personnalité féminine car une femme passe plus inaperçue en sécurité. Je comprends que les femmes veuillent prouver quelque chose mais pas au GAHP. Je ne suis pas favorable à une parité hommes-femmes au sein du GAHP – ce qui n'engage que moi. Une c'est bien ! »

TRÈS SAINT PÈRE

La France demeurant la fille aînée de l'Église, elle aime recevoir son chef spirituel, le pape. Jean-Paul II est un infatigable arpenteur du globe. Durant son pontificat, il effectuera plus d'une centaine de voyages dont neuf sur le territoire français. À chaque fois, les VO sont chargés de son organisation.

« Nous traitons le pape comme un chef d'État, explique Pascal Gérard. Les lieux sont différents, c'est tout. Mais tout le monde doit passer sous des portiques comme pour un sommet ou une visite officielle d'un chef d'État. »

Première visite : du 30 mai au 2 juin 1980.

L'une des missions des VO consiste à tester le véhicule chargé de transporter le saint-père. Il ne s'agit pas encore à proprement parler de la papamobile, avec sa cage de verre blindée, mais d'un banal pick-up tout-terrain, de marque Peugeot, agrémenté d'une barre de fer pour permettre à son passager de se tenir. L'engin est testé dans les champs autour de l'aéroport du Bourget. Il faut estimer sa stabilité, sa vitesse. Et ainsi, pendant des heures, des officiers du service se promènent avec la papale voiture.

Enfin arrive le pape. L'un des trajets à sécuriser est son entrée dans la basilique Notre-Dame. Au milieu de la foule des fidèles.

« Il y avait un mélange de spiritualité et d'hystérie collective, rapporte Anne Desbordes. C'est d'ailleurs ça qui est le plus dangereux. J'ai vu une mère lâcher pratiquement son enfant pour que le pape le bénisse… Nous, nous devions dégager un espace vital pour permettre au pape de continuer d'avancer. Mais c'était de la folie. Un de mes collègues a perdu une chaussure, la cravate d'un autre a été arrachée. Les gens étaient en transe. Je me souviendrai toujours : à un moment, j'ai tenu le pape par sa soutane pour qu'il ne trébuche pas. Il était presque en lévitation ! Il a tourné la tête et m'a vu en se demandant ce que je faisais là. C'était extraordinaire. »

La sortie de Notre-Dame ne fut pas plus aisée que l'entrée. La foule y était encore plus dense.

« Au moment où le pape est sorti, continue Anne Desbordes, un projecteur a dégagé une énorme buée qui pouvait faire penser à du feu. D'ailleurs quelqu'un a crié “Au feu !”, et il y a eu un début de panique. Mes collègues et moi sommes restés ; nous nous sommes positionnés en position de repli mais la panique a été parfaitement maîtrisée. Ce jour-là j'ai quand même compris ce que pouvait être une foule en proie à la panique. »

À l'occasion de ce premier voyage, Jean-Paul II se rend à la chapelle Notre-Dame de la Médaille miraculeuse, rue du Bac, à Paris.

« Nous nous sommes dit : “Il est chez lui, il n'y a rien à craindre, ils vont avoir leur police”, raconte Maurice Gravaud. Mais il y avait une telle foule que nous avons dû intervenir. Tout le monde voulait toucher le pape. Pour reprendre la voiture, il fallait traverser la cour par la droite. Mais le pape n'en faisait qu'à sa tête et voulait partir tout droit. Nous nous sommes tous tenus pour faire une haie et nous nous sommes frayé un passage à coup de coude sans nous préoccuper de qui que ce soit, ni des bonnes sœurs, ni des curés. »

Après l'attentat du 13 mai 1981, dont Jean-Paul II est la victime, les choses évoluent vers un renfort de la sécurité. On oublie le pick-up Peugeot au profit d'un Mercedes G280, blindé, cinq tonnes, deux mètres quatre-vingts de haut, équipé d'une cage en verre renforcée permettant au souverain pontife de voir et d'être vu sans risquer de recevoir le moindre projectile.

En réalité, la papamobile ne débarque jamais seule. Elle est toujours accompagnée par une de ses sœurs jumelles soit pour pallier une panne, soit pour permettre une même sécurité en deux endroits éloignés que Sa Sainteté rejoindrait en avion. N'importe qui ne peut se mettre au volant du précieux engin. Pour en avoir le droit et les capacités, il faut avoir suivi une formation au Vatican. Exercice auquel se plient régulièrement des policiers du SPHP. Ils apprennent non seulement la conduite mais aussi le maniement des multiples boutons agrémentant le tableau de bord, dont celui ouvrant la communication radio avec le pape placé dans sa bulle.

« La difficulté de la papamobile, remarque Jean-Marc Bohla, c'est de la faire évoluer à une vitesse très lente. Donc difficulté de gérer les collègues qui marchent à proximité[1]. »

En 1983, le véhicule n'est pas encore très au point. Les VO se chargent de le convoyer quand, sur la route de Lourdes, le pot d'échappement tombe. Visite dans un garage. Impossible de réparer car il faut commander une pièce spéciale. Pas le temps. Le garagiste, aidé par les policiers, bricole un semblant de pot d'échappement à l'aide d'un bout de tube et d'une sorte de serviette en amiante. Un véritable emplâtre sur une jambe de bois ! Personne ne le remarquera…

Cette visite à Lourdes est marquée par un autre incident. Tôt le lendemain de son arrivée, Jean-Paul II annonce qu'il veut confesser quelques ouailles. Ce ne sont pas les candidats qui manquent. Les VO se postent dans la basilique Notre-Dame du Rosaire, contrôlée par les services de déminage. Le pape arrive, entre dans un confessionnal et claque la porte. Patrice Poirson, tout proche, entend un bruit métallique caractéristique. Le pape procède aux confessions puis souhaite se retirer. Il ne peut pas. Le bruit en question est celui de la poignée tombée à ses pieds ! Enfermé dans le confessionnal ! Poirson se précipite, tente d'ouvrir la porte de l'extérieur. Sans succès. Il faut démonter la poignée extérieure et enfoncer une tige de métal pour libérer le saint-père.

« Ça l'a beaucoup amusé », témoigne Patrice Poirson.

En août 1997, vingt policiers sont mobilisés pour assurer la protection rapprochée du pape. Deux dans la papamobile (le chauffeur et un passager assis à sa droite), les autres arpentant la rue à pied.

Répétition, en présence de deux papamobiles, dans tous les endroits de Paris que Jean-Paul II doit traverser. Même l'hélicoptère, prévu pour l'évacuation éventuelle du pape, participe à la simulation en se posant sur la pelouse de Longchamp.

Le matériel fonctionne parfaitement mais la vraie inquiétude se situe ailleurs : le comportement de la foule. Des milliers de gens plus que touchés à l'idée de voir le pape, qui ne contrôlent pas forcément ni leurs émotions, ni leurs débordements, ni même leurs gestes.

---

1 Émission télévisée *JA2 20 heures*, diffusée le 12 août 1997.

Il faut craindre l'enthousiaste trop fervent qui déjoue les cordons de sécurité pour embrasser le pape et le faire bousculer.

« Quand on est autour du pape, remarque Patrick Bardey, directeur du SPHP, il y a quelque chose qui se passe, tout le monde est un peu pris par la cérémonie ; donc nos hommes redoublent de vigilance, regardent les visages, les yeux, les mains des gens, tout ce qui pourrait donner le signal d'un déséquilibré ou d'une menace quelconque[2]. »

Lors des messes, les communiants, triés sur le volet, se voient remettre un carton blanc. À chacun de l'exhiber au personnel du SPHP avant de recueillir l'hostie des mains papales.

Au Champ-de-Mars, où deux cent mille personnes attendent sous le soleil derrière trois rangées de barrières, le SPHP effectue un dernier parcours de reconnaissance avant l'arrivée du pape.

L'efficacité des officiers de sécurité français se révèle tellement probante qu'à plusieurs reprises le Vatican demandera au SPHP d'organiser la sécurité du pape dans d'autres pays, notamment en Afrique et en Amérique du Sud.

« C'est très lourd d'organiser des missions pour le pape, explique Christian Oslawska. Le pape est un symbole vivant qui fait naître une véritable dévotion. Il faut mettre en œuvre tout un dispositif, privilégier les itinéraires qui nous facilitent les choses, repérer les lieux. Mais le plus dur est de s'imposer auprès du protocole du Vatican ! »

---

2 Journal de 20 heures sur TF1 diffusé le 20 août 1997.

FRANÇOIS MITTERRAND

RÉVOLUTION DE PALAIS

Nonobstant son impact politique considérable, l'arrivée de François Mitterrand à l'Élysée provoque une onde de choc qui, d'une certaine manière, va raviver la guerre des polices, même si, officiellement, aucune querelle n'a jamais séparé les différents services concernés. À lire les rapports dûment tamponnés, l'antagonisme entre képis et semelles cloutées tiendrait de la légende, voire de la fable. Pourtant les gendarmes sont aux aguets et les policiers sans méfiance.

Dans un premier temps, comme le veut l'usage, le nouveau président se place sous la protection des VO. Le service a œuvré auprès de tous les chefs d'État depuis plus de quarante-cinq ans et il n'y a, *a priori*, aucune raison d'en changer.

« Mitterrand n'acceptait pas facilement la sécurité, remarque Joseph Théréné. Au départ surtout, car il ne savait pas comment cela allait se passer. Il ne se gênait pas pour essayer de nous renvoyer mais nous tenions bon. À Latché, quand il prenait sa Méhari, il nous entraînait dans les bois. Il connaissait parfaitement les lieux et nos voitures n'arrivaient pas à le suivre dans les chemins de terre, alors nous le perdions. Il le faisait sciemment. Souvent nous savions où il allait, alors nous prenions une autre route et nous le rejoignions. Parfois nous l'attendions car il s'était rendu dans un endroit que nous ne connaissions pas. Nous n'étions jamais à l'aise dans ces cas-là. Petit à petit, il s'est calmé. Nous avons réussi à lui faire comprendre qu'il devait faire ses déplacements, même privés, avec au moins un chauffeur. »

À ce moment la cellule placée autour du président compte seulement neuf personnes : six officiers de sécurité et trois chauffeurs.

Dès les premiers mois, François Mitterrand bouge beaucoup. Il apprécie les voyages dans l'Hexagone, ne serait-ce que pour se rendre dans sa résidence de Latché. Le déplacement s'effectue en avion depuis Villacoublay.

Un dimanche soir, le brouillard interdit à l'appareil de se poser. On envisage alors une position de repli sur Orly. Les policiers des VO sautent dans les voitures de l'escorte et foncent vers l'aéroport civil. Arrivés sur place, ils apprennent que le temps s'est dégagé et que l'avion va finalement se poser à Villacoublay. Demi-tour sur les chapeaux de roues. Sirènes hurlantes et gyrophares en place. Les véhicules arrivent juste à temps pour accueillir le chef de l'État.

« Il fallait faire très attention, précise Henri Cantet, car Mitterrand n'était pas patient et n'aimait pas attendre. »

Si une voiture accueille le chef de l'État à Villacoublay, une autre fait de même à l'aéroport de Biarritz, pour le conduire dans sa résidence. Les VO ne restent pas sur place au Pays basque, ils sont chargés de s'y rendre, avec des véhicules d'escorte, bien avant que l'avion présidentiel ne décolle.

Un samedi matin, François Mitterrand annonce son intention d'aller coucher à Latché le soir même. Il en informe les policiers des VO, précisant que l'avion atterrira à 18 heures dans les Landes.

« Ça va être juste pour envoyer la voiture de sécurité sur place, lui répond Joseph Théréné. »

Il n'est évidemment pas question de faire revenir le président sur sa décision. Les policiers doivent se débrouiller pour relier l'Élysée à Biarritz en un temps record. Par la route. Ils bouclent leurs valises et se précipitent. Au péage de Saint-Arnoult, ils sont arrêtés par les gendarmes.

« Vous savez à combien vous rouliez ? demande l'un d'eux.

– Oui, nous le savons parfaitement, répond Théréné en montrant ses papiers officiels et en résumant la situation. »

Péage de Tours, même situation. Les gendarmes font mettre la voiture sur le côté et menacent de verbaliser. Explications et départ après le salut de rigueur.

Peu avant Poitiers, rebelote. Cette fois, Théréné n'en peut plus :

« Écoutez, si vous nous arrêtez à chaque péage, nous n'arriverons jamais à temps et le président sera furieux. Alors, s'il vous plaît, alertez tous vous collègues sur la route pour que nous puissions arriver à l'heure. »

Il n'y aura plus aucun reproche quant à la vitesse excessive de la voiture. Mieux, les abords des péages seront dégagés pour faciliter le passage.

Pendant que les VO avalent les kilomètres, à l'Élysée, les gendarmes se faufilent plus ou moins discrètement. Parmi ces arrivants qui découvrent avec un certain ravissement les éclats du pouvoir se distingue Christian Prouteau, fondateur du GIGN qu'il a commandé pendant neuf ans.

« C'est à la demande de Charles Hernu qu'il y a eu des gendarmes, estime Jean-Pierre Lorain. Hernu était fils de gendarme et aimait les gendarmes, pas les flics. Les gendarmes sont très bons en escadron, massés comme des légions, mais avec une personnalité, ils ne sont plus bons, ils ont des œillères. Ils obéissent aveuglément au règlement alors que nous on n'hésite pas à s'asseoir dessus, c'est la sécurité qui prime. »

Dans son dernier livre de mémoires[1], Christian Prouteau affirme, pour sa part, avoir été mandaté par François de Grossouvre. Ce chargé de mission auprès du président de la République lui aurait expressément demandé d'émettre un diagnostic sur la sécurité du chef de l'État.

Prouteau a l'oreille de Mitterrand. Fait rare, car l'élu de mai n'accorde pas facilement sa confiance. C'est un homme secret. Parce qu'il vit des choses personnelles qui ne doivent pas être portées à la connaissance du public, il apprécie la discrétion et demeure convaincu que les militaires sont moins bavards que les civils, que les gendarmes sont plus efficaces que les policiers.

« Les gendarmes sont des militaires, rappellera le capitaine Paul Barril. Ils vivent en caserne où le climat est sain et la mentalité rigoureuse, avec leurs familles, sous l'œil attentif de leurs chefs. Les policiers sont des civils. Ils n'habitent surtout pas sur leurs lieux de travail et obéissent d'abord à leurs syndicats. Ceux-ci sont formellement interdits dans la gendarmerie. Deux poids, deux mesures[2]. »

Est-il besoin de préciser que Barril, adjoint de Prouteau, est lui-même un gendarme ?

---

1 Christian Prouteau, *La Petite Demoiselle et autres affaires d'État*, Michel Lafon, 2010.

2 Capitaine Paul Barril, *Guerres secrètes à l'Élysée*, Albin Michel, 1996.

Ledit commandant Prouteau va tout faire pour bétonner cette idée mal reçue qui sous-entend une certaine suprématie des gendarmes sur les policiers. Il dispose face à lui d'un « client » conquis d'avance.

D'où vient cette défiance du nouveau chef de l'État envers la police ? Difficile de l'expliquer avec certitude. Dès 1981, des bruits courent déjà, affirmant que Mitterrand se méfie de la police depuis qu'il a eu affaire à elle lors du faux attentat de l'Observatoire. Ailleurs, on soutient qu'il n'a qu'une confiance restreinte en son nouveau ministre de l'Intérieur, Gaston Deferre, auquel il préfère son ministre de la Défense, Charles Hernu qui lui est, dit-on, tout dévoué. Peu importe. Il n'en demeure pas moins que la gendarmerie trouve, avec Mitterrand, terreau où s'épanouir. L'aura de l'uniforme grandit, l'ombre de la police s'éloigne.

Pointilleux, Prouteau commence par dresser la liste des récents dysfonctionnements au sein du service des Voyages officiels. Les accusations, qu'il ne va pas tarder à porter, sont graves : absence d'entraînement de la part des officiers de sécurité ; des VO auraient égaré leurs armes au cours de déplacements officiels ; d'autres se les seraient fait voler dans des boîtes de nuit ; des membres du service effectueraient, avec juteux compléments de salaire, des prestations de sécurité dans des officines privées ; d'aucuns vendraient des informations confidentielles à des journalistes, etc. Un portrait au vitriol d'un service qui partirait à vau-l'eau. Une pétaudière qui tient plus de la cour des miracles que des fidèles grognards !

« Prouteau a dit des choses vraies et d'autres fausses, admet Anne Desbordes. Vrai que certains collègues allaient se distraire en boîte. Ils auraient dû rentrer chez eux plus tôt comme le prévoyait le règlement. Quand on est d'astreinte, on se doit d'avoir une hygiène de vie irréprochable. Quand les gens vous confient leur vie, il ne s'agit pas de faire n'importe quoi avec la vôtre. Mais cela ne concernait que quelques personnes. Il y a toujours des gens en marge, dans tous les services. »

« Honnêtement, il n'y avait pas beaucoup d'entraînement dans le service, rappelle Joseph Théréné. Chacun avait à le faire individuellement. Mais cela tenait aussi au fait que nous n'étions pas nombreux et que nous ne pouvions pas nous absenter. Pour les séances de tir nous étions prioritaires mais encore fallait-il avoir le temps d'y aller. »

« Ce qui nous a fait mal, ajoute Christian Oslawska, c'est qu'avec Mitterrand nous n'étions pas à la hauteur, c'est pour ça que les gendarmes sont rentrés à l'Élysée. C'est d'ailleurs ce qui nous a réveillés. »

René-Georges Querry estime de son côté que « lorsque Mitterrand a fait venir les gendarmes et partir les policiers – pour des raisons personnelles que l'on connaîtra plus tard –, il n'a pas eu de mal à le faire, le service étant déjà fortement dégradé. On avait plutôt à faire à des fonctionnaires de police qui préféraient l'exotisme des déplacements à la rigueur et la rudesse de l'entraînement physique nécessaire à la vraie sécurité rapprochée. »

Les VO se délitent. Prouteau le sait, il le voit.

Ce travail de sape ne constitue que la première étape d'un plan plus vaste visant à démontrer que le chef de l'État n'est pas aussi bien protégé que sa fonction le mérite. Le palais de l'Élysée lui-même serait devenu une passoire. Pierre Merli, sénateur-maire d'Antibes et ami de François Mitterrand, entre dans la cour du Château en voiture. Jusque-là, rien que de très normal. Mais, dans son coffre, il a placé une carabine d'assaut américaine ainsi que cinq cents cartouches. Personne n'a songé à fouiller la voiture. Mieux, Merli serait arrivé jusque dans le bureau du président avec un P38 chargé planqué sous sa veste. On nage en plein western. Les shérifs sont incompétents et les outlaws aux portes de la ville. Mitterrand est moins en sécurité qu'un pianiste de saloon. Il faut sévir.

Prouteau construit un dossier qui met en exergue toutes les failles et passe sous silence les points forts, peu nombreux à ses yeux. Il n'a donc aucun mal à convaincre le président qui lui confie illico une mission d'étude sur la protection du chef de l'État et de sa famille.

Prouteau repart sur le terrain. Nouvelle étape, procéder à des tests de fiabilité. Les gendarmes du GIGN se glissent momentanément dans la peau de terroristes. Ils prouvent, exemples à l'appui, que l'on peut amener des explosifs, fictifs, jusqu'à proximité du chef de l'État sans être inquiété. Ils placent de fausses bombes sous le siège présidentiel, se font photographier aux côtés de Mitterrand avec de mystérieuses mallettes à la main ou d'étranges bosses sous leurs vestes. Lors d'un déplacement en province, le GIGN désigne l'un de ses membres « tueur potentiel ». Non connu des VO, il réussit à se glisser dans le cortège présidentiel. Il va jusqu'à se faire photographier serrant la main du président, l'autre main posée sur la crosse d'une arme cachée sous sa veste. De son côté, Barril suit la voiture officielle du président, en l'absence de celui-ci. Il constate que son chauffeur la laisse sans protection quand il va déguster une pizza. Barril en profite pour cacher une fausse bombe sous la carlingue. Le chauffeur remonte dans le véhicule sans procéder à la moindre vérification…

« Prouteau a monté son dossier dans son coin, remarque Maurice Gravaud. J'ai vu cet élégant jeune homme qui participait aux voyages en qualité d'invité personnel du président, donc il bénéficiait d'un statut particulier. Je l'ai vu dans de nombreux déplacements sans qu'il n'ait rien à y faire Je crois aussi qu'il était poussé par une ambition personnelle : il espérait gagner du galon plus vite qu'en suivant un parcours classique. Dans son rapport, il cite en exemple des lieux sous contrôle militaire – dans lesquels il devait avoir des complicités –, où l'armée refuse systématiquement le passage des civils, y compris des policiers des VO. Je me souviens d'une demande du passage du déminage que les militaires ont refusé en disant "Nous sommes chez nous", et nous avons été forcés de nous incliner. Là-dessus, Prouteau a monté une affaire, une usine à gaz… Bien sûr qu'il y avait des failles, mais j'affirme qu'il y avait au moins deux garçons très bien à l'Élysée, compétents et hors de tout soupçon. Je n'ai jamais eu aucun contact direct avec Prouteau, ce qui est étrange d'ailleurs. S'il était venu me voir pour me dire "Il faut virer trois ou quatre agents", j'aurais étudié au cas par cas et envisagé de les mettre dans un autre service. Il n'y a jamais eu confrontation entre les deux parties. Simplement une accusation sans défense. »

Les charges s'accumulent contre le service des Voyages officiels. Les policiers sont montrés du doigt. Leur incompétence, dixit les gendarmes, éclate enfin au grand jour. Cette fois le dossier grouille de photos et de détails plus accablants les uns que les autres.

« La charge de la protection de Mitterrand incombait à un dénommé Renaud, précisera Oslawska. Je le considérais comme un abruti qui ne voyait pas plus loin que le bout de son nez. Certes, les gendarmes l'ont piégé mais il n'a rien vu venir ! »

Christian Lambert enfonce le clou. Il le fait avec d'autant plus de facilité qu'à cette époque il vient de quitter les VO pour rejoindre Robert Broussard au secrétariat d'État chargé de la sécurité publique.

« J'ai vu faire Prouteau mais on ne pouvait pas lui donner tort, affirme-t-il. J'ai vu la voiture de Mitterrand rester dehors toute la nuit. J'ai vu des mecs du service usés à qui on n'aurait pas fait courir vingt mètres. L'officier de sécurité était généralement le mec qui faisait sauter les PV, gardait la maison, allait conduire Madame chez le coiffeur. Tous ces gens-là nous ont fait beaucoup de mal car ce n'était pas des pros… Quand Prouteau nous a piégés dans l'église, il avait mis une boîte d'allumettes sous le siège du président et personne ne l'a vue, ce qui veut dire que l'église n'avait pas été fouillée. Prouteau a été le déclencheur. J'ai lu son rapport, je l'ai décortiqué et je n'ai rien trouvé à contester. C'étaient des constatations. Nous ne les avons jamais critiquées car c'était la réalité ! »

En juillet 1982, Prouteau revoit Mitterrand à Latché. Il lui dessine une première ébauche des mesures les plus urgentes. Il a carte blanche pour créer un nouveau service. Le 13, il est officiellement nommé conseiller pour la sécurité à l'Élysée. Il a six mois pour construire un rempart efficace.

Il consacre temps et énergie à la création d'une nouvelle structure, appelée, pendant la phase de réflexion, Unité supplétive (on lui trouvera un nom moins ridicule), structure qui sera essentiellement composée d'hommes ayant fait leurs preuves au GIGN.

Au terme du délai imparti, Prouteau porte sur les fonds baptismaux un nouveau bébé : le Groupe de sécurité de la présidence de la République (GSPR), sorte d'émanation indépendante chargée exclusivement de la protection de Mitterrand et de ses proches. Une cinquantaine de gendarmes (le chiffre sera rapidement porté à quatre-vingts), ayant tous reçu une formation de parachutiste et subi un entraînement au sein du GIGN. Ils seront surnommés les mousquetaires, en opposition aux gorilles du président. On évite de rappeler à Mitterrand que Pétain aussi disposait de mousquetaires…

Officiellement, le GSPR est créé le 5 janvier 1983. Prouteau refuse de s'en occuper. Dans un chapitre au titre explicite (« Je ne voulais pas y aller ! »), il affirme avoir refusé à plusieurs reprises la demande pressante de l'Élysée, jusqu'à user la patience d'André Rousselet, alors directeur de cabinet de François Mitterrand :

« Le lendemain, André Rousselet soupire franchement devant mon obstination.

“Vous êtes têtu comme un âne bâté.”

Comme je blêmis ne me retenant pour ne pas lui dire ce que je pense, il se reprend immédiatement.

“C’est une façon de parler, bien sûr… Dites-moi qui pourrait vous décider ?”

Puis il me jette l’argument massue.

“Bon, vous êtes militaire, donc vous devez obéir, non ?”

Je suis coincé. Je vois mal la gendarmerie me dire : “Faites comme bon vous semblera…” Au moins, je peux sauver les apparences en lui montrant que ce n’est pas lui, André Rousselet, qui donne les ordres.

“Seul le directeur général de la gendarmerie pourra me décider, Monsieur. »

Et André Rousselet de faire appeler illico le patron des gendarmes : “Monsieur Barbeau, j’ai devant moi le commandant Prouteau qui ne veut toujours pas accepter la mission que nous entendons lui confier. J’aimerais que vous lui fassiez comprendre ce qu’elle représente pour lui, cela va sans dire, mais aussi pour la gendarmerie toute entière.”

Menace à peine déguisée. Quelques secondes de silence, un mot de salutation d’une sécheresse exemplaire, et Rousselet raccroche.

“Votre directeur vous attend. Revenez me voir ensuite.” »[3]

Contraint et forcé, le militaire accepte de veiller à la naissance du GSPR mais réussit à en éviter le commandement. La nouvelle structure est d’abord placée sous le commandement du capitaine (bientôt promu commandant) Alain Le Caro, avant de passer sous la férule du capitaine Fortemps, tous deux issus du GIGN. Prouteau, pour sa part, préférera se consacrer à la lutte antiterroriste.

D’abord placé sous le commandement du capitaine (bientôt promu commandant) Alain Le Caro, il passe ensuite sous la férule du capitaine Fortemps, tous deux issus du GIGN. Prouteau, pour sa part, préférera se consacrer à la lutte antiterroriste.

Les policiers des VO sont-ils totalement écartés ? Non, pas tout à fait. Six d’entre eux restent attachés au service du président et conservent leurs postes à l’Élysée. Six contre cinquante, deux poids deux mesures, comme dirait Paul Barril.

Pour marquer le nouveau cap, le ministre de l’Intérieur Gaston Defferre veut remplacer le directeur des VO. Il songe à une figure

---

3 Christian Prouteau, *La Petite Demoiselle et autres affaires d’État*, *op. cit.*.

légendaire au sein de la police et de la protection rapprochée : Raymond Sasia. Le président est d'accord, même si l'attachement de Sasia à de Gaulle est connu de tous.

« Je suis le seul haut fonctionnaire qui a refusé à Mitterrand le poste de directeur des VO, répond Sasia, car il y avait Prouteau et son équipe à l'Élysée. J'ai dit à Gaston Defferre : "Dans un orchestre, il y a un seul chef d'orchestre. J'accepte de prendre la direction du service à condition de tout chapeauter, y compris l'Élysée." Je ne voulais pas me mettre sous les ordres de Prouteau, un gendarme, pour moi ça diminuait le prestige de la police. On m'a refusé ces prérogatives et Defferre m'a foutu au placard ! »

Quant au chauffeur personnel du président, il n'appartient à aucune police. Il se nomme Pierre Tourlier, ancien membre du service d'ordre du Parti socialiste, il conduit Mitterrand depuis quatre ans. À lui de piloter la Safrane Baccara, qui sera ultérieurement remplacée par une voiture mieux équipée et plus en adéquation avec le progrès ambiant. À deux reprises, Tourlier délaissera son protecteur le temps d'aller participer aux rallyes Paris-Dakar[4].

Finalement, les gendarmes emportent la victoire au détriment des policiers. Dans la guerre des polices, qui n'existe pas, ils ont désormais une longueur d'avance.

« Depuis toujours, la sécurité du chef de l'État était confiée à la police. Installer des militaires auprès du chef de l'État, c'était nous dire que nous avions mal fait notre travail, conclut Anne Desbordes. Le rapport de Prouteau a été ressenti comme un désaveu, un choc. »

Les gendarmes de l'Élysée auront pourtant le tort de vouloir étendre leurs méthodes. Ils tentent d'abord de faire mainmise sur la sécurité du Premier ministre mais se heurtent cette fois à une forte opposition, notamment de la part du chef de cabinet de Matignon qui apprécie mieux la police que les gendarmes. Defferre aussi impose son veto. Il refuse de voir des gendarmes partout.

Puis, en décembre 1984, au cours d'un voyage présidentiel à Londres, un membre du GSPR s'amuse à cacher des explosifs dans le jardin de la résidence de l'ambassadeur de France, où se rend Mitterrand, histoire de tester l'efficacité des chiens de Scotland Yard.

---

4 En 1990, Pierre Tourlier sera le coéquipier du pilote automobile Paul Belmondo.

Il en est pour ses frais : l'engin est rapidement découvert et Scotland Yard émet une protestation officielle. La presse britannique considère ce manque de fair-play comme un affront. Le garde du corps s'en trouve marri et l'ensemble du GSPR fait profil bas. C'est ce qui s'appelle « jouer avec le feu »… et se brûler !

GSPR

L'une des premières missions du GSPR porte sur la sécurisation du Château. On y installe des portiques de sécurité pour filtrer les visiteurs. On en bloque les accès par les égouts. Bref, on transforme l'endroit en une véritable forteresse inexpugnable.

Ensuite, les gendarmes se penchent sur la sécurité présidentielle dans un sens plus large. Ils revoient l'intégralité de l'équipement : voitures plus puissantes, moyens de communication dernier cri, armes modernes, etc. Les DS présidentielles ayant fait leur temps, la fabrication de coûteuses voitures blindées est lancée. Le chef de l'État aura d'ailleurs du mal à s'y habituer. Aimant circuler fenêtre ouverte, il regrettera que ce ne soit pas possible avec les vitres blindées.

« Vous vous rendez compte, lui fait remarquer son chauffeur Pierre Tourlier, on a dépensé plus d'un million de francs pour s'équiper en véhicules blindés et vous voulez ouvrir les fenêtres !

– Mais moi je n'ai rien demandé ! », répondra Mitterrand.

Parallèlement, sont mises au point de nouvelles mesures de protection rapprochée, en particulier le « triangle » (trois hommes) et le « diamant » (cinq hommes).

Les hommes du GSPR multiplient les entraînements et les exercices de simulation. L'un d'eux consiste à évacuer le président en toutes circonstances. Un coup de feu est tiré. Les gendarmes, en civil, se précipitent sur le chef de l'État et le couchent à terre pour le protéger de leurs corps. La technique consiste à le tenir par le cou et à lui faire baisser la tête fermement mais sans violence. Au même instant, d'autres gendarmes déploient les fameuses mallettes qui ne sont en fait que des boucliers en trois parties et en Kevlar. Une voiture, conduite par un spécialiste du GSPR, fonce sur les lieux. Les gardes se relèvent pour y jeter littéralement le président. La voiture redémarre. Le chef de l'État est hors de danger. L'opération dure à peine une dizaine de secondes.

Les membres du GSPR aimeraient que Mitterrand participe à au moins un de ces exercices, histoire de lui montrer la tactique, mais il refuse. Pourtant, il finira par connaître les avantages et les inconvénients de cette procédure.

« Je me souviens de l'inauguration d'une galerie de tableaux à laquelle assistait le président, rapporte Éric Stemmelen. Il y a eu comme un coup de feu et un gendarme a carrément couché le président au sol. En fait c'était un gamin qui avait fait exploser un ballon. Le président s'est relevé en disant au gendarme : "Vous m'avez fait mal." Le lendemain, le gendarme a été viré alors qu'on aurait dû le décorer de la Légion d'honneur. C'est à cause de cet incident que les gendarmes ont adopté la méthode du sandwich : un gendarme se couche, puis le président, puis un deuxième gendarme. »

Le GSPR se dote également d'un maître-chien, issu du GIGN. L'animal est chargé de repérer les explosifs dans tout bâtiment visité par le président lors de ses déplacements.

Quand ils ne sont pas sur le terrain, les gardes du corps élyséens se perfectionnent dans le tir, les combats, la conduite des voitures, etc. Ils savent dégainer et toucher la cible en un temps record. Mais, normalement, ils n'ont jamais à sortir leurs armes au cours d'une mission officielle.

« Il faut dire que si nous sommes appelés à tirer c'est que la sécurité a fait défaut, souligne Alain Le Caro. Or, toutes les mesures sont prises pour éviter d'en arriver là[1]. »

L'entraînement est rigoureux, la sélection des candidats aussi.

« On demande énormément, poursuit Le Caro. Pas seulement sur le plan physique mais aussi sur le plan moral et sur le plan psychologique. La sécurité n'a pas de prix et ne vaut que par la qualité des hommes qui la composent. Ça ne se compte pas en argent, ça se compte en valeur humaine… À partir du moment où notre mission d'ensemble est d'assurer la sécurité des personnes et des biens, nous savons qu'elle doit aller jusqu'au sacrifice suprême. »

---

1 Émission télévisée *JA2 20 heures*, diffusée le 2 mai 1986.

Mourir pour le président, donc pour la France. Tel est le nouveau credo bien ancré dans l'esprit de chaque membre du GSPR. L'heure du changement a bel et bien sonné. Les années 1980 sont celles du modernisme, y compris en ce qui concerne la sécurité.

« Le GSPR était composé de gars valables, reconnaît Henri Cantet. On pouvait compter sur eux. Physiquement, ils étaient impressionnants, beaucoup de jeunes. Je vais être méchant car chez nous, aux VO, à part l'entraînement au tir, physiquement on n'avait rien. Ils étaient beaucoup plus en forme que nous. Mes collègues étaient âgés et dans une condition physique pas terrible. Ça m'avait choqué à l'époque, car j'avais 23 ans et j'étais très sportif. »

Le GSPR a également pour mission d'organiser la protection du domicile privé de François Mitterrand rue de Bièvre où il continuera de se rendre tout au long de ses deux septennats. Soixante-douze gardiens de la paix, formant une brigade spéciale, y sont affectés.

Et puis il y a Mazarine, la fille de François, le fruit qui ne doit être révélé, l'enfant que la France n'a pas encore le droit de connaître. Elle appartient au domaine privé du président, homme public. Mitterrand passe beaucoup de temps auprès d'elle et de sa mère, Anne… Tout le monde au sein du GSPR est au courant, et tout le monde se tait, bien sûr. Le secret est bien gardé.

Huit gardes du corps issus du GSPR sont affectés à la surveillance de Mazarine, vingt-quatre heures sur vingt-quatre, sept jours sur sept.

« Cette protection de Mazarine par le GSPR était nécessaire, expliquera Paul Barril, car nous avions aussi pour mission première d'anticiper toute menace d'enlèvement, de chantage ou d'attentat possible sur la fille du président. Il fallait éviter qu'elle ne devienne un moyen de pression sur la République. En protégeant Mazarine, la fonction présidentielle était protégée et préservée. Pour ce qui est de l'existence de l'enfant cachée, ce secret privé du président devint un secret d'État[2]. »

Mazarine est à mettre sous globe. Pas seulement elle, mais son existence, ses liens de parenté.

« Lorsque Mitterrand confie à Prouteau sa sécurité et celle de Mazarine, rappellera René-Georges Querry, certes il y a à l'époque un manque de professionnalisme au sein du SPHP, mais c'est plu-

---

2 Capitaine Paul Barril, *Guerres secrètes à l'Élysée*, *op. cit.*

tôt une sorte de défiance de sa part vis-à-vis de la police ; ce que je comprends tout à fait car la confiance est la base de toute relation. »

L'existence de la « deuxième famille » du chef de l'État ne commencera à s'ébruiter qu'en 1984, quand Mazarine et sa mère seront installées dans un logement de fonction quai Branly, toujours sous la surveillance des gendarmes du GSPR. Néanmoins, l'information reste quasi secrète pendant encore plusieurs années. Y compris dans les plus hautes sphères de l'État. D'autant plus quand, au gré des élections, la cohabitation s'installe.

Il faut attendre la nuit du 4 mai 1988 pour qu'une brèche s'ouvre dans le mur du silence. À une heure tardive, le gouvernement français reçoit une information de première importance : les trois derniers otages français détenus au Liban vont être libérés. Marcel Carton, Marcel Fontaine et Jean-Paul Kauffmann, séquestrés depuis trois ans par l'organisation pro-iranienne du Jihad islamique, vont enfin être relâchés, au cœur de Beyrouth, résultat de négociations très complexes. Cette triple libération est à la fois une victoire et un soulagement. Le ministre de l'Intérieur, Charles Pasqua, qui a suivi l'affaire de très près, en est l'un des premiers prévenus. Il se doit d'en référer sur-le-champ à la plus haute instance de l'État, le président. Pasqua joint les officiers du GSPR et leur explique qu'il cherche à joindre Mitterrand sans perdre une seconde. La réponse qu'il reçoit en retour ne manque pas de le surprendre : le président ne se trouve ni à l'Élysée ni à son domicile de la rue de Bièvre. Pasqua veut en savoir plus. Il n'apprécie guère qu'on lui cache quelque chose. Son correspondant finit par lui avouer que le président se trouve présentement dans un appartement du quai Branly, chez une certaine Anne Pingeot.

« Mais qu'est-ce qu'il fout là ? », s'exclame Charles, qui n'a pas sa langue dans sa poche.

On le lui explique à mots couverts.

C'est ainsi qu'il découvre la double vie de Mitterrand et l'existence d'une jeune fille de 13 ans que le GSPR protège depuis maintenant sept ans. Le secret commence à se craqueler. Il lui faudra encore six années avant de s'écrouler complètement.

La révélation de cette vérité que le président ne parvient plus à camoufler provoquera des remous et laissera un goût amer dans l'ensemble de la population, comme le résumera parfaitement le journaliste Patrice Bertin :

« Il est rétrospectivement très dérangeant – le mot est pudique – non pas que ceux qui nous gouvernent puissent avoir une double vie – ça les regarde et on s'en fiche – mais que cette autre vie soit protégée, facilitée, rendue possible et confortable par les services de l'État, donc par le contribuable, et qu'il ait fallu payer ainsi pendant des années une sorte "d'impôt Mazarine" pour nourrir, blanchir, loger la petite demoiselle dont chaque Français est un peu devenu sans le savoir le parrain inconnu… Là, franchement ça fait bizarre, pas très républicain, pas très catholique comme dirait l'autre[3]. »

Les gendarmes du GSPR ne se posent pas autant de questions, d'autant que protéger Mazarine n'est pas un travail exténuant.

Dans les faits, la notion de « sécurité du président de la République » et de son entourage est entendue dans un sens large. Diverses personnes, proches de Mitterrand, bénéficient des services du GSPR, y compris le comédien Roger Hanin qui, à l'écran, donne pourtant l'impression d'être capable de se défendre tout seul !

Les hommes du GSPR continueront d'assurer leurs fonctions pendant les deux septennats de François Mitterrand.

---

3 Chronique de France Info, 24 mars 2010.

LE ROI ET SA COUR

La venue des socialistes dans les coulisses du pouvoir inquiète bien des services, y compris les VO. Pendant plusieurs jours, voire plusieurs semaines, on craint une chasse aux sorcières de grande ampleur. Certes, les policiers ne sont pas censés faire de politique – ou pas trop – mais ceux-là se sont retrouvés, malgré eux, particulièrement exposés.

« Vingt ans de droite, puis arrive la gauche, je comprends que certaines personnes se soient posé des questions quant à la confiance, admet Anne Desbordes. J'ai eu certains collègues assurant la sécurité de personnalités de droite qui n'ont pas caché leur tendance politique. Les autres, plus intelligents, ne disaient jamais ce qu'ils avaient dans la tête. »

On peut même craindre une dissolution totale du service, remplacé par une autre entité plus « malléable ». Tous les scénarios sont envisageables.

« Avec les élections de 1981 arrive le changement de majorité, ajoute Jean-Pierre Duc. Nous nous sommes demandé ce qu'on allait faire de nous. Les nouveaux arrivants allaient-ils nous garder confiance alors que nous avions été au plus près de leurs adversaires ?… Finalement, tout s'est bien passé à part un ou deux cas. »

L'ensemble du SCVO est reconduit dans ses fonctions. Pourquoi ?

« Parce que les officiers de sécurité faisaient preuve d'une certaine neutralité, analyse Jean-Pierre Duc. Je crois que ce qui compte, c'est la loyauté vis-à-vis de la personnalité, vis-à-vis de soi-même et de l'engagement que l'on a pris vis-à-vis de notre fonction de policier. »

Mais tout en prenant les destinées de la France en mains, les nouveaux arrivants laissent la politique s'insinuer partout derrière eux. Qui vote pour qui ? Qui roule pour qui ? Le doute divise des groupes, crée des méfiances.

« La politique est arrivée et ça a tout gâché, témoigne Henri Cantet. Avant, chacun avait ses idées et personne n'en parlait. Par exemple, nous recevions chaque matin tous les journaux, et en 1981 un collègue a dit qu'il ne voulait plus voir *Le Figaro*. Il venait d'arriver et il voulait nous imposer sa loi. Pendant douze ans on avait vécu dans une ambiance de police où nous nous entraidions, nous arrangions toujours le coup pour les uns et pour les autres. Dès que l'ambiance s'est politisée, ça a été le foutoir. »

Les VO sont, entre autres, chargés d'organiser les déplacements présidentiels. Le service est bien rodé. Le moindre lieu visité par le chef de l'État est inspecté de fond en comble en amont. Des spécialistes ont la charge d'installer le « point haut », une antenne de douze mètres associée à un émetteur, qui permet les transmissions dans un rayon d'une quarantaine de kilomètres, donc avec l'avion présidentiel, placé sous une surveillance permanente, même en l'absence de son présidentiel passager. Le reste des transmissions s'intègre au fameux réseau RAMI qui regroupe trois fréquences protégées, dont une pour le GIGN et une dite de « dégagement » pour le président. Partout, en tout temps, le chef de l'État doit pouvoir être joint et appeler qui bon lui semble.

« Il n'y avait pas les téléphones portables à l'époque, rappelle Jean Grinsard, donc le premier travail était l'installation de lignes directes dans les chambres de l'hôtel où logeaient les personnalités. Nous mettions en place un véritable standard téléphonique géré par les VO. Il s'agissait d'un PC complet placé dans le hall de l'hôtel car nous faisions aussi office de réception : distribution et récupération des clés, bureau des réclamations, consigne, etc. »

« Dans les hôtels, il faut tout sécuriser, ajoute Joseph Théréné. On met du monde, au-dessus, en dessous de la chambre présidentielle. Il faut aussi respecter le protocole, les affinités des gens. C'est parfois très compliqué. »

Pour les longs déplacements, progrès oblige, le Concorde est privilégié. Il représente la France au même titre que l'antique Caravelle de De Gaulle. Un avion prestigieux, certes, mais très coûteux.

« Dans les premières années Mitterrand, l'argent coulait à flots, souligne Théréné. Ce n'est qu'après qu'il a fallu se restreindre. »

Jean Grinsard confirme :

« Mitterrand, c'était le roi et sa cour, c'était Louis XIV ! Lorsqu'il sortait, tout le monde l'attendait dehors pour l'applaudir. »

Quelle que soit l'heure de son départ ou de son retour, le président aime qu'une haie quasi d'honneur soit placée au pied de l'avion. Souvent, des ministres viennent le saluer avant son départ ou l'accueillir à son retour…

En réalité, deux Concorde effectuent, l'un après l'autre, le voyage. Le second étant envoyé en sécurité en cas de panne ou d'incident sur le premier.

L'avion présidentiel est partagé en deux avec un petit salon, deux couchettes et, à l'arrière, les sièges pour les voyageurs de la délégation. Selon l'usage, le président monte toujours en dernier. Il serre les mains des personnes présentes, leur parle brièvement et gagne son salon où, bien souvent, il s'enferme pendant la durée du voyage.

L'autre est de présentation classique. L'un part empli de passagers, l'autre part à vide, ou presque.

« Les équipages, commandant, copilote, mécaniciens et personnel navigant, étaient toujours les mêmes, rapporte Henri Cantet. J'avais fini par très bien les connaître. Comme on manquait souvent de place dans l'avion présidentiel, je m'arrangeais pour voyager dans l'autre Concorde. Avec deux autres policiers des VO, nous étions les seuls passagers ! J'allais même dans la cabine de pilotage. Voler dans le Concorde, c'était magnifique. Surtout derrière les pilotes. Le mécanicien me disait : "Voilà, pendant vingt secondes on ne maîtrise plus rien, si on doit se crasher on se crashe !" C'est long vingt secondes mais après c'était magnifique… »

Fréquemment, la délégation présidentielle prenant de l'importance, il faut faire appel à un troisième avion, un Boeing pour transporter le reste des passagers.

Le règlement prévoit qu'un médecin accompagne le président dans tous ses déplacements officiels. Traditionnellement, il s'agit d'un médecin militaire, issu du l'hôpital du Val-de-Grâce. Mais Mitterrand dispose de son propre docteur qui ne le quitte pas d'une semelle. Faut-il renvoyer le militaire ?

« Nous n'avions pas une grande confiance dans le médecin personnel de Mitterrand, confie Maurice Gravaud. C'est pourquoi nous imposions toujours notre propre médecin. Au début, il s'agissait d'un aspirant, mais par la suite nous emmenions non plus un mais deux médecins confirmés, et non des moindres. »

Mitterrand n'est pas un homme facile à protéger. Il préfère suivre ses envies qu'obéir à de strictes consignes.

En février 1984, en voyage aux Pays-Bas, il annonce sa décision d'aller faire un tour en calèche. Le GSPR pousse des grands cris. Les VO, habitués à ce genre de demandes, sourient. S'il est un véhicule ouvert à tous les vents et à tous les dangers, c'est bien une calèche. En cas d'attaque, on peut difficilement demander au cheval d'activer la cadence pour favoriser une fuite efficace. Le pauvre quadrupède a perdu l'habitude de galoper. De plus, n'importe quel tireur expérimenté peut réaliser un beau carton à distance. Le GSPR émet, donc, un avis négatif dont le président ne tient aucun compte. Calèche il veut, calèche il a. Il effectue sa promenade à l'ancienne. Sans incident.

Décembre 1984 : voyage officiel au Burundi.

Deux mois avant, des policiers des VO arpentent les lieux pour préparer à la fois le terrain, le matériel et les hommes. Tout à faire. Il faut former des chauffeurs à la conduite en cortège, et des militaires à la sécurité. La France ne lésine pas sur les moyens : elle apporte une centaine de voitures qui resteront sur place. Les Burundais découvrent des véhicules qu'ils n'ont pas l'habitude de manier. Au fur et à mesure, on arrive à un degré satisfaisant de compétence. Mais…

« Le jour J, rapporte Henri Cantet, nous n'avions pas le bon nombre de voitures. Nous avons dû faire venir des cars. Heureusement, la voiture du président était là. Dans la journée, petit à petit, nous avons vu arriver les chauffeurs avec des voitures dégueulasses : ils avaient fait le taxi, avec ! C'était sympa mais ingérable. On nous a reproché de ne pas avoir bloqué les voitures quelque part mais nous n'avions pas de place pour le faire. Et nous avions eu le tort de faire confiance aux autorités locales. Nous aurions pu avoir un blâme parce que, franchement, nous avions mal fait notre boulot. »

Moins de deux ans plus tard, au Mali, se pose un problème similaire.

En décembre 1987, le président décide d'une visite surprise à Djibouti. Il s'agit d'aller saluer les marins du porte-avions Clemenceau qui fait escale sur la façade est de l'Afrique. Ce qu'oublie l'élu de mai, c'est que de nombreuses familles de marins sont déjà sur place en vue de fêter Noël avec leurs fils.

« Nous avons été prévenus une semaine en avance, raconte Jean Grinsard. Nous sommes partis pour réquisitionner les hôtels car Mitterrand n'allait pas se déplacer seul. Je me souviens de cet hôtelier du Sheraton qui était belge et qui détestait Mitterrand. Il ne nous a pas facilité le travail, mais alors pas du tout. L'ambassadeur de France en place effectuait sa dernière année et se foutait comme de l'an 40 de l'arrivée du président. Il passait son temps au club nautique et nous laissait nous débrouiller avec nos problèmes. Voyant ce contexte très particulier, nous avons compris que c'était très mal parti. J'ai donc parlementé avec l'hôtelier qui ne voulait rien savoir. L'hôtel était complet, il ne voulait faire aucun effort. Il a fallu passer par la voie diplomatique pour obtenir un ordre de réquisition. Nous avons dû virer les familles des marins qui, avant de partir, ont tout cassé par rage : le mobilier, les sanitaires, tout… Je ne leur en voulais pas car je comprenais leurs réactions. Nous les avons relogés dans les locaux des officiers et tout cela ne s'est pas fait dans la joie. En même temps, il a fallu trouver des plombiers pour remettre en place les sanitaires. Je les surveillais jour et nuit. Nous en avons bavé pendant dix jours. Tout cela a été tellement dur à monter que j'en ai fait une crise d'eczéma. Une ambiance catastrophique. Nous avons quand même réussi à sauver les apparences… Et, quand la délégation est arrivée, j'ai vu des invités venir se plaindre parce que leur chambre ne donnait pas sur la mer. J'avais des envies de meurtres… »

Après l'Afrique, l'Amérique du Sud.

En janvier 1989, après un passage en Guadeloupe, François Mitterrand atterrit au Venezuela. Un voyage largement préparé en amont.

« La visite de Mitterrand a été un bordel du début à la fin, se souvient avec douleur Pascal Gérard, un bordel que je n'ai jamais revu en vingt ans de service. À l'époque, les VO déplaçaient une grosse équipe de préparation car avec Mitterrand c'était le Barnum, il y avait énormément de monde. Nous étions obligés de squatter les bureaux de l'ambassade. J'y suis arrivé en pleine nuit, nous nous sommes installés et le lendemain, j'ai tenu à saluer l'ambassadeur. Sa secrétaire me dit qu'il devait revenir en fin de matinée. Je me suis repointé à 11 heures, j'ai patienté dans l'antichambre. Au bout d'une heure, un type est sorti du bureau, sans doute son premier conseiller. Il m'a demandé : "Pourquoi voulez-vous voir l'ambassadeur ? – Je viens de faire des milliers de kilomètres, je suis ici avec mon équipe pour préparer l'arrivée du président, je voulais juste me présenter." Il m'a claqué la porte au nez et je n'ai pas vu l'ambassadeur. Quelques jours plus tard, mon directeur est arrivé et a forcé la porte du bureau, j'étais avec lui. "Vous connaissez Pascal Gérard ?", a-t-il demandé à l'ambassadeur qui me voyait pour la première fois. L'autre répond : "Oui !" Un faux cul total ! Il faut dire qu'aux Affaires étrangères, les faux culs ça court les couloirs… Pour la petite histoire, cet ambassadeur a été viré au Zaïre où il mal fini… Enfin arrive la délégation. L'aéroport de Caracas se situe très loin du centre-ville, quarante kilomètres avec un dénivelé de neuf cents mètres. Or, la veille du départ du président, nous avions appris qu'il avait fait un malaise en Guadeloupe parce qu'il était resté 1 h 30 en plein soleil ; nous devions prendre nos précautions… À l'aéroport, Mitterrand est reçu avec les honneurs : vingt et un coups de canon qui font des bruits de pets, ça devait être de vieux canons. Déjà là, il fait un nouveau malaise qui l'a obligé à quitter la tribune officielle. La cérémonie en a été écourtée. Ensuite a démarré le cortège officiel. Il n'y avait qu'une seule route pour aller jusqu'à Caracas, donc pas de risque de se perdre. Mais les chauffeurs locaux ne maîtrisaient pas la conduite en cortège. Infoutus de rester homogènes, ils formaient des petits paquets de voitures séparés par des centaines de mètres. Dans la voiture de Mitterrand, il y avait le directeur de service, le chef de mission, le médecin personnel et le transmetteur. Moi j'étais dans la voiture derrière avec d'autres VO. À un moment, notre chauffeur a voulu prendre un détour et nous nous sommes retrouvés dans les embouteillages de Caracas. Ce qui a fait que nous sommes arrivés vingt minutes après le président alors que nous savions qu'il ne s'était pas complètement remis de son malaise. Je ne vous dis pas l'ambiance dans la voiture : je m'en prenais plein la gueule alors que je ne pouvais rien y faire ! Et ce n'était que le début de mes ennuis… Pierre Joxe faisait partie de la délégation (un mec plutôt réfrigérant dans le contact humain). Il veut monter dans sa Cadillac quand surgit un énorme Vénézuélien qui lui crie : "Dégage c'est pas ta bagnole !" Je me suis précipité pour calmer l'énergumène et je me suis présenté au ministre auquel j'ai dit : "Monsieur le ministre, nous avons un peu de mal à gérer la situation aujourd'hui." Joxe était bien luné ce jour-là. Il m'a regardé, sa cigarette sur le bord des lèvres, et m'a dit : "Oui, j'ai cru le constater." Le seul à ne pas s'être rendu compte du bordel ambiant ce fut Mitterrand… Mes ennuis n'étaient toujours pas terminés. La délégation française logeait au Hilton et il y a eu une panne de système informatique. Il a fallu que l'on refasse tout le plan des chambres à la main et, bien sûr, il y a eu des erreurs. Ce fut une belle pagaille. À cela, il faut ajouter le fait que j'ai failli en venir aux mains avec des conducteurs vénézuéliens du cortège officiel car personne ne respectait les schémas mis au point lors des réunions préparatoires. Voilà pourquoi ce voyage au Venezuela reste mon pire souvenir. J'ai d'ailleurs failli quitter le service dès mon retour en France. Heureusement, ma mission suivante c'était l'Allemagne ! »

Un an après le Venezuela, Pascal Gérard prépare la venue du président au Bangladesh.

« Un pays très pauvre où les gens se sont saigné les quatre veines pour nous recevoir, rapporte-t-il. J'avais deux interlocuteurs : un pour le protocole et un pour la sécurité. Ce dernier était un général également responsable de la sécurité du président du pays. Il a organisé une réunion autour d'une grande table avec une ribambelle d'officiers. À un moment, je demande un camion spécial pour les journalistes, le général s'est levé et a désigné un officier : "Vous, vous avez deux jours pour me trouver un camion." Je demande des détails sur l'organisation des cérémonies. Le général s'est adressé à un autre officier : "À quelle vitesse marche l'escorte à cheval ?" L'autre n'en savait rien. "Je vous préviens, si je vois un cheval marcher vers la voiture du président, je le descends !" Que des trucs comme ça pendant toute la réunion. Et tout a très bien marché. Je vais dire une chose terrible mais c'est plus facile de monter une visite dans une dictature que dans un pays démocratique… »

Dans certaines contrées, des pendules ne semblent pas être à l'heure. À Abu Dhabi, où l'on attend le chef de l'État, un officier des VO fait remarquer à l'ambassadeur que sur la voiture présidentielle les fanions sont ceux de Giscard, qui a pourtant quitté l'Élysée depuis une quinzaine d'années !

En 1990, Mitterrand se rend à Tahiti pour le centenaire de Papeete.

« J'ai fait le voyage à Tahiti, témoigne Jean Grinsard. On a dû refaire le terrain d'aviation pour permettre au Concorde d'atterrir, ça a coûté très cher. »

Éric Stemmelen est chargé de la logistique. Il doit gérer quatre cent vingt personnes dont cent dix membres d'équipage car dix-sept avions atterriront.

« J'ai travaillé soixante-quatre jours d'affilée, dix-sept heures par jour, affirme-t-il, j'ai cru que j'allais mourir. Une mission très difficile. On est en France sans y être tout à fait donc tout devient très compliqué, notamment avec la police locale tahitienne, le haut-commissaire, l'armée, la marine. Comme il y avait plusieurs emplacements reliés par des hélicoptères, il fallait deux cortèges, soixante voitures au départ et à l'arrivée, donc cent vingt conducteurs. Ça coûtait six ou sept millions de francs par jour… Les journalistes voulaient faire des photos à l'aéroport. Le président ayant de la famille sur place, nous avions trouvé le truc : il descend de l'avion, fait des photos et rencontre sa famille durant une quinzaine de minutes dans un local fermé. Cela laissait le temps aux journalistes d'aller au monument aux morts pour les photos suivantes. Mais ça ne s'est pas du tout passé comme ça : le président est arrivé, personne ne lui a dit que sa famille l'attendait au pavillon d'honneur, il est sorti, a vu sa voiture et est monté. Comme personne n'osait rien lui dire, il est arrivé au monument aux morts avec vingt minutes d'avance sur l'horaire prévu. On a dû le faire patienter. Et c'est moi qui ai porté le chapeau… Je n'ai eu que des problèmes. Trop de monde, trop de confusion… Le jour du départ, les invités de la délégation officielle se cachaient dans les toilettes ou derrière les palmiers pour rater l'avion et rester quelques jours de plus sur place aux frais de l'État. Nous les traquions partout. C'est pour cela qu'il faut toujours laisser un officier derrière : pour retrouver tout le monde, ramasser les dossiers confidentiels laissés dans les chambres ; faire le ménage en quelque sorte. »

Peu après, le chef de l'État va sur l'île Maurice. Pour une fois, il compte profiter d'un moment de liberté qui lui est accordée le soir de son arrivée. Depuis l'avion présidentiel, son entourage annonce aux VO déjà sur place que le président va dîner en comité très restreint dans un restaurant de sa connaissance. Pour plus de facilité, il faut prévoir que certaines voitures quitteront le cortège. Les chauffeurs locaux sont alertés. Le chef de l'État arrive, monte dans sa voiture et roule vers le restaurant. Voyant cela, tous les ministres de la délégation ordonnent à leur chauffeur : "Suivez le président !" Les pauvres Mauriciens n'osent aller contre la volonté des ministres et prennent à leur tour la route du restaurant. Une fois sur place, toutes les voitures se font refouler par les VO qui doivent expliquer, avec toute la diplomatie requise, que les ministres ne sont pas conviés au repas présidentiel. Beaucoup n'apprécient pas…

Parmi les nombreux autres voyages qu'effectuera le vainqueur de 1981, deux marqueront René-Georges Querry :

« Je me souviens de deux mouvements de foule spontanés et sympathiques mais susceptibles de devenir dangereux. D'abord Mitterrand au Vietnam. À Saigon, il a décidé de sortir pour visiter le marché local, ce qui n'était pas du tout prévu et a provoqué un engouement extraordinaire. Nous avons vu des centaines de Vietnamiens se ruer sur lui, une foule pleine de ferveur, joyeuse… Même phénomène en Afrique du Sud lorsque Mandela a été élu. Mitterrand a souhaité être le premier président à venir le féliciter. Là aussi les gens arrivaient de tous côtés. Nous avons été obligés de pousser le président dans une voiture pour l'évacuer. »

François Mitterrand se déplace également beaucoup en province. Il n'est pas rare de l'entendre réclamer un arrêt inopiné pour entrer dans une petite église dont l'allure lui plaît. Là, tandis que ses officiers de sécurité montent la garde, il s'allonge sur le sol devant l'autel. Seul face à Dieu.

L'une des forces des VO est de pouvoir s'adapter à toutes les situations… et à toutes les personnalités.

Le reste du temps, le chef de l'État privilégie sa tranquillité plutôt qu'être entouré par une cohorte de gros bras. Fréquemment, il quitte l'Élysée en demandant à ses gardes du corps de se tenir le plus loin possible. Il entame, seul ou avec des amis, un petit tour de Paris en voiture, qui le mène du Grand Louvre à l'Arche de la Défense, via le jardin des Tuileries et les Champs-Élysées, avec retour par les quais. De plus, il n'apprécie pas d'être enfermé dans le Château pour ses repas. Il préfère de loin se retrouver dans ses restaurants favoris, *La Gauloise*, *Le Pichet*, *Le Divellec*, *Le Duc*, *Chez René*… Autant d'endroits beaucoup moins « sûrs » que l'Élysée ! Mais, là non plus, impossible de lui faire entendre raison. Ce que président veut…

L'ANTI-VEUVE[1]

Le ministre qui, en juin 1981, s'installe Place Vendôme s'est fixé une mission majeure : abolir la peine de mort. Pour Robert Badinter c'est le combat de toute une vie. Il ne s'estimera pleinement satisfait que lorsqu'il l'aura mené à bien. Un combat qui n'est pas apprécié par tous, loin s'en faut, et fera du ministre de la Justice l'une des personnalités les plus exposées du gouvernement.

Toutefois, au début de sa prise de fonction, comme le ministre ne souhaite pas d'une protection trop importante, on lui dépêche le minimum.

L'un des premiers officiers de sécurité à l'approcher est Jean Grinsard, nouvellement venu dans le service. À peine se présente-t-il au domicile du ministre, près du jardin du Luxembourg, que ce dernier l'emmène par le bras :

« Allons à pied au ministère, lui dit-il, nous ferons connaissance en route. »

Tandis qu'ils marchent de concert et que Badinter pose des questions, l'officier de sécurité s'inquiète. Il ne sait comment gérer à la fois une conversation et sa sécurité.

« J'étais très tendu car nous croisions des gens qui venaient le saluer chaleureusement alors que d'autres le traitaient de tous les noms, dit-il. Je me disais : S'il y en a un qui lui saute dessus, je suis seul, je fais quoi ? »

Pris par cette question et par sa surveillance, Grinsard ne remarque pas que le ministre s'apprête à changer de route. Il le bouscule et le fait tomber à terre. Ça commence bien ! Le ministre ne semble pas lui en tenir rigueur…

1 La « veuve » était le surnom donné à la guillotine.

Le soir de ce premier jour, le garde des Sceaux quitte son bureau vers 18 h 30.

« J'ai un costume à prendre chez un grand couturier, annonce-t-il à Grinsard. Avant cela on s'arrêtera chez Fauchon. »

Il fait ses courses et regagne son domicile.

« Il tenait à la fois sa serviette, son smoking et un sachet rempli de raisins de chez Fauchon, explique Grinsard. Moi, sur le plan de la sécurité, je dois toujours avoir les mains libres. Mais sur le plan de la politesse je me devais de l'aider. Je lui ai proposé de prendre quelque chose et il m'a tendu le sachet de raisins. Patatras, je le fiche par terre ! Deux incidents le même jour, je me suis dit que dès le lendemain son chef de cabinet allait m'appeler. »

Pourtant, rien ne se passe. Une semaine, puis deux s'écoulent sans que l'officier de sécurité soit remplacé. Mieux, Badinter fait savoir qu'il est très satisfait de son garde du corps avec lequel, affirme-t-il, « le courant passe très bien ». En réalité c'est Grinsard qui ne souhaite pas rester à son service. Il trouve le poste trop sédentaire et aspire à un peu plus de mouvements. Il parvient à se dégager de la Place Vendôme. D'autres le remplacent.

« Je suis affecté au ministère de la Justice sous Robert Badinter et cela durant quatre ans, raconte Jean-Pierre Duc. Nous étions trois officiers chargés de sa sécurité mais nous ne formions pas le triangle de sécurité car Badinter ne l'aurait pas supporté. Donc, moi je marchais à côté de lui et mes deux collègues derrière. Il aimait beaucoup marcher et nous faisions souvent des trajets à pied dans Paris tout en bavardant. Mais je restais toujours très attentif. S'il y a un risque, on doit prendre la décision qui paraît la meilleure pour le protéger et neutraliser l'adversaire… Nous avions des relations très cordiales. Un jour, nous volions dans un Mystère 20 du GLAM[2], avec lui et quelques membres de son cabinet. Il était allé visiter un palais de justice dans le midi de la France et c'était au moment de l'affaire de ce directeur de clinique qui s'était suicidé de deux coups de revolver. Quelqu'un a demandé son avis à Robert Badinter. “Ce n'est pas possible, a-t-il répondu. Monsieur Duc, passez-moi votre arme !” J'ai sorti mon arme, enlevé les balles et je la lui ai tendue. Il a fait le geste :

2 Groupe de liaisons aériennes ministérielles, basé à Villacoublay et créé en mars 1968 (cette unité est dissoute en juillet 1995).

“Regardez, si vous mettez l'arme là et tirez, automatiquement il va y avoir le recul, ça va riper et la deuxième balle ne peut pas rentrer dans le même trou !” Peu après, un membre de son cabinet est venu me voir pour me dire : “Chapeau ! Car quand il vous a demandé votre arme, je me suis demandé comment vous alliez réagir !” Ayant confiance en lui, j'avais réagi naturellement, mais j'avais enlevé les cartouches ! »

Les choses changent à l'approche du vote du Parlement pour l'abolition de la peine de mort. Le ministre de la Justice reçoit des centaines de lettres de menaces. Il est nécessaire de renforcer sa protection ainsi que celle de sa famille et de ses domiciles. Une voiture blindée est mise à sa disposition, escortée par des motards en civil et une voiture suiveuse. Avant chaque déplacement, les lieux sont visités par les VO.

Le 18 février 1986, Robert Badinter quitte son ministère. La peine de mort est abolie.

EN ALLANT VERS LA MER[1]

Le 17 juillet 1984, Laurent Fabius devient le deuxième Premier ministre du président Mitterrand, et le plus jeune de la Cinquième République. D'emblée, il explique aux VO qu'il ne croit pas à la sécurité. Son credo est proche du fatalisme : « S'il doit arriver quelque chose, cela arrivera. » Ses gardes du corps, il ne les considère pas comme des remparts mais comme des aides de camp civils, ce qui est un peu dévoyer leur mission. Il leur confie son planning, ses discours et leur demande de faire le vide autour de lui quand il s'agit d'éloigner des importuns. Concentré sur ses dossiers, il se révèle peu disert et ne se souvient jamais des noms de ses officiers de sécurité, qui changent pourtant peu.

L'un d'eux est Jean Grinsard, qui l'a déjà pratiqué du temps, proche, où Fabius était ministre du Budget. Son premier voyage l'envoie à Londres pour un sommet franco-africain auquel assiste également le président. Le Mystère 20 du Premier ministre s'apprête à décoller quand déboule une voiture avec sirène et gyrophare, flanquée d'une demi-douzaine de motards. Certain qu'il y a un problème, Grinsard demande l'ouverture de la porte. De la voiture sort un collègue des VO qui lui apporte une boîte en carton.

« Remets-la à l'intendant du président, c'est urgent. »

Ça sent la blague. Voire le bizutage puisque Grinsard vient d'arriver à Matignon, où il n'a encore jamais travaillé. Il ouvre la boîte en carton et y découvre un chapeau. On s'est moqué de lui.

« Tu vois ce que j'en fais de ton chapeau ? », dit-il en souriant.

---

1 Titre d'un livre de Laurent Fabius, tiré d'une citation de Jean Jaurès : « C'est en allant vers la mer que le fleuve reste fidèle à sa source. »

Il le jette devant lui et le feutre effectue un magnifique vol plané au-dessus du tarmac.

« C'est malin ! lui répond son collègue. Tu viens d'expédier le chapeau du président ! »

Non ce n'est pas une blague. François Mitterrand a effectivement réclamé ce chapeau que policiers et motards ont apporté dare-dare. Grinsard se précipite pour le ramasser et le remettre dans la boîte. Le chef de l'État n'en saura rien.

Autre histoire d'avion :

« Fabius faisait des tournées en France donc on prenait les avions du GLAM ou des avions militaires, raconte Grinsard. Les journalistes aimaient voyager avec lui. Un jour, nous devions faire Nantes-La Rochelle et le retour. Deux sauts de puce. À Nantes tout se passe très bien. On redécolle pour La Rochelle de nuit. Tout à coup, lumière rouge. Fabius me demande d'aller voir les pilotes. J'apprends qu'un moteur est en feu. "Si le deuxième crame, on pourra planer dix minutes environ", m'explique le pilote. Je rends compte à Fabius qui reste très zen. Les journalistes font des blagues : "La dernière cigarette !", "La dernière photo !", mais je sens bien qu'ils ne sont pas à l'aise. Fabius, lui, n'est pas inquiet du tout. En tout cas, il ne laisse rien paraître. Ce qui m'a impressionné c'est que nous avons dû attendre un certain temps, au-dessus de l'aéroport, que les secours se mettent en place. Nous nous sommes posés à La Rochelle sans problème. Le lendemain, Fabius a voulu repartir en avion pour Paris. Cette fois, tous les journalistes s'étaient défilés, nous n'étions plus que quatre passagers ! »

Une autre fois, Fabius ne l'a sans doute jamais su, mais il a été complice d'une plaisanterie organisée par les VO. Un jeune homme fraîchement arrivé dans le service participe à la sécurité des principaux leaders socialistes d'Europe réunis à Paris. Il en escorte un. Ses collègues lui ont bien expliqué qu'il doit se tenir toujours au plus près de lui. Ils arrivent à Matignon. Tapis rouge. Le policier colle à sa personnalité et avance vers le perron où attend le Premier ministre. Laurent Fabius, ne sachant qui il est, lui tend la main :

« Bonjour, cher ami, comment allez-vous ? »

Le jeune homme répond maladroitement. Il constate que, tout autour, ses collègues sont hilares. Ce nouveau venu c'est Éric Stemmelen.

En tant que Premier ministre, Laurent Fabius est l'une des personnalités politiques les plus en vue. Lors d'une inauguration à Rouen, il tente le bain de foule. Mal lui en prend : un quidam réussit à lui glisser une écorce de marron dans la main. Imparable, pour les officiers de sécurité ! Le type de geste qu'ils craignent le plus.

Le principal danger provient des autonomistes corses qui envoient des lettres de menaces à Matignon. Cela est pris très au sérieux. Laurent Fabius refuse de déroger à ses habitudes. Il a prévu de passer les fêtes de fin d'année avec des amis au Club Med de Marbella. Le jour du départ, il déjeune avec le président dans une brasserie du 5e arrondissement. Jean Grinsard est présent. Il reçoit un appel du ministre de l'Intérieur :

« Les menaces corses autour du Premier ministre sont importantes, lui annonce Pierre Joxe. Vous partez ce soir avec lui et un de vos hommes. »

Cela n'est pas prévu. Grinsard, qui espère passer Noël en famille, vérifie auprès de son directeur qui lui confirme :

« Vous partez ! »

L'officier de sécurité vient annoncer la nouvelle à son ministre.

« Pas question, lui répond Fabius. Vous restez à Paris !

– C'est une décision du ministre de l'Intérieur. »

Le chef du gouvernement décroche son téléphone mais se laisse convaincre par le locataire de la Place Beauvau. Grinsard et son compagnon filent donc vers Marbella. Là, le chef de village leur annonce que rien n'est prévu pour eux, pas de chambre. Sur l'insistance de Laurent Fabius, il réussit à leur dénicher une petite chambre pour deux.

Dès le lendemain, l'ambiance tourne.

« J'ai réfléchi, leur dit le Premier ministre. Il est inutile que vous restiez là. Je préfère que vous partiez. »

Nouveau conciliabule téléphonique avec Pierre Joxe. Cette fois, c'est ce dernier qui cède. Les deux VO sont autorisés à monter dans le premier avion en partance pour Paris. Ils remontent sur Madrid et… sont arrêtés par la police de l'aéroport espagnol ! En effet, les deux hommes transportent leurs armes avec eux. Or, si cela est autorisé quand on accompagne un ministre, cela devient totalement illégal quand on est comme deux touristes en goguette. Les deux

Français voient leur réveillon familial s'éloigner à tire-d'aile. Ils font appel à l'arbitrage de l'ambassadeur de France qui se déplace en personne et débrouille l'imbroglio avec les autorités locales. Les deux officiers de sécurité peuvent partir.

La « collaboration » entre Grinsard et Fabius continue jusqu'au jour où le premier doit partir pour rejoindre un autre service. Il organise un pot de départ. Le ministre s'y invite.

« Si vous avez besoin de quelque chose, je serai toujours là », dit Fabius à son désormais ex-garde du corps.

« Il ne m'en avait jamais dit autant durant les cinq ans où j'étais avec lui ! », conclut Grinsard.

MINISTRES EN TOUS GENRES

Plus ou moins écartés de l'Élysée, les VO se concentrent sur les autres membres du gouvernement. Le service assure, en quelque sorte, la protection des « autres personnalités ».

Propulsé Premier ministre, Michel Rocard est l'un des rares hauts responsables à accepter facilement la présence à ses côtés de gardes du corps. Il s'en amuse presque. Surtout, il leur fait confiance. Le chef du groupe de sécurité du Premier ministre est Guy Parquet.

« Avec Rocard, constate-t-il, on avait affaire à des gens de gauche mais qui n'étaient pas sectaires. Un jour, le chef de cabinet m'a dit : "Vous n'êtes pas sans ignorer que, dans votre groupe, il y a un certain nombre de gens encartés chez nous. Si ces gens-là se conduisent en 'colleurs d'affiches' et non pas en fidèles serviteurs de la République, vous nous les signalez, nous les virerons !" Ça m'a beaucoup rassuré. »

La confiance règne, notamment en mai 1991, lors d'un voyage en Corée du Sud. Le protocole a prévu un discours à l'université de Séoul. La période est trouble car de nombreux affrontements opposent des manifestants aux forces de l'ordre. Ces dernières ont parfois la main lourde. Ainsi un étudiant a trouvé la mort à l'issue d'une manifestation. Son enterrement a lieu le jour de la venue du chef du gouvernement français. Joseph Théréné se rend sur place et envisage un dispositif de sécurité.

« À Séoul, les campus sont à la mode américaine : ouverts. Nous étions en liaison directe avec Matignon. J'ai appelé le chef de cabinet pour lui expliquer que la police locale ne pouvait nous garantir une bonne sécurité. J'ai ajouté que le risque d'une manifestation était ıd et Rocard n'y a pas été. Il a compris notre position. S'il avait sisté, nous aurions été coincés et obligés d'accepter. Mais Rocard était quelqu'un de fiable. Il considérait que nous connaissions notre boulot. Il nous disait : "Je dois me rendre à tel endroit à telle heure, quand vous estimez qu'il faut partir, vous me faites signe." »

Tel n'est plus tout à fait le cas avec celle qui lui succède, en mai 1991, à la tête du gouvernement. Édith Cresson déteste tout ce qui se rapporte de près ou de loin à sa sécurité. Elle ne cesse de demander qu'on la laisse tranquille et que l'on arrête de la suivre partout. Requête difficile à honorer. Ce rejet de la sécurité lui vaut d'être très malmenée lors d'un meeting face à des agriculteurs. Les forces de l'ordre locales se révélant impuissantes à la protéger, il faut l'évacuer par hélicoptère. À une autre occasion, alors qu'elle doit se déplacer à nouveau en hélicoptère, elle constate que des ministres y sont déjà installés. Elle fait descendre tout le monde et place les policiers des VO. « J'ai besoin de ma sécurité rapprochée ! », explique-t-elle à ses collègues incrédules.

Édith Cresson voyage peu, laissant certains membres des VO sur leur faim. Mais elle n'occupera ses fonctions que moins d'un an…

Gaston Defferre, ministre de l'Intérieur, connaît bien le monde de la police. Ce qui ne veut pas dire qu'il ne faut pas faire attention à lui. En mai 1984, un de ses gardes du corps ferme la portière de sa voiture trop tôt et lui coince le pouce. Il en paie les conséquences.

Jean Grinsard, pour sa part, rencontre des difficultés avec un ministre du Commerce extérieur dont il vaut mieux ne pas citer le nom. Cet anonyme se rend à Pékin. Il y est reçu par les instances chinoises et participe à un grand dîner à l'ambassade de France. Dans son emploi du temps, la matinée du lendemain est consacrée à une rencontre avec le Premier ministre chinois. Moment d'importance, car il doit remettre de la main à la main une lettre écrite par Matignon. Dans le hall de l'hôtel où il loge, juste avant d'aller se coucher, à une heure avancée de la nuit, il s'enquiert auprès de son officier de sécurité :

« Monsieur Grinsard, avez-vous la lettre ? »

L'interpellé tombe des nues.

« Non, Monsieur le ministre, ce doit être un de vos collaborateurs qui l'a.

– J'ai dû la laisser sur la plage arrière de la voiture ! Débrouillez-vous pour la retrouver. »

Sur ce, il s'en va dans sa chambre, croyant sans doute que la voiture attend benoîtement dans le parking de l'hôtel, ce qui n'est pas du tout le cas. Grinsard téléphone à l'ambassade où on lui explique que le véhicule, prêté par la Chine et conduit par un Pékinois, est reparti après avoir déposé le ministre. Il faut contacter les autorités chinoises qui, après recherche, constatent que ledit chauffeur habite au fin fond de la banlieue de Pékin. Lui seul sait où il a garé le véhicule ! Il convient de le lui demander. Mais là-bas, tout au bout de Pékin, il ne dispose pas du téléphone. Grinsard, accompagné par un policier chinois et un interprète, s'y rend en voiture. Il traverse des quartiers sordides qu'aucun touriste européen n'a jamais visités. Les banlieues de Pékin sont des endroits presque clos dans lesquels il est difficile de pénétrer, surtout de nuit. De rue en rue, ils finissent par trouver le chauffeur. Il leur indique le lieu de stationnement. Grinsard y fonce et retrouve la précieuse lettre. Il est 6 heures du matin.

« Le temps de regagner l'hôtel, de prendre une douche, de me changer, et à 7 heures j'étais au restaurant où descendait le ministre pour son petit déjeuner, raconte-t-il. Il me demande : "Vous avez la lettre ?" Je la lui tends. Il la prend. Et terminé. Pas de "merci", rien. J'étais désappointé. D'autant que j'avais eu très chaud pendant la nuit parce qu'avec les Chinois c'est toujours très compliqué. »

L'année 1985 marque un tournant dans la protection des hautes personnalités. C'est l'année d'Action Directe, celle de l'assassinat du général Audran et de Georges Besse, P-DG de Renault. Il faut renforcer les dispositifs autour des hommes politiques mais aussi des personnalités civiles.

« Presque du jour au lendemain, nous avons dû gérer une cinquantaine de missions supplémentaires, précise Anne Desbordes. À notre charge habituelle s'ajoutaient les grands patrons d'industrie – Dassault, etc. – devenus les cibles d'Action Directe et puis des ingénieurs, des militaires. Plus tard, les P-DG ont eu leur sécurité privée, l'armée s'est chargée des militaires. Mais, à l'époque, le service a dû recruter à la hâte. »

« À cause d'Action Directe, les choses ont évolué, ajoute Maurice Gravaud, mais, dans un premier temps, ça voulait dire plus de personnalités à sécuriser sans beaucoup de moyens. »

UN ACCUEIL CHALEUREUX

Aux côtés de Paul Dijoud, Jean-Pierre Lorain a montré de quoi il était capable aux Dom-Tom. Comme le poste a l'air de lui plaire, et les voyages qui vont avec aussi, on les lui laisse. Désormais il doit s'occuper d'Henri Emmanuelli qui devient secrétaire d'État à compter du 22 mai 1981 et qui, lui aussi, va beaucoup connaître de déplacements en avion.

L'un d'entre eux lui laissera un souvenir impérissable.

Le Boeing d'une grande compagnie aérienne française se dirige droit vers Tahiti. Vol de nuit. Bien que ne traversant pas le triangle des Bermudes, il est gêné par une étrange avarie. Obligation d'atterrir sur l'aéroport le plus proche, sur une île tenue par un gouvernement qui ne porte pas la France dans son cœur.

Le pilote se pose sans encombre mais demande aux passagers de ne descendre sous aucun prétexte. Les militaires du cru ne veulent pas voir de Français fouler leur sol. Aucune autorisation de descendre n'est accordée. Le pilote ne dispose d'ailleurs que d'une liaison très fragmentée avec la tour de contrôle qui ne répond que par monosyllabes. Il attend une pièce de rechange et cela peut durer plusieurs heures. Les trois cents passagers n'ont plus qu'à prendre leur mal en patience. Boissons et cacahuètes devraient les y aider.

Le ministre, lui, n'a aucune envie de rester durant des heures bras et jambes croisés. Il a envie de se dégourdir. Il se lève, escorté par ses deux officiers de sécurité. Le pilote lui déconseille vivement de sortir, Emmanuelli insiste. L'hôtesse consent à ouvrir la porte donnant sur l'extérieur. Le Boeing est garé à l'écart, près de locaux qui ressemblent plus à des hangars qu'à une aérogare. Personne aux alentours. Échelle déployée, le ministre descend. Lui et ses deux gardes du corps entrent dans une espèce de hall. Aussitôt des militaires leur tombent dessus, braquent sur eux des kalachnikovs, hurlent et alertent des renforts. En quelques secondes ce sont quarante soldats qui entourent le trio de Français.

« Le ministre a été durement molesté, témoigne Lorain. Ils l'ont fouillé comme on fouille un voyou de banlieue avec palpation entre les jambes, partout. Il tente d'expliquer qu'il représente la France mais les soldats s'en foutent ! Il aurait annoncé être femme de ménage, ça aurait été la même chose ! »

L'un des officiers de sécurité est délesté de son arme. Lorain a caché la sienne dans son dos. Il redoute l'instant clé où on va tenter de la lui prendre.

« J'ai vu le moment où ils allaient nous tirer comme des lapins. Je me suis dit : "Là on va y passer mais j'en flinguerai deux ou trois avant !", poursuit-il. Ce qui a sauvé la situation, c'est une cigarette. Je jouais au mec décontracté, cheveux longs et barbu. Un militaire est venu me demander une cigarette. J'ai sorti mon paquet et je lui ai dit que j'étais prêt à le lui donner contre un coup de téléphone. Il a accepté. Il m'a montré le téléphone et, non sans mal, j'ai réussi à joindre l'ambassade de France… »

Sous la surveillance des militaires qui attendent des ordres précis, le Français donne ses instructions d'une voix qui n'autorise aucune remarque :

« Écoutez-moi bien, car je n'aurai pas le temps de me répéter : je me nomme Jean-Pierre Lorain et je suis pris en otage à l'aéroport avec un ministre, passez-moi l'ambassadeur.

– Mais Monsieur, il est 3 heures du matin, l'ambassadeur dort !

– Je m'en fous ! Si vous ne voulez pas avoir la mort d'un ministre sur la conscience, passez-le-moi tout de suite.

L'ambassadeur est réveillé et prend le combiné. Lorain lui résume la situation en quelques mots et conclut :

« On ne va pas tarder à se faire descendre ! »

Car les militaires sont las d'attendre. Aspirant à retourner à leurs occupations nocturnes, certains sont prêts à réaliser trois cartons pour mettre fin à une situation à laquelle ils ne comprennent rien et qui ne fait qu'empirer. Les trois Français affichent des profils bas pour ne pas donner de mauvaises idées à leurs adversaires. Lorain, qui a gardé son arme, est prêt à se défendre. Ça pourrait virer au carnage… Au bout d'une demi-heure de ce mauvais jeu de chiens de faïence, une voiture arrive. Des officiers mandatés pour calmer les soldats. Puis c'est la voiture de l'ambassadeur de France. Les explications sont confuses mais les kalachnikovs baissent le bout de leurs canons. Dans un calme de pacotille, on attend que l'avion soit réparé.

Avant de remonter à bord, Henri Emmanuelli prend l'ambassadeur à part.

« Il ne s'est rien passé.

– Pardon, Monsieur le ministre ?

– Officiellement, il ne s'est rien passé. Je ne veux ni rapport ni de note de service.

– Bien, Monsieur le ministre. »

Ni le ministère des Affaires étrangères, ni l'Élysée ne seront tenus au courant de cet incident.

Il ne s'est rien passé. Hormis le fait qu'un ministre français a failli être passé par les armes du fait de soldats un peu trop chatouilleux de la gâchette.

MADE IN USA

« Travailler avec les services de sécurité américains, c'est compliqué pour une raison très simple : ils ont un mode de fonctionnement mécanique très lourd, affirme René-Georges Querry. Eux travaillent avec des normes, c'est leur côté doctrinaire, il n'y a aucune souplesse. »

De son vrai nom United Secret Service, la structure américaine a deux missions sans aucun lien apparent entre elles : lutter contre la fausse monnaie et assurer la protection du président des États-Unis, du vice-président, de leurs familles et de diverses autres personnalités. Cette structure est ancienne puisqu'elle a vu le jour le 5 juillet 1865. Mais il a fallu un attentat, celui du président William McKinley[1], pour qu'elle intègre la protection rapprochée dans ses activités. Suite à divers autres assassinats – dont celui, tristement célèbre, qui a coûté la vie à John Fitzgerald Kennedy – le Secret Service s'est doté de pouvoirs exorbitants que certains qualifient de « superpouvoirs ».

« Par exemple, détaille Gilles Furigo, un président américain n'a pas le droit de monter dans un véhicule étranger, ni dans un hélicoptère étranger, ni dans un avion étranger. En aucun cas. Dès qu'il est élu, le président s'engage à n'utiliser que les véhicules et les moyens mis en place par le Secret Service. Il y a eu une émission, *Behind the Close Door*, dont le Secret Service m'a fait parvenir une copie. Hillary Clinton y parlait de cette particularité et expliquait : "Nous n'avons pas le choix, le président et sa famille s'engagent par écrit à respecter tout ce que dit le Secret Service." C'est pour cela que leurs véhicules blindés vont partout dans le monde, les hélicos appartiennent aux

1 14 septembre 1901.

Marines, les bateaux à la Navy et l'avion c'est l'Air Force One. Si vous méconnaissez cette notion fondamentale quand vous travaillez avec les Américains, ça ne peut pas marcher. »

Rien à voir avec la France où le politique prime toujours sur la sécurité. Dans l'Hexagone ce sont les hautes personnalités qui émettent leurs exigences et veulent voir la sécurité s'y adapter.

Afin de bien mettre en évidence la différence « philosophique » qui sépare les fils de l'oncle Sam des enfants de Molière, Pierre Guiziou rapporte un fait précis :

« Les Américains restent des grands hollywoodiens. Des gars du RAID et de la sécurité rapprochée sont allés faire un stage là-bas. Ils se sont complètement plantés sur une épreuve : une voiture en flammes et un type crie "officier à terre". La victime bougeait légèrement. Nos gars se sont divisés en deux : une partie vers le blessé, l'autre pour traquer le tireur. Ils le repèrent sur un toit et l'abattent. Ils pensaient avoir réussi, mais on leur a dit que non. Ils devaient d'abord aller chercher la victime allongée par terre. Les Français ont regardé faire les Américains et les ont vus foncer sur l'officier à terre. Comme le tireur continuait à tirer, la plupart se sont retrouvés avec plein de traces de peinture sur eux, donc ils étaient "morts". On leur répond que cela n'a pas d'importance. Les Américains préfèrent se faire abattre les uns après les autres du moment qu'ils sont en contact avec la personne à protéger ! Cinq morts pour rien. Pour eux ce sont des héros. Un gars du RAID leur a fait remarquer : "Mais un héros mort ne sert à rien." Ils ont moyennement apprécié… »

Partout où il passe, le Secret Service impose sa loi, c'est-à-dire son matériel, ses consignes en forme de diktats, ses idées arrêtées et son savoir-faire censé résister à toute critique.

« À Baden-Baden, remarque Pascal Gérard, ils ont amené quatre voitures blindées : deux pour la partie française du sommet et deux pour la partie allemande. On ne savait pas où les mettre ! Un président américain qui se déplace c'est mille personnes. Ils ont donc besoin de mille chambres et de quatre cent cinquante véhicules qu'ils louent sur place… Le meilleur moment de la visite d'un président américain c'est quand il repart ! Mais on est sur les genoux. »

« Je me souviens du temps de Reagan en 1985, évoque Jean Grinsard, lorsqu'il était venu à Strasbourg. Les Américains nous ont virés de la tour de contrôle pour prendre le commandement ! Tous les vols, français et autres, ont été annulés. Priorité à Air Force One ! C'est quand même hallucinant. »

Le contrôle de l'espace aérien préoccupe beaucoup le Secret Service. Il peut même s'en servir comme l'instrument d'une douce revanche.

En mars 1996 a lieu la première grande conférence sur le terrorisme. À Sharm el-Sheikh (Égypte), les chefs d'État sont installés dans des villages de vacances sécurisés. L'équipe des VO vient inspecter les lieux huit jours avant la conférence. Celui dévolu au président Chirac est vaste et agréable. Petit inconvénient : le jardin est encombré par des paraboles placées par les Américains, enchevêtrées par tout un réseau de câbles. Les Français leur demandent poliment d'aller planter leurs engins métalliques ailleurs. Refus catégorique. À l'appel des VO, l'ambassadeur de France se déplace pour constater la teneur du problème. Effectivement, le chef de l'État a vue, de sa baie vitrée, sur cet amas d'objets. Une nouvelle demande est faite par voie diplomatique, cette fois. Elle est acceptée.

« Mais les Américains nous ont pourri la vie, conclut Grinsard. Ils avaient la mainmise sur la tour de contrôle de l'aéroport local et ils se sont arrangés pour que l'avion du président Chirac n'atterrisse et ne reparte que le dernier ! »

Les exigences américaines frisent parfois le délire. Les instructions du Secret Service étant de ne jamais quitter le président des yeux, où qu'il soit, cela engendre des situations ubuesques.

« En novembre 2004, explique Pascal Gérard, Jacques Chirac s'est rendu à Londres pour fêter les cent ans de l'Entente cordiale. Il est arrivé un jour après la fin de la visite d'État de George Bush. Les Anglais m'ont raconté que leurs homologues américains avaient demandé que les vitres du palais de Buckingham soient blindées. La reine leur a fait dire qu'elle était chez elle et qu'il n'en était pas question !... Le programme de Bush prévoyait une visite de l'abbaye de Westminster, vide de tout visiteur. Il devait y rencontrer le chapelain et visiter la crypte. Mais cette crypte est toute petite et ne peut en aucun cas accueillir Bush et un membre du Secret Service. Ils étaient furieux. Au cas où le chapelain aurait voulu étrangler le président ! Alors ils ont imaginé d'installer une caméra. Ils voulaient percer le cercueil d'Henri VIII afin d'y installer une fibre optique leur permettant de garder le président en visuel. Un trou dans le cercueil d'Henri VIII ! Les Anglais en suffoquent encore ! »

Dans l'espoir, un peu vain, d'entretenir de bonnes relations avec le Secret Service, il est recommandé de suivre quelques directives.

« Le premier principe est de ne jamais leur mentir, remarque Maurice Gravaud. Si je disais que j'avais placé sur les toits deux fonctionnaires du service, ils allaient vérifier. Il faut être très sérieux avec eux. »

Qui dit collaboration dit dialogue, du moins dans un premier temps.

« Il faut connaître leur modèle de pensée et de sécurité et s'adapter. Puisque nous les recevons, ils sont nos invités, rappelle Jean-Louis Fiamenghi. Nous n'accepterons pas tout mais nous irons vers ce à quoi ils aspirent. C'est de la négociation autour d'une table. S'ils s'entêtent, sur le terrain cela peut aussi être du corps à corps, le vernis culturel s'écaille très rapidement. »

Observer des préceptes ne signifie pas se laisser marcher sur les pieds. Deuxième principe : savoir s'imposer.

« Ils veulent amener leurs tireurs d'élite, explique Pascal Gérard. En France nous les refusons, mais certains autres pays acceptent. C'est pour cela que nous, nous les agaçons un peu. Ils disposent de voitures de brouillage dans les cortèges. Les Allemands l'ont très vite su mais nous n'avons pas été prévenus et nous nous sommes fait piéger. Tout cela est très énervant. Nous avons eu un gag lors de la venue d'Obama à Strasbourg. Les Américains ont installé les limousines de leur cortège et ont demandé aux Français de quitter le périmètre. J'étais présent, j'ai refusé. Alors ils ont essayé de nous gazer en faisant des manœuvres avec leurs bagnoles. Ils n'ont réussi qu'à gâcher de l'essence, nous n'avons pas bougé. Après, ils sont rentrés prendre des cordons pour délimiter un périmètre de sécurité autour de la voiture présidentielle. Je suis allé les récupérer en leur précisant que cela ne leur appartenait pas. Ils m'en ont voulu ! Ils ont des comportements inadmissibles. »

La voiture blindée présidentielle est cause des plus grandes polémiques, en matière de protection rapprochée. Tout ce qui la concerne est classé top secret et interdiction absolue d'y toucher.

« Un responsable du Secret Service se trouve dans la voiture en compagnie du président, explique Gilles Furigo. S'il estime que la sécurité n'est pas assurée, il n'ouvre pas les portes et le président ne sort pas. Chez nous, en France, une telle pratique est impossible. Si notre président veut sortir, il sort ! Le gros avantage des Américains est que leurs personnalités les écoutent. En France elles font ce qu'elles veulent… En plus, les Américains ne veulent pas que l'on touche à la portière. Nous ne pouvons pas l'ouvrir pour plusieurs raisons dont l'une est technique : la porte est conçue comme celle d'un coffre-fort suisse avec assistance hydraulique qui se déclenche au niveau de la poignée. En général, le gars qui ouvre la portière est une armoire à glace qui a reçu une formation spéciale. L'un m'a marqué : il avait des bras comme des cuisses, une tête d'Irlandais et un cou de la largeur de ses épaules ! »

Cette voiture blindée n'a pas fini de faire parler d'elle.

L'épouse du président des États-Unis est soumise aux mêmes consignes de sécurité que son mari. Des consignes strictes et appliquées à la virgule près.

Ainsi, en cas de coup de feu entendu, les instructions prévoient :

« Pousser l'épouse du président dans sa voiture blindée pendant qu'un homme des services de protection s'interpose entre elle et le tueur, pour immobiliser ce dernier. Les autres agents entourent la présidente et parcourent le plus rapidement possible la distance qui les sépare de la voiture blindée, en faisant barrage de leurs corps. Les officiers de sécurité sortent leurs armes mais ne tirent que s'ils ont la certitude absolue de pouvoir toucher leur cible, sans mettre en danger la foule présente. Une fois la présidente dans la voiture blindée, le véhicule se dégage, suivi d'un autre véhicule de couverture. »

Situation extrême dans laquelle se sont retrouvées les épouses de Gérald Ford et de Ronald Reagan.

La voiture blindée tient à la fois du refuge, de la porte de sortie, et du seul lieu totalement sécurisé. Une voiture placée sous le sceau du secret qui est de tous les voyages de la First Lady. Après avoir transporté des femmes aux tempéraments très différents, elle devient le véhicule officiel de la dynamique Hillary Clinton.

La femme de Bill est déjà venue en France en diverses occasions, notamment lors des cérémonies anniversaires du Débarquement.

À cette date, Mireille Lombard se chargeait de sa protection, au nom du SPHP.

« Lorsqu'on assure la sécurité d'une personnalité étrangère comme Hillary Clinton, se rappelle-t-elle, il y a tout un travail préparatoire. Nos homologues américains appartiennent au Secret Service. Nous avons eu avec eux, en amont de la visite, un certain nombre de rencontres, de mises au point, de repérages des lieux, de reconnaissance des sites. Il y a eu aussi des manœuvres préparatoires, notamment en ce qui concerne le déminage[2]. »

Hillary Clinton revient en mai 1998. Elle se rend en Corrèze pour répondre à une invitation de Bernadette Chirac. Le voyage s'effectue dans la voiture blindée officielle, comment pourrait-il en être autrement ?

Plutôt que d'emprunter une banale autoroute, Madame Clinton opte pour les nationales et les départementales. Voir la France par ses chemins de traverse est autrement plus agréable que l'apercevoir derrière les barrières de sécurité d'une autoroute. Elle monte donc dans une limousine qui est à la fois présidentielle, américaine et blindée, suivie par une voiture du SPHP en contact radio permanent avec la Cadillac.

Les paysages défilent les uns après les autres. La femme du président découvre quelques charmes secrets d'un pays qu'elle connaît mal. Tout le monde est content. Sauf, peut-être, le chauffeur du SPHP. Il a l'œil rivé sur la jauge d'essence et voit l'aiguille s'enfoncer inexorablement vers le rouge. Or, le convoi se trouve dans un coin reculé où ne brille aucune station-essence. Inquiet, un officier français alerte son homologue américain. Il lui demande simplement où en est le réservoir de la limousine. L'ami américain refuse de répondre : tout ce qui concerne le véhicule présidentiel est classé top secret ! Y compris la contenance du réservoir. Néanmoins, la Cadillac s'empresse de s'arrêter à la première station qui se présente.

Il n'y a pas que la voiture présidentielle qui provoque surprise et mécontentement. D'autres, mises à la disposition de personnalités étrangères, mettent à mal les nerfs des gardes du corps français.

« Après les attentats du 11 septembre, Jacques Chirac a été se recueillir, se souvient Sylvain Lledo. Nous étions dans une voiture

2 Émission télévisée *Envoyé spécial*, diffusée le 24 novembre 1994.

fournie par le Secret Service et conduite par un chauffeur à eux, comme c'est l'usage. Nous sommes tous sortis, y compris le chauffeur. Or, les voitures américaines se mettent en sécurité, c'est-à-dire qu'elles se ferment automatiquement. Les clés étaient restées à l'intérieur ! Au moment du départ du cortège, nous avons été obligés de placer le président dans une autre voiture. Mais dans celle qui restait, il y avait le discours que le président devait prononcer à l'ONU une heure plus tard. J'ai explosé la vitre et pris le discours ! »

Heureusement que cette voiture-là n'était pas blindée…

« Les Américains ne m'impressionnent pas, avoue Jean-Louis Fiamenghi. Ils sortent des tanks, des camions de communication, ils font semblant d'être très bons mais hormis Reagan, il y a quand même beaucoup de trucs qui ont foiré. »

En dépit de ses pouvoirs, du matériel ultrasophistiqué dont il dispose, de ses effectifs pléthoriques, le Secret Service ne s'est pas toujours montré à la hauteur de sa réputation. Le 30 mars 1981, à Washington, John Hinckley tire six coups de feu sur le président Reagan et le touche une fois, lui perforant le poumon.

« Le cas Reagan est un exemple de dysfonctionnement, analyse Christian Oslawska. Le tireur s'est introduit dans un groupe de journalistes et il n'y avait aucune sécurité pour le contrôle du groupe de presse. Pourtant le Secret Service a des moyens considérables. De plus, si on regarde bien les images, on constate qu'il y avait un défaut de tenue chez le tireur. Ses vêtements ne s'intégraient pas à ceux du reste du groupe de presse. C'est flagrant sur les photos. Il y a ce mec qui fait tache dans le groupe et l'on se demande ce qu'il fait là. Un policier américain, qui n'était pas un pro de la sécurité, l'a remarqué mais sans faire plus attention. Et lorsque Reagan est sorti, l'intrus a tiré… »

En voyage aux États-Unis, les policiers français doivent se plier aux exigences américaines.

« Je me souviens avoir visité la Maison-Blanche pour préparer un voyage présidentiel, raconte Pascal Gérard. Ils me connaissaient donc parfaitement et savaient quelles étaient mes fonctions. Je suis revenu quarante-cinq minutes avant l'arrivée du président et, là, ils m'ont refusé l'entrée. “Non, vous ne passez pas !” Rien à faire. Ça ne m'a pas empêché de rentrer en même temps que le président ! »

Il est d'usage qu'en retour, de voyage en France, le Secret Service s'adapte aux pratiques hexagonales.

« En réalité, rectifie René-Georges Querry, nous appliquons en France les mêmes règles que les Américains nous imposent aux États-Unis. Par exemple, si les Américains nous disent qu'autour du président de la République française, il y aura une voiture devant et une derrière, ça fait donc trois places à occuper par des gardes du corps dans chaque voiture ; deux policiers américains et un policier français. Quand le président américain vient en France, on applique la même chose : deux policiers français et un américain dans chaque voiture. Et rien que cela entraîne des discussions de chiffonniers ! »

« Remarquez, ajoute Gilles Furigo, nous aussi, à l'étranger, nous sommes pénibles parce que nous aussi avons des exigences. Moi j'ai fait des trucs à Washington qu'on ne leur laisserait pas faire chez nous. C'était au sommet de l'Otan en 1999. J'ai rencontré le chef du bureau du Secret Service avec qui j'avais d'excellents contacts. Il m'a présenté à toute la division en uniforme en expliquant : "C'est Monsieur qui s'occupera de tous les véhicules et vous dira lesquels peuvent entrer dans l'enceinte du bâtiment officiel." Bon, 1999 ce n'était pas 2001, les règles étaient plus souples, mais, néanmoins, j'ai fait entrer le nombre de véhicules que je voulais. Un truc comme ça à Paris on n'accepterait pas. Nous, à l'étranger, nous ne sommes peut-être pas aussi embêtants que les Américains mais pas loin ! »

Lors d'un voyage officiel en France, Bill Clinton dispose d'un temps mort de deux heures. Il entre alors à l'ambassade des États-Unis, tout à côté de la place de la Concorde. Il est censé participer à une réunion avec ses collaborateurs. Deux heures, de quoi laisser souffler les agents français. Pas du tout. Au bout de dix minutes, Clinton sort en survêtement et tennis et annonce à son entourage qu'il compte faire son jogging sur les quais de Seine. Branle-bas de combat chez les Français. Il faut sécuriser tout le périmètre, ce qui, compte tenu de la circulation et de la légendaire courtoisie des automobilistes parisiens, n'est pas tâche aisée. Les VO et le Secret Service, tous dans leur tenue de travail, se mettent à courir autour président.

« Des journalistes ont pris des photos de Clinton courant le long de la Seine, sur les quais, près des bouquinistes, rapporte Gilles Furigo. Derrière Clinton on voit les policiers français et américains en costume cravate. En voyant les photos, nous étions contents car, finalement, nous étions en meilleure condition physique que les Américains qui traînaient un peu derrière alors que notre équipe a collé Clinton pendant tout son footing ! »

Moralité : « En 2005, rapporte Pascal Gérard, je suis allé en Estonie pour une conférence dans le cadre du programme de sécurité. Ils ont une police très jeune et s'apprêtaient à recevoir le président Bush. Ils m'ont demandé des conseils, comment cela allait se passer. Je leur ai répondu : "Ça va être très simple : à un moment donné vous allez vous demander si vous êtes encore les maîtres dans votre pays !" J'ai vu un des gars quelques mois plus tard dans une réunion ; il m'a confirmé que cela s'était passé exactement comme je le lui avais dit ! »

357 MAGNUM

Le 22 mai 1981, la France a un nouveau ministre de la Défense, Charles Hernu. Difficile de faire plus pro-gendarmes que lui. Il est fils de gendarme et a vraiment grandi dans le sérail. D'ailleurs, en prenant ses fonctions, il exige un troisième aide de camp – en plus des deux habituellement alloués à son poste de ministre –, un général de gendarmerie.

Sa sécurité est assurée par un groupe de policiers dont Guy Parquet, un vétéran en la matière puisqu'il est entré aux VO le 1er juillet 1970. Il se distingue par sa haute stature – un mètre quatre-vingt-dix – et par une indéniable aptitude au tir. Il se rend bien vite compte qu'il doit frayer avec les gendarmes, ce qui ne le dérange pas outre mesure.

« Quand nous allions en déplacement à l'étranger, dit-il, Prouteau avait décrété que deux gendarmes du GIGN devaient nous accompagner. Ils étaient censés profiter des voyages pour faire des repérages dans les différents aéroports où nous arrivions, en vue d'éventuelles interventions en cas de prises d'otages. En réalité, je n'étais pas dupe, il voulait nous adjoindre deux gardes du GIGN. »

Parquet apprend aussi à connaître Charles Hernu qui, bien que lyonnais, préfère des breuvages ancrés un peu plus au Nord.

« Hernu était un gros consommateur de champagne, précise-t-il. Quand on allait visiter des unités, il faisait ses repas au champagne… Sur les lignes du GLAM, il n'y avait pas de champagne. À son premier déplacement, pour retourner sur Lyon, il a demandé une petite coupe. Le jeune appelé qui faisait office de steward lui a dit qu'il n'en avait pas. "Dorénavant, il y en aura !", a annoncé le ministre.

Effectivement, à dater de ce jour il y a eu du champagne sur les lignes du GLAM. »

Pendant près de trois ans tout se passe bien. Charles Hernu paraît apprécié de Mitterrand, des Français et des militaires, ce qui, dans sa position, est l'essentiel.

En avril 1984, neuf soldats français du 17e régiment de parachutistes sont tués au Tchad dans des circonstances momentanément mal définies, de quoi émouvoir toute la France et justifier l'intervention du ministre de la Défense. Hernu a l'intention de présider la cérémonie officielle précédant les obsèques des victimes. Compte tenu du trouble qui entoure cette affaire tchadienne et de nombreux articles de presse qui mettent directement en cause le ministre, on essaie de le dissuader de faire un tel voyage. Il persiste.

Lieu : base militaire de Toulouse-Francazal. *A priori*, rien ne paraît plus sécurisé qu'une caserne. Des soldats un peu partout et des entrées filtrées. Le risque d'incident semble minime, au point que le garde du corps du ministre n'est pas inscrit sur la liste des passagers.

« Nous n'étions prévenus d'aucun danger précis, rappelle Guy Parquet. Même ma présence sur place n'était pas souhaitée. Il y avait énormément de gens qui voulaient accompagner Charles Hernu et il n'y avait pas de places pour tout le monde. C'est l'aide de camp, le commandant Henry de Roquefeuil, qui est intervenu personnellement chez le ministre en disant : "Il faut absolument que M. Parquet soit présent." Ils ont donc débarqué un général pour me donner une place dans l'avion ! »

Ce jour-là, les portes sont ouvertes aux familles et aux amis des victimes, ainsi qu'à grand nombre de journalistes. Les personnes en deuil sont autorisées à entrer dans l'enceinte de la caserne avec leur voiture, ce que ne manque pas de faire Lionel Rehal, frère d'une des victimes, au volant de son Alfa Roméo d'un blanc virginal.

Le ministre arrive, flanqué de son officier de sécurité. Guy Parquet découvre la caserne pour la première fois. L'époque n'est pas encore aux précurseurs pour ce genre de voyage. En réalité, sur le plan de la sécurité rien n'a été préparé. Les familles sont regroupées entre de vagues barrières, personne n'a été fouillé. Parquet ne le sait pas encore mais il est le seul homme armé dans tout ce périmètre. Et pour cause, les gendarmes sont en uniformes de cérémonie et les parachutistes sont au garde-à-vous avec des fusils mitrailleurs, des Famas, dépourvus de balles. Parquet a sur lui son Smith et Wesson .357 Magnum trois pouces avec six balles dans le barillet.

La place d'armes où se déroulera toute la cérémonie a presque les dimensions et la forme d'un terrain de football. Elle est bordée de bâtiments devant lesquels passe une route. Les neuf cercueils, recouverts d'un drapeau tricolore, côte à côte, rappellent le tribut que la France continue de payer pour maintenir un semblant de paix dans certaines parties du globe.

À 11 heures débute cet hommage aux morts. Le ministre se tient au milieu de la place d'armes, entouré par les chefs d'états-majors des armées, le maire de Toulouse, le préfet de région, des sénateurs, des députés. Les militaires sont impeccablement alignés dans leurs uniformes rutilants, bérets rouges. Chacun se recueille comme il se doit. Le ministre ne fait pas exception. Il épingle la médaille militaire sur le premier cercueil. Grande émotion.

« À ce moment-là, sur la droite, raconte Guy Parquet, dans l'emplacement réservé aux familles, on entend des vociférations, des injures, à l'encontre d'Hernu. L'ambiance est très chaude. Je repère un type complètement excité, plus ou moins maintenu par des gens qui se sont révélés être de sa famille. Il crie, menace de mort le ministre. »

Charles fait mine de ne pas entendre et continue d'épingler les médailles les unes après les autres. Ce faisant, il se rapproche de plus en plus des familles. Et les cris, mêlés à des yoyoulous, se font de plus en plus forts. Guy Parquet veut y mettre le holà.

« Je me présente rapidement à un officier de gendarmerie, déclare-t-il, et je lui dis : "Faites-moi évacuer ce type-là, il est dans un état d'excitation extrême. Mettez-le à l'abri." »

Des gendarmes s'emparent de l'homme qui n'est autre que Lionel Rehal. Ils le font sortir du périmètre des familles et l'emmènent. Parquet croit que tout est réglé. Dans son esprit, l'importun va être placé sous surveillance dans une pièce de la caserne, jusqu'à la fin de la cérémonie. En réalité, les gendarmes accompagnent Rehal jusqu'au parking. Ils le font asseoir dans sa voiture, et lui ordonnent de quitter la base. Mais ils omettent de vérifier s'il obtempère… Ce qu'il ne fait pas.

Pendant ce temps, comme l'exige sa fonction, Charles Hernu témoigne aux familles son affection et son soutien. La cérémonie touche à sa fin.

Soudain, un son caractéristique déchire le calme ambiant. Anormal. Suspect. Inquiétant.

Du parking réservé aux invités bondit une Alfa Roméo blanche. Elle fonce sur la place d'armes et ne cherche ni un raccourci ni une place où stationner. Ce n'est plus une simple voiture, c'est une arme. À son volant, Lionel Rehal, ivre de tristesse et de hargne, s'est transformé en kamikaze.

« Le ministre rejoint les officiels au centre de la place d'armes, raconte Guy Parquet. À ce moment précis on entend un bruit de moteur emballé. Nous ne savons pas de quoi il s'agit. De derrière l'endroit où se tenaient les familles surgit un véhicule, une Alfa Roméo. Son conducteur roule à pleine vitesse et rate son virage au bout de la place. Il s'y reprend à deux fois et, le moteur toujours emballé, se met en position, les roues avant sur la place, les roues arrière sur la route, face à nous. Nous nous retournons et je dis au ministre : "Ne me quittez sous aucun prétexte." Je sors mon arme... Tout ça n'a duré que quelques secondes... Le moteur de la voiture fait de plus en plus de bruit. L'image que j'en garde c'est celle d'un taureau qui gratte le sol avant de foncer sur le toréador. Le type lâche l'embrayage et la voiture démarre dans un nuage de fumée noire dans notre direction. Il n'y a aucun doute : elle veut nous écraser. Je sors mon arme. Je suis prêt à tirer en pleine tête à travers le pare-brise. Je me dis qu'il s'agit d'un attentat terroriste. Nous sommes en avril 2004, et, en octobre de l'année précédente, avec Hernu nous nous étions rendus sur les lieux de l'attentat du *Drakkar*[1], au Liban. Donc, moi je crois qu'il s'agit d'un terroriste qui fonce sur nous pour balancer une grenade et se barrer avec la voiture. Je m'apprête à tirer quand, en une fraction de seconde, je reconnais le type que j'ai fait évacuer. Je comprends qu'il ne s'agit pas d'un terroriste et alors, au lieu de lui balancer un pruneau en pleine tête, j'abaisse mon arme et le premier coup de feu part à l'horizontale pour pénétrer dans l'arête du capot. La balle se perd dans le moteur. Je me dis que cela fera peut-être réagir le chauf-

1 Le 23 octobre 2003, cinquante-huit militaires français ont trouvé la mort dans un attentat-suicide au camion piégé.

feur. Rien du tout ! Je fais un pas en arrière mais le ministre me lâche et part de l'autre côté. Au moment où la voiture se rapproche, je suis d'un côté, et de l'autre il y a le ministre avec toutes les personnalités. J'ai l'intention de blesser le chauffeur, mais ce qui m'importe surtout c'est de ne pas atteindre des gens qui se trouvent de l'autre côté du véhicule. C'est pourquoi je tire vers le bas et non à l'horizontale. Mais je n'ai pas l'intention de tuer le chauffeur… La voiture se rapproche. Moi, je me suis écarté pour ne pas me faire écraser et, à cinq mètres, je balance un deuxième pruneau qui pénètre dans la bordure de la portière avant droite, le type qui était au volant prend la balle dans la cuisse droite ; elle est ressortie en lui perforant l'artère fémorale. La voiture n'est plus en accélération mais continue sa course en direction des cercueils. Moi, je pivote et j'envoie un troisième pruneau qui pénètre au-dessus du feu rouge arrière droit de l'Alfa Roméo, elle perfore le siège passager arrière puis le siège conducteur à la hauteur des reins. La chance qu'il a eue, c'est que, comme il était affaissé sur la partie gauche, la balle a traversé le siège sans le toucher. On l'a retrouvée sous la pédale d'accélérateur. Dans l'élan, le véhicule continue sa course et fait tomber un cercueil. L'autre chance qu'il a eue, c'est qu'il y avait sur place un infirmier qui rentrait du Liban qui lui a tout de suite fait un point de compression. »

La voiture s'arrête d'elle-même, comme surprise d'avoir roulé si vite.

« C'est la balle miraculeuse, analyse Gilles Furigo. Elle passe dans la portière et vient se nicher dans la cuisse du gars qui était en train de conduire, son pied s'éloigne de l'accélérateur et la voiture pique du nez. Quand vous sortez votre arme, c'est pour tirer ; il ne faut pas réfléchir sinon on ne tire pas. Il a eu une réaction instinctive et c'était la bonne. Or il y avait la foule en face de l'officier de sécurité. C'est aussi pour cela que je parle de balle miraculeuse. Entre bavure et bravoure, il y a deux lettres ! Là c'est bien : il touche le gars sans le tuer et la voiture s'arrête toute seule. Pourtant, si l'on étudie la scène, à la fois il était mal placé, car il ne se trouvait pas au coude à coude avec la personnalité, et, d'un autre côté, il était à l'endroit ou il fallait être au moment où il fallait, car ça lui a permis d'avoir le bon angle de tir. »

Civils et militaires se ruent sur l'Alfa. Le blessé sera évacué vers un hôpital proche.

Guy Parquet, lui, retrouve rapidement son ministre. Lequel lui demande :

« Monsieur Parquet, que s'est-il passé ?

– Vous avez bien vu que j'ai flingué, là ! Je vous avais dit de rester avec moi, pourquoi vous avez traversé ?

– Oh, je n'avais pas bien compris. »

Le chef d'état-major des armées, le général Janou Lacaze, prend les choses en main et distribue calmement les ordres.

« Il a fait une chose qui m'a marqué à vie, ajoute Parquet. Il s'est positionné à six pas de moi, s'est mis au garde-à-vous, m'a salué, à claqué sa main droite sur la couture de son pantalon, s'est avancé vers moi et m'a serré la main en me disant : "Je vous remercie au nom de l'armée française, vous avez sauvé notre ministre." »

Le garde du corps reprend son arme, bascule le barillet d'où il extrait les trois douilles correspondant aux balles qu'il a tirées. Sachant qu'il va y avoir une enquête, il les confie à un colonel de gendarmerie.

Diverses personnes examinent la voiture. Parmi elles, une femme a l'air affolé. Au point de crier :

« Quel est le fou qui a tiré dans la foule ?

– Le fou c'est moi, Madame, annonce Parquet. J'ai vu que vous aviez fait le tour du véhicule. Combien avez-vous compté d'impacts ?

– Trois.

– Il n'y a, donc, aucune balle perdue. Le colonel va vous faire voir les trois étuis. »

La femme est substitut du procureur de la République.

L'enquête est confiée à la gendarmerie qui s'annonce désireuse d'auditionner le garde du corps. Avant cela, celui-ci doit raccompagner le ministre jusqu'à son avion. Pendant qu'Hernu s'envole pour Paris, Parquet répond calmement aux questions.

« Je me demandais comment j'allais retourner sur Paris, se souvient-il. En fait, il y avait un avion rempli de généraux qui avaient assisté à la cérémonie mais n'étaient pas encore repartis car ils avaient déjeuné chez le gouverneur militaire. Ils m'ont attendu ! Quand je suis monté dans l'avion, tous les généraux se sont levés pour m'applaudir. »

À Paris, l'officier de sécurité est immédiatement reçu par son ministre qui le félicite en lui offrant… une coupe de champagne. Par contre, Madame Hernu a l'air moins enthousiaste.

« Vous vous rendez compte ? s'étonne-t-elle sur un ton peu amène. Vous avez tiré sur un homme, vous auriez pu le tuer. Pourquoi n'avez-vous pas tiré dans les pneus ?

– Écoutez, Madame, répond Parquet, je crois que vous regardez trop *Starsky et Hutch*. La réalité est différente. »

À la demande de Charles Hernu, l'affaire est classée. Mais des sanctions sont prises à l'encontre des gendarmes qui ont eu la mauvaise idée de laisser filer l'homme à l'Alfa Roméo. Guy Parquet est nommé inspecteur divisionnaire. Quelques semaines plus tard, le ministre reçoit une lettre de la mère de Lionel Rehal, dans laquelle elle écrit qu'elle n'en veut pas à Monsieur Parquet qui n'a fait que son métier.

« On ne doit pas sortir son arme si l'on n'a pas l'intention de s'en servir, estime Anne Desbordes. L'officier de sécurité d'Hernu l'a sortie pour arrêter la voiture… Si on réfléchit bien, il a risqué sa vie pour quelqu'un qu'il ne connaissait pas vraiment. Là se situe toute la problématique du métier : risquer sa vie pour des gens qui, parfois, ne vous accordent pas un bonjour ni un au revoir – je ne parle pas de Charles Hernu, bien sûr. C'est rare mais ça arrive, et c'est très dévalorisant. Pas humiliant mais pas loin. »

Il est exceptionnel qu'un membre des VO soit amené à sortir son arme en service. Le fait est tellement rare qu'il deviendra un cas d'école, analysé pour la formation des futurs gardes du corps.

« On a étudié le "cas Hernu", au niveau balistique, ajoute Christian Oslawska. On a reconstitué les faits et exécuté les tirs dans les mêmes conditions. Cela nous a permis de revoir les techniques de tir. On a opté pour un tir plus pragmatique, plus réaliste issu des techniques civiles. Un officier de sécurité, s'il doit tirer sur quelqu'un, doit posséder une grande pratique et de la maîtrise. Il doit toucher sa cible et ne pas tuer dix personnes avant de l'atteindre ! »

Guy Parquet continuera de travailler auprès d'Hernu jusqu'au départ de celui-ci. Il sera présent lors de l'affaire du Rainbow Warrior dont il garde un souvenir précis : « À l'hôtel de Brienne, la machine à déchiqueter les documents fonctionnait jour et nuit ! »

LE SAVOIR-FAIRE S'EXPORTE

Les services de protection rapprochée mis en place par la police française s'imposent de plus en plus parmi les meilleurs du monde. Au fil des ans, leur bonne réputation ne cesse de grandir et les spécialistes les classent régulièrement dans le Top 5, voire dans le Top 3 de ce qui se fait de mieux en la matière. Conséquence logique : des pays, grands ou petits, cherchent à s'inspirer de ces méthodes qui ont fait leurs preuves.

Dès 1987, un petit voisin manifeste son intérêt.

« À cette époque, rapporte Christian Oslawska, il y a eu des menaces à Monaco. Le service a été contacté par le prince pour envoyer un responsable sur place. C'est tombé sur moi. Pendant trois ans, j'ai été détaché par le ministère des Affaires étrangères, payé par Monaco, avec un statut de résident monégasque puisque je vivais à Monaco. Ma première analyse m'a montré que tout est très répétitif là-bas. Or, il ne faut jamais tomber dans la routine. J'ai d'abord procédé à un recrutement. Taille minimum un mètre quatre-vingts. J'ai eu sous mes ordres le fameux Daniel Ducruet, mais il s'est dévoilé auprès de la princesse Stéphanie après mon départ. Mon équipe était constituée de gars très costauds. Ça me rappelle une photo de Caroline avec son officier de sécurité. Il faisait un mètre quatre-vingt-douze, cent dix kilos, ancien de la marine. Elle descend du trottoir alors que lui y est encore. On ne voit que lui sur la photo ! Un monstre ! Il n'avait pas besoin de dire "dégagez" pour se faire respecter. »

À tous ces hommes – pas de femme – Oslawska apprend les techniques, les trucs du métier et la nécessité de ne jamais se laisser endormir par un protocole un peu lourd.

Un soir, il fait lui-même la démonstration de la nécessité d'avoir l'œil à tout.

« C'était lors d'un traditionnel Bal de la Rose, raconte-t-il. J'ai placé mes gars. J'en avais même en livrée qui faisaient le service à la table princière. Moi, je me tenais à l'écart et je surveillais tout ce beau monde. Je vois un couple en smoking et robe de soirée qui tourne sans arrêt. Je les observe et je remarque qu'ils ne s'assoient jamais. J'appelle deux de mes gars pour aller les contrôler. Nous sommes arrivés sur eux pour leur demander : "Vous êtes perdus ? – Non, on cherche des amis." J'ai quand même procédé à une vérification d'identité. En fait, il s'agissait d'une équipe de pickpockets sud-américains. Ils avaient réussi à s'introduire au Sporting de Monte-Carlo et attendaient le début du bal pour "taper". Une équipe de la police judiciaire de Monaco est arrivée, je lui ai remis le couple et nous nous sommes aperçus qu'il y avait un mandat international contre eux. »

Oslawska procède à de nombreux audits pour des pays très divers. Charge pour lui et son équipe de mettre en évidence les failles d'un service de protection déjà existant.

« Un audit c'est hyper compliqué, explique-t-il. Ça dure en général quinze jours. Il faut voir tous les aspects du service et demander à tous ceux qui le composent de se dévoiler, de parler franc. Mon dernier audit remonte à 2000. C'était au Sri Lanka dans un contexte très difficile en raison des attaques des Tamouls. Le président venait d'être gravement blessé au cours d'un attentat. Nous avons rapidement vu les dysfonctionnements de la protection qui ont rendu possible cet attentat. Nous l'avons dit en haut lieu et tous les membres de la sécurité se sont pris une sévère engueulade. Pourtant, ils avaient mis en place beaucoup de moyens mais ça ne servait à rien puisque les gens n'étaient pas formés. »

Helena Thomas, elle, apporte ses compétences dans une contrée moins lointaine mais non moins chaude.

« Deux mois après la fin de la guerre, je me suis rendue au Kosovo pour y créer la future police kosovare, dit-elle. Nous sommes partis vraiment de zéro. Nous avons récupéré un vieux bâtiment dont il ne restait que les murs. Au début, les cours se faisaient dans la montée d'escalier. Petit à petit nous avons aménagé le bâtiment : on a d'abord mis du carton à la place des fenêtres puis des vraies fenêtres, des portes, des chaises, des planches sur tréteaux pour faire les tables et un peu de chauffage. Nous avons réussi à faire monter la température à 5 °C à l'intérieur pendant qu'il faisait -27 °C à l'extérieur ! Nous avons aussi récupéré quelques armes, plusieurs pays étant présents pour assurer la formation. La France enseignait le maintien de l'ordre, la protection, la self-défense, l'armement, le tir. Les Américains donnaient des cours magistraux sur le droit pénal. Pour nous, ça allait puisque nous faisions beaucoup de pratique mais pour eux c'était plus difficile. Notamment pour faire comprendre la notion de harcèlement sexuel à un Kosovar. Ce n'est pas trop dans sa nature... À nous de convaincre nos élèves. Ils nous disaient gentiment : "Nous serons payés mille euros par mois en sortant de l'école. Mais si on n'est pas dans la vraie police, si on fait notre propre police, on peut se faire trois à quatre fois plus ! Alors à quoi ça sert ?" Leur expliquer que ce n'est pas bien, ils n'intègrent pas. Certains nous disaient : "Si je suis dans la police ce sera plus facile pour demander de l'argent aux autres, l'uniforme me rapportera plus d'argent !" Voilà le genre de pratiques que nous avons essayé de combattre. »

Un peu plus loin, à Kaboul, le SPHP est choisi pour monter une structure de protection rapprochée.

« J'y ai déjà été une demi-douzaine de fois, rapporte Sylvain Lledo. À chaque fois, je reste sur place entre quinze jours et deux mois. Nous construisons tout petit à petit car nous sommes partis de rien. Le gouvernement afghan nous a offert un terrain, nous avons construit les bâtiments et mis en place nos formations. Difficile, Kaboul. Il y a un risque invisible constant. Rien que circuler constitue un danger. Là-bas, il n'y a aucune règle de circulation et il nous faut deux à trois heures pour rejoindre l'école, chaque jour, dans une voiture blindée. On n'a pas le droit, par exemple, de se retrouver côte à côte avec un véhicule militaire américain mais avec une telle pagaille, comment voulez-vous faire autrement ? Je dors mal à Kaboul. Je dors avec l'arme sous l'oreiller. Je ne suis jamais tranquille. Mon havre de paix c'est le salon Air France à Dubai quand je reviens. Dès que je quitte la compagnie aérienne afghane, je respire, j'entre dans le salon et je bénis Air France ! »

Chaque pays réclame un soin particulier.

« Nous adaptons nos formations à la fois aux demandes et aux matériels dont ils disposent, explique Alain Babonneau. C'est pour cela qu'il est préférable de faire la formation sur place plutôt que de faire venir les policiers chez nous. Il faut leur apprendre avec leurs moyens. On peut toujours faire quelque chose avec pratiquement rien. Je me souviens au Liban, nous voulions montrer les techniques de tir en voiture. Mais ils n'avaient pas de voiture disponible ! Dans le stand de tir nous avons trouvé quatre chaises que nous avons disposées pour faire travailler les policiers sur les différentes positions ! Ce n'est pas pour rien que l'on dit qu'en France nous sommes les rois du système D ! »

OUAH !

En matière de protection rapprochée, les chiens servent essentiellement au déminage. Ils possèdent un flair infaillible pour repérer la moindre trace d'explosif. Mais ces quadrupèdes peuvent aussi se révéler sources d'ennuis.

Michel Rigal et Jean Grinsard sont affectés à la sécurité d'un président sud-américain en visite à Paris. Loin de son pays, il ne craint aucune menace précise. L'histoire a d'ailleurs prouvé qu'à de très rares exceptions près – l'assassinat d'Alexandre Ier – les dignitaires se font attaquer dans leur propre patrie.

Au soir de sa première journée à Paris, le Sud-Américain annonce qu'il compte aller dîner chez des amis dans Paris. La voiture des VO l'y conduit. L'étranger entre dans un immeuble, prend l'ascenseur, arrive chez ses amis, savoure un bon repas et redescend.

Les deux gardes du corps ont placé la voiture devant l'entrée du bâtiment. Grinsard fait l'accueil dans le hall, Rigal tient la porte du véhicule ouverte.

S'approche un riverain en train de promener son berger allemand. Soudain, le chien lui échappe et fonce tête baissée dans la voiture. Il saute sur le siège en cuir et n'en bouge plus. Est-il piégé ? A-t-il une bombe autour du cou ? Apparemment non.

Son propriétaire, gêné, tente de le faire sortir mais l'animal montre les crocs. Il s'annonce prêt à défendre âprement sa place de choix. L'homme baisse les bras. Grinsard conseille au président étranger de remonter chez ses amis, le temps de régler la situation. Les deux officiers de sécurité tentent de faire revenir l'animal à la raison. Plus on lui parle, plus il montre les crocs. Dès qu'on avance la main, sa mâchoire claque. Un court instant, les deux hommes des VO songent à sortir leur arme et à abattre le trublion, mais tuer un chien en plein Paris, au milieu de badauds qui commencent à s'agglutiner, cela ne se fait pas.

La fourrière de Paris est appelée à la rescousse. Police Secours se déplace aussi pour bloquer le périmètre. « L'affaire du chien » prend de l'ampleur. Les spécialistes en psychologie canine tentent à leur tour de l'amadouer. On tente de le déloger à l'aide d'une grande perche spéciale, il déjoue toutes les tentatives. Alors on déploie les grands moyens : la seringue hypodermique. Un courageux parvient à lui enfoncer l'aiguille pendant qu'un de ses collègues déjoue l'attention du perturbateur. Le chien s'endort aussitôt. On le sort de cette voiture dans laquelle il n'aurait jamais dû entrer.

Tout rentre dans l'ordre, mais le président sud-américain a eu largement le temps de prendre cafés et pousse-cafés chez ses amis parisiens…

Quelques années plus tard, un autre représentant de la race canine laisse un souvenir « cuisant » à Pascal Gérard.

Novembre 1990, Paris. Signature du traité sur la réduction des forces conventionnelles en Europe. Trente-quatre chefs d'État et de gouvernement, dont George Bush et Mikhaïl Gorbatchev, sont présents. Pour célébrer l'événement, François Mitterrand a prévu une grandiose soirée de gala au château de Versailles. Gérard, dont on connaît son affection pour les Américains, s'occupe de la sécurité du président Bush. Le convoi américain, composé de vingt-cinq voitures, part en dernier, sur une autoroute de l'Ouest entièrement fermée à toute autre circulation. Gérard doit s'installer en tête de cortège en compagnie du chef du protocole américain et d'un membre du protocole français, juste devant la voiture blindée du président. Le point de départ du convoi est l'ambassade américaine. L'endroit est truffé de maîtres-chiens sillonnant le jardin avec leurs animaux favoris. Sans s'en rendre compte, Gérard marche dans un excrément canin de belle taille. Une fois assis dans le monospace, il est pris à la gorge par l'odeur plus que nauséabonde. Il ouvre la fenêtre pour éviter d'incommoder les passagers. Arrivé à Versailles, il doit se coller à Bush et n'a pas le temps de frotter sa semelle alourdie. Toujours porteur du cadeau empesté, il escorte le président américain jusqu'à la salle où doit se produire le danseur Patrick Dupont. Les trois chefs d'État prennent place : Mitterrand au centre, Bush à sa droite et Gorbatchev à sa gauche. Plus Gérard, derrière. L'odeur de déjection ne l'a pas quitté. Elle envahit la loge présidentielle.

« Je vois l'interprète du président russe, assis à côté de moi, qui commence à me faire la grimace, poursuit Pascal Gérard. Je ne savais plus où me mettre. Tout le monde devait sentir cette puanteur. Heureusement, le spectacle n'a duré que vingt-cinq minutes. Les vingt-cinq minutes les plus longues de ma vie. En sortant, j'ai trouvé une plaque en marbre où j'ai frotté ma semelle… »

BORD À BORD

Mars 1986 marque une date dans l'histoire de la Cinquième République. Pour la première fois, un gouvernement n'est pas du même bord politique que le président. Jacques Chirac, toujours maire de Paris, entre à Matignon avec éclat pendant que, derrière lui, de nouveaux ministres arrivent avec, pour certains, une soif de vengeance.

Officiellement il s'agit d'assurer la continuité de l'État. Donc pas de règlements de comptes aux allures d'épuration. Dans les faits se produit quand même un sacré coup de balai. Les VO n'y échappent pas. Tout le monde sait, et les hommes politiques mieux que quiconque, que certains policiers de ce groupe ont été « parachutés » par de hautes instances en remerciement de services rendus. Ce sont rarement les meilleurs éléments mais ils sont là, installés par la gauche, et aussitôt remerciés par la droite.

À Matignon, par exemple, on ne fait pas dans le détail : alors que l'usage est de garder au moins la moitié des policiers de la protection, on congédie tous ceux qui sont présents et on les remplace par d'autres membres des VO. Les sortants n'ont même pas le temps de passer les consignes, ce qui engendre de nombreux appels des entrants, ne serait-ce que pour savoir où sont gardées les clés des véhicules !

Reste à recaser les récents « exclus ».

Jean Grinsard est envoyé aux Affaires étrangères, tenu par Jean-Bernard Raimond. Il n'est pas reçu par le ministre mais par son chef de cabinet qui lui demande de narrer par le menu ses antécédents. Grinsard ne cache rien et évoque les cinq années passées auprès de Laurent Fabius.

« Eh bien, Monsieur, lui répond le chef de cabinet. Vous pouvez retourner à votre service. Nous n'avons pas besoin de vous. »

« Je me suis pris deux claques comme ça, raconte Grinsard, deux ministres qui n'ont pas voulu de moi en raison d'une étiquette politique que je n'avais pas ! »

Jacques Chirac ne veut pas rester dans l'ombre. Il cherche à marquer son territoire et multiplie les voyages, même s'il doit figurer aux côtés du président en place.

Tel est le cas en mai 1986 à Tokyo. Ce ne sont plus deux mais trois Concorde qui prennent les airs : le présidentiel, l'avion de secours et celui dévolu au Premier ministre, qui n'a pas le droit de voyager en compagnie du chef de l'État[1]. Les trois appareils se retrouvent alignés sur le tarmac. Chirac n'a pas tout à fait collé son planning sur celui du président, il reste plus longtemps sur place, son avion aussi. L'équipage en profite pour aller visiter les beautés nippones. Avant de les laisser partir, les Japonais exigent que le plein du Concorde soit fait. Le pilote refuse. On se passera de son avis.

Quelques heures plus tard, les officiers de sécurité français reçoivent un appel affolé de la part des Japonais : le Concorde fuit ! Ils ont dû placer des bâches sous l'appareil. Pascal Gérard parvient à joindre le pilote, parti en villégiature, pour le faire revenir sans tarder. L'homme explique que c'est tout à fait normal : le Concorde, qui consomme énormément, est bardé de réservoirs, jusque dans les ailes. On ne fait le plein qu'en dernière minute car le risque de fuite est grand. Les Japonais l'apprennent à leurs dépens. Il leur faudra trois heures pour éponger leur erreur…

En juillet 1987, Jacques Chirac s'envole pour Brazzaville où il doit présider le congrès des maires francophones. Quatre policiers des VO sont envoyés en précurseurs, dont Jean Grinsard, qui s'occupe désormais de l'organisation des voyages officiels.

« J'adore les Africains, dit-il, mais avec eux ça se passe toujours plus ou moins bien. Ils disent oui à tout mais ne font rien. Par exemple, il fallait surveiller les véhicules parce qu'ils vidaient les réservoirs pour vendre l'essence ou se servaient des voitures pour faire le taxi. Donc, la nuit, nous gardions avec nous toutes les clés des voitures et nous fermions les bouchons d'essence. Malgré cela,

---

1 Pour des raisons « évidentes » de sécurité, comme on dit dans les aéroports.

à l'arrivée de Chirac, en pleine tornade, il manquait trois véhicules. Nous avons dû entasser les gens de la délégation dans les voitures, ils étaient serrés comme des sardines… Le jour du départ, l'aide de camp de Chirac m'appelle et me dit : "Il y a un problème, l'avion est en panne." À ce moment, nous étions déjà partis en cortège vers l'aéroport. En arrivant, je me renseigne auprès du pilote qui me dit qu'il faut au moins quatre heures pour effectuer la réparation. Je préviens le Premier ministre et lui suggère de retourner à l'hôtel. Il me répond : "D'accord, on va à l'hôtel et vous rassemblez tout le monde pour qu'on boive un pot tous ensemble." Donc nous avons bu un verre avec le Premier ministre, très détendu, discutant de tout et de rien. Finalement tout s'est très bien passé. »

LE GARDE DU GARDE DES SCEAUX

Lorsqu'en mai 1988, Pierre Arpaillange investit le ministère de la Justice, il ne sait pas dans quel embrouillamini il vient d'entrer. Pas seulement sur le plan politique mais aussi sur le plan de sa propre sécurité. Car l'officier qu'on lui a affecté n'est autre que Jean-Pierre Lorain. Un homme réputé pour son franc-parler, ses réactions un peu brusques et, surtout, pour attirer les événements en tous genres. Pendant que la plupart des policiers du service coulent des jours relativement paisibles, lui mène une existence qui s'apparente étrangement aux montagnes russes. Ses fonctions auprès du ministre, qui n'excéderont pas trente mois, seront riches en rebondissements.

Il y a d'abord Marseille où le ministre vient visiter la célèbre prison des Baumettes. Les autorités locales sont là : le préfet de police, qui prend en charge la sécurité du ministre, le préfet du département, le directeur des Renseignements généraux, le chef de la sécurité publique, le directeur de la prison et une foule de gens de plus ou moins grande importance.

Lorain aussi est là, comme de bien entendu. Aux portes des Baumettes, il est intercepté par les gardiens. Le règlement stipule qu'aucun visiteur n'a le droit d'entrer armé. Lorain n'en a cure. Il refuse de se séparer de son arme. Soit il entre avec, soit il reste dehors. Le ministre tranche. Lorain entre.

Visite du réfectoire, puis passage dans les couloirs des cellules.

« Là, raconte l'officier de sécurité, mon instinct se met en marche. Le directeur de la prison propose de visiter une dernière cellule. Mais je vois dans l'œil d'un des gardiens qu'il n'a pas choisi la bonne. Quand un ministre vient en visite, on choisit généralement des cellules propres avec des prisonniers calmes. Dès la porte ouverte, je pose ma main sur la crosse de mon calibre, je bouscule les officiels et j'entre le premier dans la cellule. Il y avait trois Noirs d'un mètre quatre-vingt-dix en train de bouffer, avec des fourchettes. Je demande pourquoi ils sont enfermés et le procureur général me répond : "Meurtres, assassinat avec préméditation." Ils n'avaient vraiment pas l'air commode. Le ministre n'a pas eu le temps d'entrer. Je lui ai fait faire demi-tour et les trois Noirs se sont demandé si c'était bien un ministre qui venait de passer. D'ailleurs il y a eu une légère altercation avec l'un des trois quand un gardien a précipitamment refermé la porte de la cellule. »

Pendant ce temps, à l'extérieur, des manifestants se mettent en place. Environ trois mille personnes s'agitent en scandant des slogans pas toujours aimables. Lorain s'étonne. Il n'est au courant de rien. Or une manifestation de cette ampleur ne s'improvise pas. Pourquoi personne n'a prévenu les VO ? En arrivant à la porte de sortie, il se rend compte que la foule bloque le cortège officiel. Repousser trois mille manifestants n'est pas à la portée de tout le monde. Le préfet expédie un conseiller pour parlementer. Il reçoit des noms d'oiseaux et rentre penaud aux Baumettes. Les Marseillais veulent parler au ministre ou rien. Mais celui-ci n'a aucune envie de les écouter. À moins d'attendre l'arrivée des CRS qui taperont dans le tas, il faut trouver une solution rapide. Lorain en a une en poche, plus précisément sur le côté de sa ceinture. Il sort son arme et descend vers les agités.

« Qui veut être le premier ? hurle-t-il. On dit que je suis flic, c'est vrai, mais je suis dingue alors je vous conseille d'aller faire vos conneries ailleurs. J'ai un boulot, je dois prendre l'avion avec mon ministre. L'avion nous attend à Marignane. Donc le premier qui bouge, je lui envoie une balle dans la tronche. Peut-être que vous vous dites que je n'ai pas le droit et vous aurez raison, mais je suis énervé, fatigué et je viens d'avoir un problème dans la prison. Alors ne me poussez pas à bout. Voilà ce que je vais faire : je vais faire descendre le ministre ainsi que les autres personnalités, si un seul d'entre vous s'avance, je le plombe ! »

Aussi étrange que cela puisse paraître, Lorain fait descendre Arpaillange et sa délégation sans que quiconque n'émette la moindre protestation.

« En arrivant à l'aéroport, ajoute-t-il, le ministre m'a demandé si j'aurais osé tirer. Je lui ai répondu "Bien sûr !", alors qu'en réalité je n'aurais, évidemment, jamais tiré. J'ai juste joué au bluff et ça a marché. »

L'affaire ne s'arrête pas tout à fait là. Outré par le comportement de l'officier de sécurité, le préfet de police de Marseille fait un rapport qu'il envoie à sa hiérarchie. Lorain écrit un autre rapport qui suit, lui aussi, la filière hiérarchique. Tous deux atterrissent sur le bureau du ministre de l'Intérieur, Pierre Joxe. Il tranche : le préfet a raison. Lorain risque la révocation immédiate. Arpaillange s'en mêle et soutient que c'est l'officier des VO qui a raison : la vie d'une personnalité de la République française était en jeu et il a pris les bonnes décisions. Joxe finit par convoquer Lorain :

« Pierre Arpaillange est un ami, lui dit-il. Il a été le directeur de cabinet de mon père, Louis Joxe. Vous l'avez tiré d'un mauvais pas et je tiens à vous en remercier. Je vais vous nommer à un grade supérieur. »

Lorain monte en grade mais tient à rester avec Arpaillange.

Un jour qu'il se trouve Place Vendôme, il consulte l'emploi du temps du ministre et constate que celui-ci va enchaîner les rendez-vous. Autrement dit, quartiers libres. Lorain s'installe dans son bureau, se détend et combat la chaleur estivale à grands coups de rasades d'eau fraîche. Il se croit tranquille jusqu'à 20 heures quand, aux alentours de 16 heures, son téléphone sonne : « Nous partons dans cinq minutes pour Bruxelles. »

Un imprévu empêche le Premier ministre de se rendre à une réunion importante et le ministre de la Justice a accepté de le remplacer au pied levé. La voiture est prête, ainsi que les quatre motards d'escorte. Tous foncent sur l'autoroute du Nord.

« Nous n'avions pas encore franchi la frontière franco-belge que j'ai été pris par une énorme envie de pisser, raconte Lorain. J'avais bu tellement d'eau dans l'après-midi… Mais quand vous êtes avec quatre motards à fond sur l'autoroute, ce n'est pas évident de s'arrêter. C'est d'ailleurs pour cela que mes collègues emportaient toujours avec eux une bouteille d'eau vide : ils pissaient discrètement pendant le voyage. Moi, je ne connaissais pas encore le truc. Le chauffeur m'a vu transpirer à grosses gouttes. Mais il n'a pas le droit de s'arrêter. N'en pouvant plus, je me suis tourné vers le ministre : "Monsieur le Garde – il détestait qu'on l'appelle Monsieur le ministre – pouvons-nous nous arrêter, j'ai un besoin pressant ? – Cher ami (il ne m'appelait jamais M. Lorain), mais bien entendu." Il demande au chauffeur de s'arrêter. On stoppe sur la bande d'arrêt d'urgence. Les motards ont fait demi-tour et nous ont rejoints. Je suis sorti pour me poster contre un arbre. Tout le monde me regardait en attendant que j'aie fini ma petite opération. Impossible de pisser ! Il a fallu que je me fasse violence, surveillé par les motards qui étaient morts de rire. J'ai fini par réussir et nous ne sommes pas arrivés en retard à Bruxelles. C'est la seule fois de ma vie où j'ai pissé contre un arbre sous haute surveillance ! »

Quelques mois plus tard, Pierre Arpaillange se rend au siège de l'Unesco à Paris. Une manifestation de grande ampleur y est organisée. Le ministre entre dans le bâtiment flanqué de son habituel officier de sécurité. *A priori*, rien à craindre, l'endroit a été « nettoyé » et semble efficacement surveillé. Dans les couloirs menant à la grande salle apparaît un groupe de photographes. Probablement des journalistes étrangers. Ils souhaitent prendre un cliché du ministre qui accepte. Ils lui placent un livre entre les mains, le mitraillent, emportent le livre et repartent. Tout cela va très vite. À ce moment un conseiller du garde des Sceaux s'affole : il vient de comprendre que le livre en question contenait des photos et des textes stipulant que la France allait défendre l'Iran. Un tel document entre les mains d'un ministre français peut déclencher un grave incident international. Arpaillange s'est fait piéger.

« Il faut récupérer ces photos », lance-t-il à son officier de sécurité.

Jean-Pierre Lorain hésite. Il n'a pas le droit de quitter sa personnalité car sa protection en serait affaiblie. Le ministre insiste et explique que sa vie n'a aucune importance par rapport à l'honneur de la France qui est en jeu. Lorain fonce droit devant lui. Il court dans les couloirs et se retrouve bloqué par une foule de gens venus assister à la conférence. Il la traverse à grands coups de coude. Il repère les faux journalistes marchant vers la porte de sortie. Il sort son .357 Magnum et hurle : « Ne bougez plus ou je tire ! »

« J'étais énervé car je n'arrêtais pas de me demander si on n'était pas en train de plomber Arpaillange. J'avais fait une erreur colossale en le laissant seul, une faute professionnelle gravissime. Je me serais suicidé s'il lui était arrivé quelque chose. »

Les fuyards stoppent net. Lorain comprend qu'il s'agit de ressortissants iraniens. Parmi eux se trouve Chapour Bakhtiar, dernier Premier ministre du shah d'Iran. Il est évident qu'il compte utiliser le cliché à des fins politiques. Tandis que le garde du corps a toujours son arme pointée, Arpaillange et son entourage arrivent. Les Iraniens refusent de donner l'appareil photo. C'est plus que Lorain ne peut en supporter.

« Je leur ai parlé comme je le faisais avec des voyous en PJ, raconte-t-il. J'ai hurlé : "Si tu ne me donnes pas cet appareil, je te bute sur place !" Il m'a donné l'appareil et là j'ai commis une erreur. Je l'ai ouvert pour en extraire la pellicule. En faisant cela j'ai détruit la preuve de la culpabilité de ces Iraniens. D'ailleurs, après, tout le monde, y compris à l'Élysée, a réclamé cette photo, mais elle n'existait plus. Nous avons laissé partir les gars mais il y a eu une enquête. Nous aurions eu plus de pression sur eux si j'avais gardé la photo. Néanmoins, Arpaillange m'a remercié. »

Le dernier incident majeur date d'octobre 1988. Les gardiens de prison sont en colère. Ils sont même dans la rue. Jean-Pierre Lorain est à son bureau, Place Vendôme, quand un coup de téléphone l'informe qu'environ douze mille manifestants font marche vers le ministère de la Justice. Il réclame des renforts. Six compagnies de CRS sont en route, soit près de deux mille hommes, de quoi calmer les plus belliqueux. Lorain tient à vérifier l'information et, par des collègues de la police, apprend que des dizaines de cars sont en place un peu partout. Certains sont même stationnés rue de Rivoli. À peine a-t-il raccroché qu'il comprend qu'il y a un bug dans les transmissions : les manifestants ne sont pas en route, ils sont déjà Place Vendôme ! Il alerte le chef de cabinet du ministre qui lui demande de prendre les précautions nécessaires. Lorain demande aux quinze gendarmes chargés de la protection du bâtiment de fermer les portes et de surveiller les abords. Lui, reste seul avec les chauffeurs. Du moment que les CRS sont en route, rien ne peut se passer, mais les gardiens arrivent devant le ministère sans que personne ne les ait bloqués. Certains jettent des pierres à travers les carreaux tandis que d'autres, qui connaissent le bâtiment, font le tour et s'attaquent à une porte latérale avec un bélier. Rien ne semble pouvoir les arrêter. Lorain conseille aux gendarmes de placer des voitures derrière la porte principale, pour renforcer la sécurité. Seule la voiture blindée du ministre reste dans la cour. Ne restant pas inactif, Lorain réclame des renforts à la radio. « Mercure autorité, état d'urgence. » Il se demande pourquoi les CRS stationnés rue de Rivoli mettent tant de temps à arriver. Dans les étages, les appels se multiplient. Le chef de cabinet téléphone à son homologue du ministère de l'Intérieur qui lui affirme qu'il va faire le nécessaire. Dehors, les manifestants sont de plus en plus excités. Certains tentent d'escalader les murs et d'entrer par les fenêtres des étages. Pierre Arpaillange quitte son bureau pour tenter d'avoir des explications. Lorain lui conseille de s'enfermer dans la voiture blindée où il sera en totale sécurité. Le ministre refuse. Nouveaux appels radio. Les renforts sont en mouvement, mais depuis le ministère de la Justice, pas un car de police ne semble venir. Lorain n'en peut plus d'obtenir des réponses évasives. Il prévient sa direction :

« Mercure à Rami. Je vous informe dans le plus grand calme que je vais me servir de mon arme administrative car il ne m'est plus possible d'assurer normalement la sécurité de la personnalité que vous m'avez confiée. Je vais également donner l'ordre aux gendarmes de tirer. »

La réponse ne se fait pas attendre :

« Patientez, patientez ! Ils arrivent ! »

La fin de la phrase flotte encore dans l'air lorsque les premières sirènes de police se font entendre. Les CRS fendent la foule comme un brise-glace la banquise. Ils se ruent vers les portes du ministère et en éjectent les manifestants qui tentent de la faire céder. Des policiers les accompagnent, dont le commissaire divisionnaire de l'arrondissement.

La radio continue de crépiter :

« Mercure, ici Antarès, nous faisons route vers vous. »

Antarès, c'est le ministre de l'Intérieur. Pierre Joxe vient se rendre compte de l'étendue des dégâts. Les manifestants sont éloignés, le calme revient.

« Le soir, j'ai raccompagné Arpaillange chez lui, en voiture, conclut Jean-Pierre Lorain. Nous avons évoqué les événements de la journée et il m'a dit : "Il y a beaucoup de questions à se poser. Je suis de trop, je les gêne mais ils ne m'auront pas." Pour moi, l'inaction de la police était concertée. On savait qu'Arpaillange était fragile du cœur et on espérait qu'il ait une crise cardiaque. Tout cela était préparé. »

En dépit de ces incidents, Pierre Arpaillange restera encore deux ans en poste.

Jean-Pierre Lorain aurait-il tiré sur la foule si elle avait franchi le seuil du ministère de la Justice ?

« Bien entendu, j'aurais tiré sur les mecs, même si j'avais dû faire de la taule. »

À LA BASTILLE

La première grande manifestation du second septennat de Mitterrand est la célébration du bicentenaire de la Révolution française. La République ne peut manquer de marquer le coup.

L'opération se prépare de longue date, puisque dès septembre 1986 le gouvernement installe une mission de commémoration. Défilés, feux d'artifice, tout le tralala habituel mais avec plus de moyens. Il faut faire de cette fête un moment inoubliable. Environ quatre-vingts chefs d'État et de gouvernement étrangers sont conviés, dont George Bush, Helmut Kohl, Margaret Thatcher, Cory Aquino, Rajiv Gandhi, Hosni Moubarak… Du beau linge qu'il ne faut ni froisser ni abîmer. Les VO, qui, dans leur totalité, comptent à ce moment quatre cent quatre-vingts hommes et femmes, sont sur les dents. Ils coordonnent et conseillent le RAID et l'ensemble des forces de police appelées à la rescousse. Au final : trente mille policiers, dix mille forces de secours dont sept mille cinq cents pompiers. Jamais Paris n'a connu autant de membres de sécurité réunis dans un même périmètre.

« Le bicentenaire, c'était gigantesque, rappelle Gilles Furigo. Il faut remettre ça dans le contexte. Aujourd'hui les sommets, les conférences internationales, on en a l'habitude, on les a tous relativisés, mais, à l'époque, une rencontre bilatérale franco-allemande c'était déjà exceptionnel, on traitait ça comme on traite aujourd'hui un G8 ou un G20. Vous imaginez le bicentenaire couplé avec le sommet de l'Arche ? Ça a été immense. Le service a pris le problème à bras-le-corps en se disant : “Il faut qu'on se structure, qu'on se professionnalise.” Ce qui a été fait. »

Sécuriser les parcours, les hôtels où résident les chefs d'État et de gouvernement, placer des tireurs d'élite sur les toits, des gardes aux entrées, envoyer des chiens détecteurs d'explosifs, protéger l'espace aérien de l'intrusion d'avion de tourisme et même d'ULM. Résultat : des canons antiaériens de 20 mm installés dans les parcs – notamment à Bagatelle – et sur les collines de la périphérie parisienne ; un dirigeable Skyship 600, avec à son bord trois policiers et sept militaires, pour survoler le ciel de Paris ; enfin, une zone rouge, interdite à la circulation, instaurée au cœur de la capitale.

« Quand j'arrive dans le service en 1989, les préparatifs du bicentenaire sont déjà lancés depuis longtemps, poursuit Furigo. Pour réussir ce genre d'organisation, il faut opérer par secteurs : secteur sécurité, secteur presse, secteur événementiel, secteur protocole… Le service est présent partout. Bien sûr, il y a la partie sécurité rapprochée mais ce n'est que la partie visible de l'iceberg, la plus facile. Cela consiste à placer des équipes auprès des personnalités. Ce qui implique de travailler en relation étroite avec de nombreux services : la PAF, Aéroports de Paris, le protocole, la presse, les militaires. Ensuite prendre en charge une personnalité en protection oblige à la faire monter dans un cortège. Combien de voitures de sécurité par délégation ? Petit à petit, le Lego se met en place, on monte les briques. Avant de quitter l'aéroport, ces personnalités vont avoir des bagages. Avons-nous accès aux pistes ? Est-ce nous qui fournissons des camions ou est-ce l'ambassade du pays concerné ? Doit-on sécuriser les passages aux portiques ?… Les personnalités sont d'abord reçues dans le salon d'honneur de l'aéroport. Quand il y en a plusieurs au même moment, il faut prévoir un ordre d'arrivée des cortèges toutes les deux ou trois minutes. Mais il faut trouver où faire stationner les cortèges, dégager des parkings… Ensuite vous quittez l'aéroport pour vous rendre à l'hôtel. Est-ce qu'on sécurise l'autoroute ? Qui en tient les accès ? L'escorte est-elle fournie par la garde républicaine ou la préfecture de police ? Vous amenez la personnalité à l'hôtel. L'hôtel est-il sécurisé ? Dispose-t-il d'une réserve de stationnement. Que doit-on contrôler : portiques, bagagistes ? La personnalité va dans sa suite qui doit être déminée, gardée à l'intérieur par la sécurité du pays de l'invité et à l'extérieur par nous… Après, cette personnalité va sur le lieu de conférence qui a été sécurisé et déminé en amont, il y a des badges qui donnent accès à une zone bien particulière – rouge, bleue, jaune –, il y a des passages de l'une à l'autre zone que nous gérons. Lorsque vous avez une salle de conférence climatisée, il faut la contrôler, il faut amener aussi de l'eau, vérifier les micros, bref il y a tout un tas de petites mains qui n'ont rien à faire sur le sommet mais qui doivent intervenir en zone rouge et disposer d'un badge spécifique tout en étant constamment surveillées par nos services... Et puis, vous avez le côté plus technique : comme on utilise des groupes électrogènes, il faut penser à faire livrer le fuel la nuit. Pourquoi des groupes électrogènes ? Parce que si une organisation terroriste décide de faire sauter les installations électriques, elle plongera toute la ville dans le noir, mais pas nous ! »

Comme trop souvent, ce sont les Américains qui donnent le plus de fil à retordre. La Cadillac blindée du président, personne n'a le droit d'y entrer, hormis le président, son entourage proche et les services secrets. Or Éric Stemmelen, commissaire principal, souhaite placer un de ses hommes à bord.

« Ce dispositif était motivé pour des raisons évidentes de sécurité tenant essentiellement à la rapidité des conversations radio et à la connaissance de la géographie parisienne, explique-t-il. Il était, pour moi, inconcevable, d'avoir une personnalité étrangère dans une voiture sourde et muette et que la protection rapprochée soit confiée en premier au Secret Service. »

Les Américains ne l'entendent pas de cette oreille. Ils ont leurs propres agents – trois cents personnes envoyées à Paris à cette occasion –, leur propre matériel et leurs propres us et coutumes. Trois semaines de discussion sont nécessaires pour faire accepter la présence d'un inspecteur divisionnaire, en relation étroite avec l'ensemble du dispositif, sur le siège avant de la Cadillac. Son rôle est primordial. Non seulement pour aider les gardes américains mais aussi pour participer à la fluidité de l'opération. Le timing est serré. Le moindre incident peut entraîner des retards pires qu'à la SNCF. Tous les cortèges mis bout à bout s'étendent sur près de trois kilomètres et mettent en branle des milliers d'officiers de sécurité. Au cas, heureusement improbable, où tous les dirigeants voudraient regagner leurs voitures au même moment, cela créerait un embouteillage monstrueux.

À Washington on n'en finit plus d'émettre des exigences. Tout ne peut leur être accordé. Ils réclament des vitres blindées dans tous les locaux que traversera le président Bush. Impossible : le SCVO ne dispose pas d'un tel matériau et n'a pas le temps de le commander et de l'installer.

L'arrivée de George Bush donne des suées froides aux VO. Alors que le cortège américain se dirige vers l'aéroport, les Français reçoivent l'ordre de stopper. Le cortège égyptien, qui a pris beaucoup de retard, est toujours sur place et il ne faut pas que les deux se télescopent.

« J'ai vu les Américains devenir très nerveux, rapporte Éric Stemmelen. Nous avons repris la route à la dernière minute. L'avion de réserve du président, qui précède l'Air Force One, se pose et nous n'étions toujours pas en place. Nous nous trouvions alors à huit cents mètres du pavillon d'honneur. Nous sommes arrivés en position au moment pile où l'avion présidentiel était au roulage alors que, d'habitude, nous sommes en place une heure avant ! »

Bien plus tard dans la journée, George Bush donne une conférence de presse dans les jardins de l'ambassade américaine, avenue Gabriel. Stemmelen en profite pour monter un stratagème.

Il repère deux policiers du GAHP qu'il connaît bien et leur dit :

« On a une demi-heure devant nous. Ôtez vos badges, planquez vos armes, on va vérifier la sécurité. »

Les trois hommes, redevenus des civils presque comme les autres, entreprennent de faire le tour du quartier. Ils passent différents points de contrôle sans aucune difficulté. Leur culot leur sert de coupe-file. Ils arrivent devant le portail d'un immeuble qui jouxte l'ambassade des États-Unis. S'y trouvent de jeunes policiers en civil. Sans monter aucun papier, Stemmelen déclare :

« Nous sommes de la sécurité, nous venons contrôler l'immeuble. »

« Je leur demande s'ils sont des Renseignements généraux, précise Stemmelen. Ils me répondent que non, les gars des RG sont partis manger. Eux étaient des stagiaires ne connaissant ni Paris ni les notions élémentaires de sécurité. »

Ces jeunes pétris de bonne volonté appellent la concierge qui se propose de faire entrer le trio dans l'immeuble. Toujours sans montrer aucun document, les trois demandent à voir le toit. Elle les y accompagne. Là se trouve un soldat non armé qui regarde dans la direction opposée de l'ambassade. Stemmelen change de version et explique qu'ils sont reporters à *Paris-Match*. Ils se proposent même de l'interviewer. Le militaire accepte. À la question :

« Que faites-vous ici ? »

Il leur répond :

« Je ne sais pas, on m'a dit de surveiller, mais je ne sais pas quoi exactement. »

« Il y a, à ce moment-là, trente mille policiers dans Paris et nous, nous sommes sur le toit d'un immeuble qui donne sur l'ambassade sans que personne ne nous demande rien ! Je me souviens que nous nous sommes approchés pour faire signe à nos collègues américains qui étaient dans les jardins en dessous de nous. Ils se sont demandé ce que nous faisions là ! »

Le Bicentenaire se déroule sans anicroche majeure.

Peu de gens savent que sous la tribune officielle se tiennent des policiers du SPHP, armés. Ils ont l'ordre de tirer si l'une des nombreuses personnes qui participent aux défilés et autres festivités s'approche trop près des chefs d'État…

Un midi, les conjoints des chefs d'État ont droit à un déjeuner au château de Versailles. Patrice Poirson se charge de leur sécurité.

Parmi les dames présentes se distinguent Danielle Mitterrand avec, à sa droite, Barbara Bush. Face à elles, de l'autre côté de la table, Hannelore Kohl, épouse du chancelier allemand.

Des photographes se bousculent pour immortaliser ce moment. Ils se placent tous du même côté de la table. Les seuls clichés qui les intéressent sont ceux de Mesdames Mitterrand et Bush. *Ipso facto*, tout se placent dans le dos de Madame Kohl.

« Elle était extrêmement vexée qu'aucun photographe ne la prenne, témoigne Poirson, personne ne s'occupait d'elle. »

L'un de ces professionnels de la pellicule est un maladroit d'une dangerosité rare. Il est bardé de plusieurs appareils, tous plus lourds les uns que les autres. Lui aussi s'approche de la table pour faire des gros plans de la Française et de l'Américaine. Il s'approche trop près et trop vite. Un appareil en bandoulière heurte la tête de Madame Kohl.

« Nous n'étions pas là pour surveiller la presse, rappelle Poirson. Des fonctionnaires de l'Élysée étaient chargés de surveiller les pools des journalistes. Ils n'auraient pas dû les laisser approcher si près, jusqu'à mettre presque le coude sur la tête de Madame Kohl. Ils auraient dû leur dire de se reculer, même si c'est très difficile de contrôler la presse. On ne peut pas nier qu'il y ait une faute. Pas contre la vie de Madame Kohl mais contre sa tranquillité ! »

Elle se plaint de douleurs. Les hommes des VO la soutiennent, la transportent dans une pièce à l'écart, font venir un médecin. Qui estime qu'il n'y a pas grand-chose.

« Mais il y avait surtout Madame Kohl agacée par le succès de ses voisines d'en face, ajoute Poirson. Alors, elle en a un peu rajouté. Elle a fait du cinéma. »

Elle réclame une pièce pour s'allonger.

Le déjeuner se termine. La femme du chancelier regagne sa chambre. Helmut, mis au courant de l'affaire, s'emporte. Il convoque le directeur des VO, Raymond Dematteis, et le responsable de la sécurité de son épouse, Patrice Poirson. Tous deux reçoivent une volée de bois vert, comme quoi personne n'a été capable de protéger Hannelore. Et quand un Allemand de la stature de Kohl tonne, ça fait du bruit ! Dematteis a beau expliquer que l'Élysée était chargé de la presse, rien n'y fait. Après avoir vitupéré, Kohl donne un ordre à Poirson :

« Ce soir a lieu le grand dîner de gala dans la galerie des Glaces. Je veux que vous soyez personnellement derrière Madame Kohl pendant toute la durée du repas. »

Poirson s'exécute. Le soir, il accueille Hannelore qui porte une minerve. Ce qui lui vaut immédiatement le surnom, secret, de « Minerva » ! Poirson se place derrière Madame. Il est le seul officier de sécurité aussi proche de sa personnalité. On ne voit que lui !

« Je me suis retrouvé au garde-à-vous derrière Madame Kohl, admet-il. C'est vrai que ça faisait un peu drôle de voir un garçon en smoking debout derrière une dame, dans la galerie des Glaces, pendant tout le repas. Comme je suis assez large d'épaules, chaque fois que s'approchait un serveur je me rapprochais pour la “couvrir”. Le cadre était beau mais j'ai trouvé le temps long. »

Quand les festivités se terminent, il est temps d'en tirer les conclusions. Notamment au niveau des cortèges.

« Pour la cérémonie du Bicentenaire, j'étais un observateur puisque il s'agissait de ma première mission, rapporte Georges Clément. J'ai vu qu'il y avait un problème : le service était gigantesque et souffrait d'un manque de coordination. Alors j'ai commencé à réfléchir sur la façon de constituer quelque chose de plus uniforme. »

Les cérémonies commémoratives coïncident avec le sommet de l'Arche, à la Défense, qui réunit le G7.

« Nous avons eu des remarques de la part des ambassades et des services étrangers, puis la presse s'en est mêlée, rappelle Gilles Furigo. Il y avait le sommet "riche", puisque telle était la dénomination du sommet des pays industrialisés, et puis il y avait les pauvres qui eux venaient pour le Bicentenaire sans bénéficier du même traitement ! »

Pour ce sommet aussi, les services secrets américains s'efforcent d'avoir l'œil à tout. Ne pas laisser passer le moindre objet suspect ni même le moindre individu un peu louche. Ils agissent à leur guise.

« Au sommet de l'Arche, les Américains se sont comportés comme des sagouins, poursuit Furigo. L'Arche devait être livrée le 15 juillet. Or, la veille ils ont creusé des trous pour faire passer des câbles ! Ils se sont vraiment très mal comportés ! »

Ils vont aussi au-devant de sévères déconvenues.

En repérage autour de l'Arche, le Secret Service veut faire descendre la voiture blindée du président Bush dans les sous-sols. Pour plus de sécurité.

« Non, leur répond le SPHP.

– Why not ?

– Quel est le rayon de braquage de votre voiture ?

– Top secret.

– Quelle est sa longueur exacte ?

– Top secret.

– Peu importe, de toute façon à vue d'œil elle est trop grande, elle ne passera jamais dans la rampe en colimaçon ! »

Voilà bien un fallacieux argument français. L'affaire grimpe jusqu'à l'Élysée. Sans comprendre le fond du problème et ne voyant pas pourquoi on interdirait à un véhicule officiel de descendre dans un parking surveillé par la police, le Château donne son feu vert. Les Américains vont faire preuve de leur savoir-faire. Goguenards, leurs homologues français les regardent agir. La longue et lourde voiture descend la rampe. Au premier virage, elle se coince. Le chauffeur insiste un peu et ne fait que la coincer un peu plus. On se serait cru dans une scène d'Austin Powers avant la lettre. La rampe d'accès est désormais complètement bloquée. Les Américains, soudain moins fiers, mettent une heure à dégager leur précieuse voiture.

Heureusement pour eux, ils ne sont jamais à court d'idées. Mauvaises idées mais idées quand même. Toujours en compagnie d'officiers du SCVO, ils s'en vont visiter les abords du musée d'Orsay où doit se dérouler un dîner officiel. L'endroit leur plaît beaucoup. On leur explique que sous la dalle menant à l'entrée du musée se trouve un auditorium. « Oh wonderful ! » s'exclament-ils en chœur. Mais l'heure n'est pas aux admirations architecturales. Il faut faire preuve de pragmatisme.

« Si nous stoppons la voiture ici, sur cette dalle, par où s'effectuera la sortie du président ? demande-t-il.

– Oh, c'est simple, elle se fera directement dans l'auditorium !

– It's impossible.

– La dalle est fragile, elle ne supportera pas le poids de la voiture. Si vous la garez là, la dalle s'écroulera, la voiture tombera et votre président se retrouvera directement dans l'auditorium. »

Appréciant peu le sens de l'humour français, les services secrets américains effectuent des tests de résistance. Tests qui leur confirment ce que les VO avaient estimé à vue de nez : la voiture est trop lourde. Ils renoncent à leur idée.

« Depuis, avec les Américains, ça se passe quand même nettement mieux », conclut avec philosophie Gilles Furigo.

Pourtant ce n'est pas tout. Ayant rendez-vous avec le président Mitterrand, George Bush arrive flanqué de son armada de gardes du corps. Une fois dans la cour d'honneur, ils avisent sur le perron un petit homme qui n'a rien d'un athlète ni d'un officiel. Il veut s'approcher du dirigeant américain pour une raison inconnue. Sans une ni deux, et sans ménagement, les gros bras le poussent sur le côté. Le petit homme crie : « I'm the French Prime Minister ! » Aucun Américain ne semble prêt à l'écouter. Ils sont pressés. Pas de temps à perdre. Ils veulent entrer. Pourtant, l'individu est effectivement Premier ministre. Il se nomme Michel Rocard. Son nom ne doit pas figurer dans les fiches du Secret Service. Il y aura par la suite des excuses diplomatiques…

CORTÈGES

L'une des grandes conclusions des cérémonies du Bicentenaire vise les cortèges officiels. Le policier qui va les réorganiser, donner de la cohésion et harmoniser les relations est un nouveau venu dans le service, Georges Clément.

Il ne tarde pas à se rendre compte que les cortèges dépendent, sur le plan logistique, du SCA (Service central automobile). À lui de gérer chauffeurs et voitures. Ce qui n'empêche pas d'avoir parfois recours à des renforts civils – donc totalement extérieurs à la police – et à des véhicules loués par le Quai d'Orsay. Quant à l'organisation des cortèges, elle appartient essentiellement à la préfecture de police. Ce à quoi s'ajoutent les dispositifs propres au SCVO. Un peu d'harmonie dans tout cela ne ferait pas de mal. Plusieurs commandements pour un même usage, c'est le risque de gripper la machinerie.

« J'ai dû m'imposer car chacun voulait garder ses prérogatives, explique Clément. Le SCA ne voulait pas se séparer de sa partie, la préfecture voulait garder son antenne aux Affaires étrangères. Il a fallu que je lutte administrativement pendant plus de deux ans. Je ne me suis pas fait que des amis ! Mais j'ai réussi à créer une nouvelle cellule, l'unité des Moyens mobiles, composée uniquement de fonctionnaires du SCVO ; et, éventuellement, de civils "loués" par le Quai d'Orsay mais gérés et sélectionnés par le SCVO. Cette cellule a été, et est toujours, chargée de gérer tous les cortèges sur les déplacements officiels, tant en France qu'à l'étranger. »

La plupart des chauffeurs du service sont issus du SCA. Néanmoins, ils reçoivent une formation complémentaire à la conduite rapide.

« Nous avons fait des appels de candidatures puis nous faisions conduire les chauffeurs pendant vingt à trente kilomètres dans Paris. On regardait un peu ce que ça donnait et puis on les récupérait. Si ça n'allait pas, s'il y avait des accidents, on les renvoyait dans un autre service, surtout au SCA. Aujourd'hui il y a une sélection beaucoup plus rigoureuse mais quand je suis arrivé, il n'y avait absolument rien, il a fallu commencer quelque chose. »

Ceux amenés à conduire des véhicules blindés doivent passer le permis rouge.

Comme c'est très souvent le cas aux VO, Clément et son équipe œuvrent en collaboration avec d'autres services.

« Pour organiser un voyage officiel, il y a de nombreuses réunions, détaille-t-il. Les premières avec le Quai d'Orsay afin de savoir quelles sont les contraintes, les lieux à visiter. C'est pour cela que j'avais un bureau au ministère des Affaires étrangères. Ensuite, il y a des réunions avec la préfecture de police pour mettre en place les dispositions de circulation. Enfin, nous allons reconnaître les itinéraires, voir exactement où les voitures vont s'arrêter, à commencer par les voitures VIP. »

Le SCVO dispose de ses propres véhicules mais, en cas de grosses demandes, fait appel à des voitures auprès des trois grands constructeurs français que sont Peugeot, Renault et Citroën. Dans leur cheptel, ces derniers disposent même de quelques véhicules blindés. Mais ce sont surtout les voitures de luxe qui sont sollicitées.

Appel à l'extérieur également pour des renforts de chauffeurs. Tous les policiers des VO ne vont pas se retrouver derrière un volant, à chacun son métier. Pour éviter toute mauvaise surprise, on sélectionne les candidats non seulement sur leurs capacités mais aussi sur leurs antécédents. Une enquête est effectuée pour chacun d'eux. En contrepartie, les retenus savent qu'une fois entrés dans le « fichier conducteurs civils », ils seront fréquemment appelés pour conduire diverses personnalités. Différence entre les chauffeurs policiers et les chauffeurs civils : les uns sont armés, les autres pas !

Voilà pour la théorie. Reste la pratique.

Cela se passe pour les policiers presque comme pour les automobilistes lambda : risques de pannes et d'accidents.

« Il y a eu des incidents avec les voitures, bien sûr, admet Georges Clément. Je me souviens d'une voiture blindée qui, en sortant de

Paris, a percuté des rails de sécurité à grande vitesse. La voiture était fichue. On a dû changer la personnalité de véhicule et la mettre dans une voiture non blindée ! »

Ces voitures blindées, de plus en plus réclamées, causent des soucis. En réalité, en cette dernière décennie du siècle, ce sont des voitures de série modifiées. En clair, on prend une voiture de base et on lui colle un blindage. Or les suspensions ne sont pas, ou peu, modifiées, ce qui provoque des dégâts dès que l'on franchit un dos d'âne. De plus, par leur poids, elles sont fort peu maniables. Les chauffeurs ont beau être prudents et habitués, ils sont souvent victimes de mauvaises surprises. Par la suite, les constructeurs comprendront que fabriquer une voiture blindée est une tâche à part.

L'UMM ne s'occupe pas uniquement des cortèges officiels en France. Elle gère aussi certains cortèges à l'étranger. Une équipe est envoyée sur place en amont. Mission : régler les détails avec les autorités locales.

« À nous de faire admettre nos mesures de sécurité, évoque Clément. Ça ne passait pas toujours bien, et quand cela devenait trop compliqué, nous faisions intervenir l'ambassade de France. Dans certains pays où on nous accordait tout en phase préparatoire, le jour J il n'y avait rien ! Il fallait tout gérer au dernier moment. En Europe centrale, par exemple, j'avais passé trois jours avec le représentant du protocole pour la mise en place des véhicules. Le jour J à l'aéroport, mon contact n'était pas là et il n'y avait pas la moitié des voitures ! Il a fallu s'adapter très vite… Mais ce sont des détails par rapport aux problèmes politiques. On ne dérange pas le président pour cela, on se contente de prévenir la hiérarchie et l'aide de camp du président. »

En accord avec l'ambassade de France, les officiers du SCVO procèdent à la location de voitures.

« Le gouvernement local met à la disposition de la délégation française un certain nombre de voitures, poursuit Clément. En complément, les ambassades louent d'autres voitures pour le reste de la délégation, la sécurité, la logistique, etc. Il nous est arrivé de louer dix fois plus de voitures que le quota qui nous était alloué, ce qui donnait des cortèges énormes. Mitterrand au Vietnam, par exemple, ça représentait cent voitures. En plus, il y avait plusieurs étapes, Hanoi, Hô Chi Minh… reliées par avion. À chaque étape, il fallait mettre un cortège en place. C'était énorme. »

L'ensemble des véhicules est placé sous la protection de la police locale. Mais le SCVO accorde une attention toute particulière à la voiture réservée au chef de l'État français. Elle est régulièrement fouillée par le service de déminage et, durant tout le séjour du président, placée sous la surveillance de policiers français. Le plus souvent, elle dort à l'ambassade de France.

Bien des années après Clément, Sylvain Lledo connaîtra des mésaventures avec des voitures fournies par un pays volontairement non précisé.

Arrivé sur place, il demande à voir le véhicule affecté au chef de l'État français.

« Une espèce de poubelle avec des peaux de renard qui pendaient du rétroviseur et une galerie sur le toit, décrit Lledo. Un truc pourri de chez pourri ! »

Il croit à une mauvaise plaisanterie. Ce n'en est pas une. Or, dans le lot des voitures stationnées, il repère une Mercedes en relativement bon état. À qui est-elle affectée ? À des policiers locaux.

À ce moment arrive le chef d'état major français. Lui aussi remarque la « rutilante » voiture présidentielle qui n'attend plus que son illustre passager. Il s'en prend à celui qu'il tient pour responsable :

« Monsieur Lledo, c'est quoi ce cirque ? »

Il ne reste plus que quelques secondes pour trouver une solution. Lledo se tourne vers le chef du protocole local et lui explique :

« Soit vous nous donnez la Mercedes, soit vous et vos officiels vous rejoignez le palais présidentiel en benne à ordures ! »

L'organisation d'un cortège inclut le repérage des itinéraires.

« En Afrique, rapporte Clément, on avait beau repérer les itinéraires avec la police locale, le jour de la manifestation plus personne ne savait quelle route prendre ! Alors, j'ai installé des officiers français dans la voiture de tête, pour mener le cortège. »

Repérer les itinéraires implique de les dégager le jour *ad hoc*, tâche qui incombe à la police du pays, parfois aux militaires. Tâche pas toujours bien comprise, ou fréquemment oubliée.

« À l'étranger, nous ne sommes pas toujours maîtres de la situation. Une fois, à Aman, Mitterrand avait demandé très peu de voitures, poursuit Clément. Ce que nous avons fait. Mais les Jordaniens n'avaient pas bloqué la circulation, si bien que la voiture du président s'est retrouvée entourée de pick-up ! C'était une pagaille épouvantable… Nous avons eu un autre incident : le chauffeur d'une voiture du protocole, qui roulait juste devant celle du président, a fait un malaise dans une descente assez abrupte. Or, l'agent du protocole, assis sur le siège passager, ne savait pas conduire. Il a attrapé le frein à main d'une main et l'a serré de toutes ses forces. Ça sentait le brûlé, il y avait comme de la fumée et la voiture partait dans tous les sens. Aussitôt, dans les voitures suiveuses, nous avons pensé à un attentat. Tout le monde s'est arrêté. Les gardes ont couru vers la voiture pour comprendre ce qui se passait ! »

Hors de l'Hexagone, l'UMM procède au recrutement de chauffeurs locaux, sur des critères un peu moins rigides que ceux imposés en France, avec, là aussi, le lot de surprises :

« Au Yémen, continue Georges Clément, on nous a mis des chauffeurs qui mâchaient du kat[1] à longueur de journée. Quand ils conduisaient, on avait l'impression qu'ils étaient ivres. Ce fut une drôle d'expérience… En règle générale, nous nous retrouvions avec beaucoup de chauffeurs locaux. Il fallait s'en occuper : hébergement, restaurant, etc. Aujourd'hui, tout le monde reste plus ou moins ensemble, mais, dans les années 1980-1990, ce n'était pas le cas : les chauffeurs se logeaient où ils voulaient, et quand on avait besoin d'eux, il fallait les trouver. C'était compliqué, surtout la nuit ! »

Le dispositif est lourd. Trop au goût de Jacques Chirac qui imposera une plus grande souplesse.

« Avec Chirac, nous avons pris des autobus, ça allait mieux, ça diminuait le nombre de voitures, se réjouit Clément. C'est le protocole qui désignait les gens à mettre dans les bus en fonction de leur grade. C'était plus simple pour nous. »

Telle est l'organisation d'un cortège officiel.

« C'est un rôle ingrat, constate Sylvain Lledo, car on travaille en amont (locations, préparation), pendant la mission (les voitures sont-elles aux bons endroits ?), et après la mission (il faut payer les factures, nourrir et loger les chauffeurs…) Je tire mon chapeau aux cortégistes, ils sont toujours sur la corde raide. Surtout à l'étranger quand, par exemple, tout à coup on vous dit : "Non, on ne passe plus

1 Arbuste d'Arabie dont on mâche les feuilles pour les alcaloïdes aux pouvoirs psychotropes qu'elles renferment.

par là mais par l'autre côté !" Je suis allé en Inde, le cortège est entré quand, d'un seul coup, les Indiens ont fermé l'entrée de la résidence avec des cadenas. Le cortège a été coupé en deux ! »

Il paraît qu'observer le contenu d'une voiture officielle constitue un bon test de psychologie rapide :

« Vous avez des personnalités très respectueuses, à la fois du véhicule et des chauffeurs, remarque Georges Clément, et d'autres qui laissent la voiture comme une poubelle… »

THE QUEEN

Elizabeth II d'Angleterre effectue plusieurs mémorables voyages officiels en France durant la présidence de François Mitterrand.

Le premier date de juin 1992. La reine n'a pas mis ses gracieux souliers sur le sol français depuis vingt ans. L'air de la France lui fera du bien car, dans son natal pays, les rumeurs commencent à pleuvoir autour du mariage du prince Charles et de Lady Diana. Les tabloïds londoniens affirment qu'il y aurait de l'eau dans le gaz et du divorce dans l'atmosphère.

Pour assurer la sécurité de la reine, un mois et demi de préparation est nécessaire tant au niveau français que britannique, les deux services œuvrant main dans la main. L'avion est privilégié. Elizabeth passe par Paris puis poursuit son périple par Blois, où Jack Lang la reçoit, et par Bordeaux.

Le voyage officiel se termine à bord du *Britannia* où, cette fois, c'est la reine qui reçoit le président pour un dîner en toute simplicité – dix-neuf couverts – et un feu d'artifice que tout Bordeaux peut admirer.

« Je me souviens de l'affabilité de la reine, de ses ensembles jaune ou fuchsia, rapportera Raymond Dematteis, responsable du SCVO. À Bordeaux, elle a pris un bain de foule au marché des Grands-Hommes et a goûté un verre de sauternes. Ce voyage de quatre jours s'est passé sans problème. Seule inquiétude : en allant vers Mérignac, la voiture royale s'est arrêtée. L'officier d'ordonnance est allé acheter une flûte de pain pour la reine[1]. »

Pour le remercier de l'efficacité de ses équipes, la reine remet à Dematteis la croix de commandeur de la Victoria Cross, ce qui lui vaut de pouvoir être appelé « Sir », surtout en Angleterre…

---

1 *La Dépêche* du 7 avril 2004.

En avril 2004, Elizabeth revient sur le sol français pour célébrer les cent ans de l'Entente cordiale entre la France et l'Angleterre. Cette fois, la reine fait part de sa volonté d'arriver via le tunnel sous la Manche. Autant de kilomètres à contrôler avec assiduité. Une petite bombe dans un grand tunnel peut causer des dégâts considérables. Un train officiel, cela implique une deuxième locomotive en éclaireur – pour vérifier qu'il n'y a ni obstacle ni danger sur la voie –, et une troisième derrière, au cas où le train royal tomberait en panne. Cela implique aussi de sécuriser la gare du Nord, et même de la fermer une heure avant l'arrivée officielle, pour permettre aux équipes de déminage d'opérer en toute quiétude.

Dans le programme a été insérée une promenade dans Paris. On a proposé la visite du marché de la rue Montorgueil, non loin des Halles, en compagnie du maire Bertrand Delanoë. La souveraine en profitera pour prendre un bain de foule.

« Pour les Anglais, précise Sylvain Lledo, un bain de foule, cela signifie des barrières pour contenir les gens, et la reine qui fait un petit salut à une dizaine de mètres. Mais, nous, nous lui avons concocté un vrai bain de foule. Je peux vous dire que les services anglais étaient livides. Bizarrement, la reine a été très sereine alors que le protocole voulait m'étriper. Pourtant c'était très sympa. Elle est allée visiter un fleuriste, elle a acheté des cartes postales. Le problème c'est que tout le monde voulait toucher la reine d'Angleterre et ça ce n'est pas possible. Rien que pour dire bonjour à la reine, il y a tout un protocole à respecter. Vous ne pouvez tendre la main que si elle vous la tend ; si vous êtes une dame, vous devez vous baisser un peu, etc. Donc, notre rôle a été de calmer la foule. Finalement, les Anglais nous ont fait une confiance totale. »

Toute de bleue vêtue, Elizabeth se voit offrir un bouquet champêtre ainsi qu'un œuf en chocolat. Tout se passe au mieux. En dépit des suées froides des services britanniques. La reine est satisfaite. Avant de partir, elle décore les responsables français de sa sécurité, ce qui tourne à la manie.

« Avant qu'elle vous décore, on vous fournit tout un manuel vous expliquant comment la remercier, commente Lledo. J'ai gardé le livret et la médaille. J'ai un parchemin signé par le protocole britannique. Depuis, j'essaie de faire attention à ce que je dis, j'évite de manger n'importe quoi et de mettre mes doigts dans mon nez ! »

À noter que la veille du passage de la reine, les commerçants de la rue Montorgueil ont eu droit à une « répétition » en présence d'acteurs jouant la reine, le prince et leur proche entourage.

Pour rentrer dans son pays, la reine abandonne le train au profit de l'avion. Il est vrai qu'elle part de Toulouse, patrie de l'Airbus.

POUR UNE POIGNÉE DE DIRIGEANTS

Présidente de la République d'Irlande, Mary Robinson arrive à Paris avant de partir pour Montpellier. Elle loge dans un hôtel du centre et les VO ont demandé l'appui de la cellule marseillaise du GIPN[1] qui installe ses hommes sur le toit de l'hôtel.

Le GIPN ne dort pas, il veille et il surveille. En pleine nuit, ses hommes scrutent les alentours à l'aide de leurs jumelles infrarouges. Ils repèrent du mouvement dans un immeuble situé presque en face de l'hôtel. Des rideaux bougent. Un peu étrange, car il n'y a aucune lumière dans l'appartement. Entre ces rideaux se glisse le canon d'une carabine. Les policiers du GIPN ne sont pas des amateurs. Ils savent reconnaître un canon. Ce n'est pas un bout de bois, ni une perche. C'est bel et bien le canon d'une arme !

Il continue d'avancer et laisse apparaître une lunette de visée. Plus aucun doute possible. La présidente dort et sa chambre ne paraît, pour le moment, pas servir de cible à ce tireur inconnu. Il faut agir au plus vite. Le GIPN alerte les VO.

Faut-il abattre le tireur ? Pas pour le moment, leur répond-on, on va d'abord essayer de le stopper d'une autre manière. Mais s'il semble manifester le désir de tirer alors oui, il faut l'abattre. C'est un cas typique de légitime défense.

Le GIPN ne quitte pas le mystérieux individu des yeux. Les VO requièrent l'assistance des policiers de Montpellier et entrent dans l'immeuble. L'arme à la main, ils grimpent les étages quatre à quatre et se postent devant la porte de l'appartement que leurs collègues leur ont désigné. Ils frappent. Étonnement, une femme leur ouvre

1 Groupe d'intervention de la police nationale.

la porte. Elle a l'air de se demander pourquoi la police veut envahir son logement. L'appartement est dans le noir. À la fenêtre se tient un homme, fusil à la main.

À la vue des policiers, il lâche son arme. C'est un restaurateur. Chasseur, de surcroît. Pour son anniversaire, ses amis lui ont offert un fusil à lunette de visée nocturne. Avant de se coucher, l'homme a voulu tester cette dernière. Il ne savait pas qu'en face dormait un chef d'État et encore moins que le GIPN était posté à quelques mètres de lui.

« Vous imaginez les journaux, si on avait tiré, souligne Éric Stemmelen : “La police française descend un honnête restaurateur.” Ça aurait été une bavure sans en être une, car le restaurateur visait avec son fusil. J'ai demandé, et obtenu, les félicitations pour ce policier du GIPN qui a eu la bonne réaction. »

Boris Eltsine, lui, arrive à Paris peu avant de devenir président du Soviet suprême de la République socialiste soviétique de Russie. Il est là en visite semi-officielle. En réalité, il va secrètement rencontrer le président Mitterrand. Lui aussi loge au Crillon. Les policiers des VO connaissent son planning. Ils savent notamment qu'il a rendez-vous pour passer en direct au journal de 20 heures présenté par Jean-Claude Bourret sur l'éphémère chaîne 5. L'idéal est d'arriver un peu à l'avance. L'heure tourne mais Eltsine reste enfermé dans sa chambre. Les Français font remarquer à leurs homologues russes qu'il serait peut-être temps d'aller chercher Boris. Pas un ne bouge. Il est évident que tous craignent le futur président. 19 h 45 : rien. 20 heures : toujours rien. À 20 h 05, Boris Eltsine sort enfin. Les Français le font descendre à toute vitesse vers sa voiture.

« Je n'ai jamais roulé aussi vite dans Paris, témoigne Éric Stemmelen. Nous avons roulé à cent trente kilomètres à l'heure sur les Champs-Élysées ! Des motards passaient devant nous pour dégager la route. Nous avons foncé ainsi jusqu'aux studios, situés dans le 17e. À 20 h 25 nous sommes arrivés. Eltsine a couru et est arrivé juste à temps sur le plateau. »

LES PAHLAVI

Farah Pahlavi, de son nom de jeune fille Farah Diba, est la troisième et dernière épouse du shah d'Iran. Avec lui, elle vécut l'exil, à compter de 1979. Depuis la mort de l'empereur, la shabanou partage son temps entre l'Égypte, les États-Unis et la France. Elle a d'ailleurs fait une partie de ses études à Paris et parle parfaitement la langue de Corneille. Symbole d'un empire perdu, elle bénéficie, à chacune de ses visites dans l'Hexagone, d'une protection fournie par les VO.

« J'ai vu des gens s'agenouiller devant elle dans la rue, témoigne Anne Desbordes, ce qui retardait notre marche. Ils avaient des comportements très positifs, pas du tout agressifs, mais ils ont fini par être tellement nombreux qu'il a fallu l'évacuer. »

En France, Farah Diba loge soit chez sa mère, du côté du Trocadéro à Paris, soit dans sa vaste propriété du cap d'Antibes. Là se déroule un événement rarissime dans l'histoire du SCVO.

Le site est surveillé par deux policiers des VO qui montent la garde vingt-quatre heures sur vingt-quatre. Une nuit, Gaston Crière est de faction. C'est un colosse, très musclé, qui ne craint pas l'affrontement physique. Il entend des bruits suspects, non en provenance de la rue, mais de la mer. Des clapotis peu en rapport avec le calme nocturne de la Méditerranée. Il s'approche et tombe sur une silhouette sombre. Il s'agit d'un homme vêtu d'une combinaison sous-marine. L'individu se retourne et pointe un couteau. Crière n'a pas le temps de réagir. Il reçoit un coup dans l'abdomen. Il ne tombe pas et donne l'alerte. L'inconnu prend ses palmes à son cou et repart par là où il est venu : dans la mer. D'autres gardes, français et iraniens, arrivent. Ils ne peuvent poursuivre l'assaillant qui a disparu dans l'onde. Crière n'est que légèrement blessé, la lame a ripé sur ses muscles. Il reste un des rares membres des VO à avoir été blessé d'un coup de couteau en mission.

C'est dire que Farah Diba est une personnalité menacée. L'Iran de Khomeiny a appelé aux meurtres de toute la famille impériale.

Cela concerne aussi la princesse Ashraf, sœur du shah. Les policiers qui l'accompagnent savent qu'ils doivent redoubler de vigilance. Certains sont plus nerveux que les autres. Jean-Pierre Lorain fait partie de l'escorte chargée d'accompagner la princesse dans un cinéma des Champs-Élysées, un lieu public avec des menaces pouvant surgir de partout. Il faut commencer par écarter les fanatiques qui veulent témoigner leur affection à la sœur du shah. En marchant, Lorain repère un jeune homme caché derrière un arbre. Il semble guetter le passage de la princesse. Effectivement, il surgit de sa cache comme un diable de sa boîte. Lorain sort son arme et la pointe, le doigt sur la détente.

« Ne tirez pas ! crie la princesse Ashraf, c'est mon neveu ! »

Il s'en est fallu de peu.

Il s'agit effectivement du prince héritier, fils du shah et neveu de l'impératrice qui n'a rien trouvé de mieux que de s'amuser à tester l'efficacité de la police française.

« Recommence ça et je t'en mets une dans la tête », dit Lorain au garçon tétanisé.

L'incident remonte jusqu'à l'Élysée, redescend au Quai d'Orsay puis aux VO pour retomber sur les épaules de Lorain. Tenu au courant de l'affaire, Farah Diba prend sa défense et promet de tancer le prince. Le garde du corps est félicité, il n'a fait que remplir sa mission.

« Si j'avais tiré, admet Lorain, ce n'est pas la taule qui m'attendait. Mais pire, bien pire ! »

Plus tard, c'est le petit-fils du shah qui est protégé alors qu'il réside à l'hôtel George V à Paris. Deux officiers de sécurité sillonnent les couloirs. Ils sont alertés par la sécurité de l'hôtel qui leur signale qu'un individu qui n'est pas un client de l'établissement monte vers les étages. Ils en font une description complète. Reliés par talkies-walkies, les deux gardes lui tendent un piège. Pendant que l'un fera mine de lui courir après, l'autre, posté au bout d'un couloir, stoppera sa course, à condition que l'individu apparaisse à leur étage.

Il peut n'être qu'un banal invité, aux allures peu conventionnelles, d'un client. Mais l'homme arrive bien à l'étage, par l'escalier. Comme prévu, un garde tente de l'intercepter. Comme prévu, le suspect se met à courir. Au détour d'un couloir, il tombe nez à nez avec le .357 Magnum d'Henri Cantet. Il s'arrête net.

Le reste est du ressort de la police locale. Le commissaire d'arrondissement vient récupérer le suspect à des fins d'interrogatoire.

« C'est la seule fois, en trente-deux ans de service dans les VO, où j'ai sorti mon arme », conclut Cantet.

RGQ

En août 1992 arrive à la tête du SCVO René-Georges Querry. Une épée. Une légende. Un cador. Un homme qui marquera durablement le service ainsi que la plupart des policiers qui le composent. Autant, certains autres chefs laisseront un souvenir mitigé, et, pour l'un d'entre eux, négatif, autant lui ne recueillera que des louanges. Il vient de la police judiciaire, de la brigade des stups et de l'Antigang. Le terrain, il connaît. En revanche, il connaît moins la protection rapprochée. Il va apprendre, s'adapter. Il va aussi comprendre, améliorer.

Il débarque dans une ambiance de rivalités, de jalousies et d'incompréhensions.

« Il y avait eu des pétitions et des mouvements contre son prédécesseur, explique Jean Grinsard. Il nous traitait comme des chiens. Par exemple quand nous arrivions à Orly ou Roissy en pleine nuit nous devions rentrer chez nous à nos frais. À l'étranger nous devions payer nos repas, ce qui était impossible quand nous logions dans un palace ! Alors nous lui disions : “Ok nous allons au Mc Do du coin mais pendant ce temps-là, on ne surveille plus la personnalité !” Il avait passé des consignes totalement aberrantes, stipulant notamment que tous les remerciements devaient passer par lui et non plus être dits en direct aux policiers ! Il a fait un court passage mais beaucoup de mal. »

Pour entrer aux VO, pas besoin de test. Tout se fait par cooptation. Il suffit qu'un directeur ou un sous-directeur donne son aval et la porte s'entrouvre. Ce qui ne signifie pas que les bras s'ouvrent.

« Personnellement, confie Grinsard, j'en avais un peu marre de la PJ. Voir des cadavres, j'en avais fait le tour. À mon arrivée au service, j'ai rencontré des gens qui venaient essentiellement des Renseignements généraux. Comme je venais d'ailleurs, l'ambiance a été pour moi assez dure. C'était un tout autre travail, je n'y connaissais rien. Les collègues gardaient tout pour eux. Dans ce métier, il faut connaître le protocole, l'organisation des voyages, avoir des tas de numéros de téléphone. Or les policiers du service étaient plus que réticents à les communiquer. Ce n'était pas du tout une ambiance d'équipe comme à la PJ, là c'était une ambiance de clans. En plus il y avait beaucoup de gardiens de la paix qui sortaient de l'école et n'avaient aucune expérience de police, ce qui ne les empêchait pas de se prendre pour des inspecteurs ou des commissaires. Je crois d'ailleurs que le directeur de l'époque avait fait exprès de les recruter car il pouvait les manipuler plus facilement que des gens ayant de la bouteille. »

Donc, de cette ambiance de franche camaraderie et de saine émulation arrive un policier qui, lui, a sacrément de la bouteille.

« Il y avait, au sein du service, des tensions assez fortes entre mon prédécesseur et les syndicats, remarque Querry. S'était créée une intersyndicale avec une unanimité contre ce chef de service pour des raisons que je n'ai jamais réussi à élucider. À la suite de ces tensions assez fortes, l'IGPN[1] avait été saisie pour un audit. Les conclusions étaient sans pitié : il fallait virer le chef de service ainsi que les numéros deux, trois et quatre. Suite à cela, je suis arrivé et j'ai demandé à choisir mes collaborateurs… Avec le temps, l'image du SCVO s'était dégradée. Un jeune commissaire m'avait raconté qu'à l'occasion d'un de ses déplacements dans un pays anglophone, le chef du protocole français, parlant en anglais, avait présenté à son homologue étranger le chef des VO comme étant "the chief of the official agency" ! Ce n'était plus un service de police, mais une agence de voyages ! Ça voulait bien dire que ce service savait assurer la logistique des déplacements, mais le cœur du métier, les protections physiques des personnalités, avait été un peu abandonné avec le temps. Je suis donc arrivé dans ce contexte, et mon ambition, avec ma nouvelle équipe, était de reprofessionnaliser l'ensemble du service. Je ne suis pas arrivé avec un charisme irradiant en disant "Ça doit marcher comme cela !" Il m'a fallu beaucoup de temps et de patience, beaucoup de discus-

1 Inspection générale de la police nationale.

sions aussi. Il m'a fallu convaincre. Mais le ministre de l'Intérieur de l'époque, Charles Pasqua, m'a toujours appuyé. Je partais moins en mission que mes prédécesseurs. Je travaillais avec les syndicats, notamment sur les méthodes de recrutement. Terminés, les passe-droits. Quant aux départs du service, ils se feraient sur la base du volontariat. Les plus anciens, les plus fatigués partiront sur le poste de leur choix. Ça, je leur ai garanti, et tous sont partis sur le poste de leur choix ou avec un avancement. En un an et demi, nous avons fait passer la moyenne d'âge de 47 à 36 ans, et mis en place le nouveau statut avec les règles de recrutement. »

Oui, avec lui, les choses vont changer. Il va motiver ses troupes, améliorer la sécurité rapprochée et, finalement, aboutir à une réforme qui modifiera le service de fond en comble.

René-Georges Querry restera en poste jusqu'en novembre 1995.

FEU

L'année 1993 est marquée par un incident qui ne prête aucunement à sourire.

Le 29 mars, après un an de bons et loyaux services, Pierre Bérégovoy quitte son poste de Premier ministre. Il a pris l'échec de la gauche aux législatives comme une faute personnelle. La presse s'acharne contre lui. L'homme en est affaibli, affecté. Comme tout ancien chef du gouvernement, sa sécurité continue d'être assurée par les VO.

Le samedi 1er mai, Pierre Bérégovoy doit participer à plusieurs rencontres dans la ville de Nevers dont il est maire. Sylvain Lesport l'y escortera. Ils se connaissent depuis juin 1982, quand l'homme politique est devenu ministre des Affaires sociales. Ils sont proches.

« Lesport pensait faire partie de la famille Bérégovoy parce qu'il était avec lui depuis le début, affirme Patrice Poirson. Le ministre l'appelait par son prénom. C'est un peu ça le service quand on reste trop longtemps avec une personnalité : on en oublie qu'on est là pour la sécurité et non pour être le valet du ministre. Lesport avait perdu de vue sa mission d'origine. »

Si Lesport connaît les habitudes de l'homme politique, en retour, ce dernier connaît les petites manies de son officier de sécurité. Par exemple, il sait qu'il place son arme de service dans la boîte à gants de la voiture officielle. Une erreur plus courante qu'il n'y paraît.

« En voiture, nous avions toujours l'arme entre les jambes ou sur les genoux, explique Joseph Thérené, car quand elle est à la ceinture ce n'est pas évident de la sortir. Certains la plaçaient aussi dans la boîte à gants mais c'était moins pratique. »

Preuve que Bérégovoy est parfaitement au courant, il en fait la remarque à son deuxième garde du corps, qui remplace Lesport en son absence :

« Vous n'êtes pas comme Sylvain, vous prenez votre arme avec vous ! »

Car Lesport, qui a peur d'abîmer ses costumes, laisse le plus souvent son arme dans le véhicule, même lorsqu'il marche aux côtés de l'ex-ministre.

« C'est une faute professionnelle très grave, estime René-Georges Querry. Un policier doit avoir son arme sur lui, accrochée à la ceinture. S'il ne peut l'avoir sur lui, elle doit être en sécurité dans un endroit fermé à clé et connu de lui seul. Sauf au bureau, où il range l'arme dans un tiroir. »

À 11 heures, Pierre Bérégovoy rencontre les syndicats, 1er Mai oblige. Ensuite, il se rend à la gare avant de retrouver son bureau du Palais ducal. Dans l'après-midi, il préside une remise de prix d'une compétition de canoë-kayak.

À l'issue de celle-ci, il annonce à son garde du corps :

« Restez là, je vais faire un tour avec le chauffeur et je reviens. Je n'ai pas besoin de vous. »

Lesport a confiance, il sait que le maire aime marcher seul. Il le laisse donc partir… avec l'arme de service dans la boîte à gants.

Peu avant 18 heures, le long du canal de la Jonction, sur la commune de Sermoise-sur-Loire, à une dizaine de kilomètres au sud de Nevers, Bérégovoy demande à son chauffeur de s'éloigner. Il souhaite passer un appel téléphonique depuis la voiture. L'ancien Premier ministre s'installe à l'avant de la R25, sur le siège passager et appelle une amie qui, recevant des proches en ce jour férié, n'a pas le temps de lui parler. Bérégovoy raccroche. Il ouvre la boîte à gants et s'empare de l'arme. Il se tire une balle dans la tempe…

« Il y a erreur du fonctionnaire qui a laissé son arme dans la boîte à gants, confirme Gilles Furigo. C'est une faute. L'arme, on ne la laisse nulle part. À partir du moment où vous laissez une arme quelque part, il y a toujours le risque que vous ne la récupériez pas ou que quelqu'un d'autre s'en serve. À l'époque c'était un Manurhin, c'était gros, quand vous vous asseyiez ça faisait mal au dos, c'était donc plus confortable de le mettre dans la boîte à gants. Ce qu'avait l'habitude de faire ce fonctionnaire et ce que savait très bien le Premier ministre. *A priori*, Bérégovoy a pris l'arme et a d'abord voulu vérifier qu'elle était chargée, c'est pour cela qu'il y a eu deux coups de tirés. »

Quelques minutes plus tard, le chauffeur trouve le corps inanimé. Il appelle des secours.

Début du branle-bas de combat.

Pierre Bérégovoy n'est pas mort mais dans un état très grave. Il est transporté à l'hôpital de Nevers. L'information ne tarde pas à remonter à Paris, provoquant un certain affolement. Au siège des VO, les policiers de permanence sont débordés par les appels.

Non loin de là, dans une chambre du Plaza Athénée, un homme est tranquillement installé à déguster une tasse de Earl Grey, son thé favori. Il regarde la télévision. Cet homme est en mission. Il se nomme Patrice Poirson, commandant aux VO, et a pour charge de veiller à la sécurité de la femme du sultan de Brunei. Une mission « confortable » car la dame a loué tout un étage du palace et a accepté d'y loger son équipe de sécurité : Poirson, son adjoint et un conducteur. Une mission calme aussi car l'épouse du sultan sort très peu. Rien n'est d'ailleurs prévu à son programme en ce 1er Mai… où tout est fermé !

Sur son téléviseur, Poirson voit apparaître un bandeau signalant la tentative de suicide de Pierre Bérégovoy. Il connaît bien la maison, les VO, et sait qu'un tel événement doit provoquer un sacré remue-ménage. Il téléphone à la permanence et demande à parler au commissaire de service.

« Je viens d'apprendre la tentative de suicide, lui dit-il. Je me tiens à votre disposition pour vous aider à faire face à cette situation, car vous allez recevoir beaucoup d'appels.

– Comment avez-vous appris ça ? C'est secret !

– Ça vient de passer à la télévision ! »

L'agence Reuters a publié un premier communiqué à 19 h 07, complété à 19 h 17 et confirmé cinq minutes plus tard par l'AFP : « Pierre Bérégovoy a été découvert à 18 h 15 dans des broussailles sur la berge d'un canal appelé le bassin de la Jonction, dans la périphérie de Nevers. »

Le commissaire s'étonne, convaincu que la chape du secret entourait cette triste affaire.

« Non, je n'ai pas besoin de vous, clame-t-il une fois remis de sa surprise.

– Je viens quand même ! »

Poirson arrive au siège avec son équipe. Chacun s'empare d'un téléphone et aide à gérer la situation. Sylvain Lesport est appelé. Sur une ligne enregistrée, il rapporte la chronologie des faits, le départ de Pierre Bérégovoy seul avec son chauffeur, l'arme laissée dans la boîte à gants, etc. Il ajoute avoir trouvé le comportement du maire « étrange » et précise même que, lors du passage à la gare, il a craint qu'il ne se jette sous les roues d'un train à grande vitesse qui passait à ce moment-là…

La directrice du cabinet du maire de Nevers, en pleurs, joint le service. Elle annonce que Pierre Bérégovoy doit être hospitalisé au service de traumatologie de l'hôpital militaire du Val-de-Grâce, à Paris. Pas si simple. L'héliport d'Issy-les-Moulineaux est fermé. Il faut obtenir des autorisations administratives pour l'ouvrir *in petto*. De plus, compte tenu du statut du blessé, il faut alerter la préfecture de police, les sapeurs-pompiers de Paris, les motards de l'escorte, prévenir diverses administrations. Cela prend du temps. Les VO, pour leur part, se chargeront du transfert depuis l'héliport jusqu'à l'hôpital.

Patrice Poirson, disposant de sa voiture et de son équipe, propose de s'occuper de tout. Il fait nuit quand il se rend sur place. L'escorte motorisée est déjà là, ainsi qu'un médecin-colonel des sapeurs-pompiers avec ses assistants, et le directeur de l'héliport. Vers 23 heures se pose l'appareil, le plus près possible des voitures, dont l'ambulance, portes ouvertes. Dès que les pales sont stoppées, Poirson se précipite au-devant des médecins de l'hôpital de Nevers qui ont accompagné le blessé.

« Monsieur Bérégovoy est mort, lui annonce l'un d'eux. »

Poirson réagit du tac au tac :

« À quelle heure ?

– Très bonne question… On ne sait pas !

– C'est un ancien Premier ministre, un personnage important. Vous ne pouvez pas dire que vous ne savez pas à quelle heure il est mort ! Il est mort à quel moment, à quel endroit ? »

Le pilote de l'hélicoptère est appelé à la rescousse. Il affirme que l'ex-ministre est mort à la verticale de Pithiviers. Entre 22 heures et 22 h 30.

« Dans ces conditions, ajoute Poirson, fixons l'heure du décès à 22 h 15. Tout le monde est d'accord ?

– Oui. »

Le corps est enfin descendu.

Le colonel des sapeurs-pompiers arrive pour réceptionner le blessé. Il apprend qu'il est mort.

« Ma mission est terminée, annonce-t-il aussitôt.

– Comment ça, votre mission est terminée ? s'inquiète Poirson.

– Je n'ai pas le droit de transporter des morts dans mon ambulance. »

Il est hors de question d'appeler les pompes funèbres ou un quelconque service du même type.

« Vous êtes réquisitionné, lance l'officier des VO. Monsieur Bérégovoy doit se rendre au Val-de-Grâce alors vous allez l'y emmener comme s'il était blessé, en attente d'une opération. Vous savez qu'une équipe chirurgicale l'attend là-bas, ainsi que le président de la République, le Premier ministre, le ministre de l'Intérieur, le préfet. Vous ne pouvez pas nous planter !

– D'accord on l'emmène. »

Avant le départ du convoi, Patrice Poirson réunit toutes les personnes présentes. Il leur annonce à leur tour le décès de Bérégovoy et leur ordonne le secret absolu. Il demande également aux infirmiers d'agir, pendant tout le trajet, comme s'ils secouraient un blessé. De même, il demande aux motards de rouler vitesse réduite comme pour le transport d'un grand blessé.

Dès la sortie de l'héliport, le convoi affronte les premiers photographes. Certains sautent sur des motos pour tenter de prendre des clichés à travers les vitres de l'ambulance. À cet instant, tout le monde pense que l'ex-ministre est encore en vie et les communiqués, tant à la télévision qu'à la radio, affirment qu'il lutte « entre la vie et la mort ».

Peu avant le Val-de-Grâce, Poirson appelle la permanence des VO sur sa radio :

« Arrivée de la personnalité. Delta Charlie Delta.

– Qu'est-ce que c'est que ces conneries ?

– Je vous en dirais plus par téléphone ! »

Delta Charlie Delta, cela veut dire « DCD » (décédé). Poirson vient d'informer les VO de la mort de l'ancien ministre. Mais personne ne le croit. Comme il ne veut pas s'expliquer sur les ondes, il compte le faire par téléphone. Il n'en aura pas le temps.

Poirson, qui connaît bien les lieux, indique un passage sur le côté de l'hôpital. Il sort de sa voiture et se présente dans un couloir fermé par une porte. Il frappe. Personne. Il insiste. Un médecin, le colonel Gauthier, accompagné par deux infirmières, apparaît.

« Ce n'est pas par ici que vous devez entrer, annonce-t-il, mais par les urgences où vous êtes attendus !

– Il y a un petit souci, mon colonel : le Premier ministre est mort.

– Dans ce cas, je ne peux l'accepter. Je n'ai pas le droit de recevoir de morts dans mon hôpital. »

Le même problème qu'avec les sapeurs-pompiers. Légalement, il faudrait emmener le corps du défunt à l'Institut médico-légal, à la morgue. Poirson ressort les mêmes arguments, rappelant que le président attend à l'étage, à quelques mètres d'eux. Gauthier accepte de les laisser entrer. Tandis qu'il va prévenir les chirurgiens restés aux urgences, les sapeurs-pompiers déposent la civière dans un couloir, transmettent le dossier médical à une infirmière, et s'en vont.

Les médecins sortent du dossier la radio prise à l'hôpital de Nevers et la place sur un tableau lumineux.

« On voyait très bien la trajectoire de la balle, affirme Patrice Poirson : elle partait de la droite, au-dessus de l'oreille, pour remonter à l'intérieur du crâne. Je suis affirmatif, il n'y avait qu'une seule balle, c'est absolument certain. »

Les chirurgiens conviennent que, compte tenu de la trajectoire de la balle et des dégâts occasionnés, s'ils avaient pu opérer, il y aurait eu des séquelles irréversibles.

Sur ce, les praticiens repartent. Poirson et son équipe se retrouvent seuls face à Gauthier et ses deux infirmières.

« Qu'est-ce qu'on fait ? demande le colonel.

– Il ne faut pas le laisser comme ça, il faut le préparer. »

La coque orange est ouverte. Pour la première fois, le corps du défunt est dévoilé. Beaucoup de sang, le visage totalement méconnaissable, déformé par la puissance de l'impact. Il est déposé sur une table en marbre où les deux infirmières s'empressent de faire sa toilette.

« Essayez de redresser sa tête, qu'il soit présentable », leur demande Poirson.

Celui-ci monte à l'étage prévenir ces messieurs. Chez les officiels, personne n'est au courant de la mort de Pierre Bérégovoy. Poirson n'a toujours pas rappelé les VO pour leur confirmer une information qu'il a donnée en langage codé.

Au rez-de-chaussée, il avise le ministre de l'Intérieur, Charles Pasqua, très entouré.

« Monsieur le ministre, puis-je vous voir en particulier ? »

À l'écart, il lui annonce le décès pendant le transfert en hélicoptère.

« Merde ! », réagit Pasqua avec son accent méditerranéen.

Le ministre annonce la nouvelle au Premier ministre, Édouard Balladur, qui, lui-même, en réfère à Pierre Chassigneux, directeur du cabinet du président. Les deux hommes vont informer François Mitterrand. Peu de temps après arrive Madame Bérégovoy. Elle non plus ne sait pas que son mari est mort. Elle le croit entre les mains des spécialistes dans une salle d'opération. À peine a-t-elle franchi le pas de la pièce où sont réunis les officiels que l'un d'eux s'avance vers elle avec la formule d'usage : « Madame, toutes mes condoléances. » Elle tombe des nues mais, au lieu d'être accablée, s'emporte.

« Elle était très énervée, confirme Poirson. Quand Mitterrand s'est approché d'elle, j'ai cru qu'elle allait lui mettre une baffe ! »

Quelques minutes après minuit, la nouvelle de la mort de Pierre Bérégovoy sera officiellement annoncée par un communiqué lu aux journalistes présents devant l'hôpital.

Le commandant des VO redescend voir où en est la toilette du mort. Vêtu d'une chasuble d'hôpital, la tête enveloppée comme celle d'une momie, Pierre Bérégovoy est enfin présentable.

« Je remercie encore les deux infirmières qui ont vraiment fait le maximum, déclare Poirson. Elles se sont éclipsées et je ne les ai plus jamais revues. »

Le défunt ne peut rester sur cette table en marbre blanc dans cette ambiance lugubre. Il lui faut une pièce « décente », car Poirson sait que les autorités vont vouloir s'incliner devant la dépouille.

« Je n'ai rien, lui répond Gauthier. »

L'officier de sécurité fait le tour des environs. Il tombe sur une sorte de chambre sommairement aménagée.

« Et ça, c'est quoi ?

– La chambre du médecin de garde.

– Très bien ! Débarrassez tout. Ne gardez que le lit, les deux tables de nuit, mettez des draps propres et on va installer Monsieur Bérégovoy. »

La pièce doit être gardée. Poirson appelle la permanence pour réclamer des renforts. Il n'y en a pas. On alerte la CRS n°1 qui a l'habitude de travailler avec les VO. Personne un jour férié ! On finit par joindre le commandant qui confirme qu'il ne dispose d'aucun homme. Qu'à cela ne tienne, il vient assurer la garde de la pièce en personne, accompagné de son principal adjoint !

Poirson remonte prévenir Pasqua que tout est prêt. Il sert de guide au président et aux ministres qui souhaitent s'incliner devant le corps de celui qui, il y a à peine plus d'un mois, tenait en mains les rênes du gouvernement.

« Mitterrand était un homme qui savait dissimuler ses sentiments, témoigne Patrice Poirson. Cette nuit-là, il avait un visage fermé. Il paraissait très marqué par ce décès. Ça l'avait atteint quelque part, je ne sais pas si c'est au niveau affectif, mais il était très fermé. Je ne l'avais jamais vu comme ça, ni à la télévision ni ailleurs. »

Après les officiels, c'est au tour de la famille de s'incliner. Puis tout le monde s'en va.

À nouveau Poirson se retrouve quasiment seul avec Gauthier.

« Qu'est-ce qu'on fait ?

– Mettez-le au frigo, on verra demain. »

Le corps est placé dans une chambre froide.

Après un détour par la permanence des VO où il fait son rapport, Poirson regagne son hôtel de luxe. Il est 3 heures du matin…

Le lendemain, à 8 heures, il repasse au service où Gauthier l'appelle :

« Commandant, des gens ont appris que le Premier ministre défunt se trouvait chez nous et souhaiteraient s'incliner devant sa dépouille. Il y a déjà un ambassadeur et un ancien ministre.

– J'arrive ! »

Dans la Safrane de service, il fonce vers l'hôpital pour organiser la sécurité. D'abord, il faut placer le corps dans une pièce décente. On en trouve une. Les couloirs sont gardés à la fois par des CRS et par des militaires. Poirson exige qu'un filtre draconien soit mis en place. Surtout, il interdit tout appareil photo. À ses hommes, restés dans la pièce auprès du corps, il ajoute :

« Si vous voyez une personne sortir un appareil photo, vous lui sautez dessus et vous lui enlevez. »

Quelques jours plus tard, le corps de Pierre Bérégovoy sera rapatrié à Nevers…

Ce suicide n'a pas fini de faire couler de l'encre. L'affaire prend une dimension politique et le président Mitterrand en profite pour mettre en exergue les dangers d'une presse calomnieuse. Plus insidieusement, elle discrédite l'ensemble du service de protection rapprochée. Beaucoup se demandent s'il est prudent de confier la sécurité de hauts responsables politiques à des gens qui laissent traîner leur arme de service dans une boîte à gants.

René-Georges Querry est sur la sellette. Il n'a personnellement rien à se reprocher. Il est même couvert puisque, deux mois auparavant, il a signé une note, largement distribuée, concernant la discipline à respecter avec son arme de service et stipulant que chacun doit garder celle-ci en toute circonstance. Il sait que nombreux sont les policiers à avoir recours à la boîte à gants, mais veut stopper cette pratique. Malgré cela, il reste responsable du service et de tous les hommes qui le composent. Une faute de cette envergure, c'est du jamais vu. On a connu des fonctionnaires renvoyés pour moins que ça. D'autant que Querry sait pertinemment que certains veulent sa peau. Il fait trop de vagues dans un univers où il est d'usage de se faire discret, d'être courbé pour mieux passer sous les portiques des politiques. Et puis il a été nommé par la gauche. Or, depuis l'arrivée de ministres de droite, sur les neuf directeurs de services de police, deux seulement sont restés à leur poste, dont Querry.

En ce samedi, il est l'un des premiers prévenus du suicide de Bérégovoy. Peu après, un appel de la Place Beauvau le convoque pour 19 heures dans le bureau du ministre, Charles Pasqua. À ce moment, Querry ne se fait aucune illusion. 19 heures, cela laisse le temps au ministre d'annoncer au journal de 20 heures qu'il a « pris les mesures nécessaires » et qu'il a viré le chef du SCVO. Ne reste plus qu'à attendre confirmation de la sentence. Il annonce à sa femme que sa durée de vie à la tête du service ne dépassera pas un an.

Querry se rend au ministère à l'heure dite, convaincu que l'entrevue ne sera que pure formalité, du genre : « Oui, Monsieur le ministre. Bien, Monsieur le ministre. Au revoir, Monsieur le ministre. »

« À ma grande surprise, raconte-t-il, la discussion dure une heure. Arrive l'heure du journal de 20 heures et le ministre ne m'a toujours pas fait part de sa décision. Moi, je lui explique que le service s'est dégradé et qu'il faut imposer des règles de professionnalisme. J'ajoute qu'il n'y a rien à inventer puisqu'il suffit de reprendre ce qui existe déjà au RAID : mode de sélection, de recrutement, d'entraînement. Bref, je lui dis tout simplement : "Copions le RAID et les gendarmes du GSPR qui sont un modèle de professionnalisme et essayons de faire, sinon aussi bien, au moins de s'en rapprocher." Pasqua ne répond pas. »

Querry rentre chez lui. Son épouse lui demande :

« Alors ?

– Rien. On ne m'a rien dit. »

Quant au vrai fautif, celui qui a laissé traîner son arme dans une boîte à gants, il est l'objet d'une enquête administrative, diligentée par l'IGPN, et d'une enquête judiciaire. Pointée du doigt, la proximité entre la famille de la personnalité et l'officier de sécurité.

« Avec l'affaire Bérégovoy, on a l'incarnation de ce qu'il ne faut surtout pas faire, analyse René-Georges Querry. On voit bien que ce policier était complètement coulé dans la vie familiale de sa personnalité et était devenu presque un membre de la famille. D'où cette nonchalance qui lui fait mettre son arme dans la boîte à gants, ce qui est proprement sidérant. Ça faisait six mois que j'étais dans le service, j'avais compris qu'il y avait beaucoup trop de laisser-aller mais je ne pensais pas que c'était à ce point. En l'occurrence, c'est un ancien ministre dépressif qui a utilisé l'arme mais ça aurait pu être des enfants ! Il suffisait d'observer l'officier de sécurité car il faisait ça régulièrement. »

À la demande expresse et insistante de la femme de Pierre Bérégovoy et de la famille, Sylvain Lesport ne fait l'objet d'aucune mesure disciplinaire. Néanmoins, il quitte le service de protection où il n'a vraiment plus sa place.

« Il a été viré et affecté dans une unité où il a dû utiliser la gomme et le crayon et laisser tomber le revolver », conclut Querry.

L'unité en question se situe à la Réunion où l'ex-garde du corps coulera des jours plus tranquilles…

« Ça a tout de même étonné tous mes collègues de voir que ce garçon n'était pas sanctionné alors qu'il avait commis une faute grave », souligne Patrice Poirson.

Fin de l'affaire ? Pas tout à fait. Pour Querry et ses hommes, il y a des prolongements.

Une semaine plus tard ont lieu les traditionnelles cérémonies du 8 Mai. Or, le nouveau Premier ministre, Édouard Balladur, possède son propre groupe de protection rapprochée. Non des policiers issus du SCVO, mais des fonctionnaires venus d'autres services. Ils forment le premier cercle.

« Au gré des alternances, ministres et Premiers ministres arrivaient avec, dans leurs valises, des policiers de sensibilité de gauche ou de droite. Tous "chaudement recommandés", commente Querry. C'est le coup classique du député-maire de province qui noue des relations avec des policiers du commissariat de sa ville, des sympathisants politiques qui lui donnent des coups de main. Soudain, ce député est nommé ministre. Les policiers en profitent pour lui dire : "J'aimerais assurer votre sécurité. – Oui, je vous dois bien ça. », répond le ministre. Donc, il arrive avec dans ses bagages un policier qui est davantage un militant qu'un professionnel de la sécurité rapprochée. D'ailleurs, la plupart du temps, six mois plus tard, le ministre nous fait passer une demande par son chef de cabinet : "Vous ne pourriez pas me l'évacuer ? Il ne connaît pas le boulot !" Ces gens-là, croyant avoir des relations privilégiées avec le ministre, ne savent pas garder leurs distances. Le ministre commence à en avoir marre que son officier de sécurité entre dans son bureau sans frapper et l'interpelle devant tout le monde. L'officier n'a pas compris que le député-maire d'il y a un an n'est plus le même que le ministre d'aujourd'hui… Avec Balladur, ça n'a pas échappé à la règle : il est arrivé avec une équipe montée par ses proches, composée d'un tiers de pros, d'un tiers de moyens et d'un tiers de mauvais. Je les ai pris en photo et je les ai montrés à Pasqua. Il y avait des types en surcharge pondérale qui n'avaient pas le physique pour assurer une protection rapprochée. J'ai dit : "Voilà, Monsieur le ministre de l'Intérieur, comment est assurée la sécurité du Premier ministre !" Il m'a répondu : "Cette fois, c'est bon, vous êtes confirmé dans vos fonctions. Mettez-moi en place le nouveau service !" »

Il est grand temps de transformer le petit monde hétéroclite des gardes du corps en unc unité d'élite.

D-DAY

Après le bicentenaire de la Révolution se profile le cinquantenaire du Débarquement allié en Normandie. Les représentants des pays concernés, y compris le chancelier allemand, sont invités.

« Nous avons une double mission, explique René-Georges Querry : assurer la sécurité des personnalités dans une zone qui a été complètement nettoyée et aseptisée par les services de police et de gendarmerie locaux (ne passent que les voitures badgées et les gens sont confinés chez eux) et nous sommes le bras armé du protocole (ordre de passage, quelle personnalité doit arriver la première). Nous surveillons et dirigeons le ballet en liaison radio. »

Préparer les opérations de sécurité nécessite près de neuf mois de travail et plus de cent cinquante réunions en tous genres.

« Nous avons commencé à préparer ça en octobre, rapporte Gilles Furigo. Nous allions au moins une fois par semaine en Normandie où nous visitions tous les sites. La première chose que j'ai faite c'était de me repencher sur cette période, j'ai revu *Le Jour le plus long*, relu pas mal de livres pour m'imprégner de la mission. L'opération était très lourde, très dure. Nous formions une équipe police-gendarmerie et ça a été l'accord parfait avec le colonel Arnaud qui était le commandant du groupement. On a vraiment travaillé main dans la main. »

L'ensemble des forces de police est concerné, du GIPN – avec armes et hélicoptères – aux VO. Sept cent cinquante policiers, sept mille cinq cents gendarmes.

Les exercices de simulation se succèdent.

« Tous les scénarios sont toujours envisagés, explique René-Georges Querry. Nous travaillons toujours avec l'hypothèse que l'impossible peut arriver[1]. »

Le 6, de nombreuses cérémonies se dérouleront tout au long des plages. Chaque pays, en quelque sorte, se recueillera sur « sa » propre plage.

« Ça commençait à 8 heures avec le président Clinton, se souvient Querry. On avait dix-huit délégations officielles qui, pendant toute la journée, passaient d'une cérémonie à l'autre avec une vingtaine de lieux. Pendant que Mitterrand et Clinton passaient trente minutes sur une plage, la reine d'Angleterre et le président de la République polonaise Lech Walesa étaient sur une autre cérémonie puis partaient en hélico sur une autre. Tout le SCVO était impliqué dans cette opération. Il a même fallu amener des renforts. »

Le point central se situe à Omaha Beach, seul endroit où se retrouveront les dix-huit chefs d'État, de gouvernement, ainsi que les ministres et les vétérans. Sans oublier les dix mille invités.

Chaque site est visité, étudié, dont le cimetière de Bayeux où est prévue une cérémonie en présence de la reine Elizabeth II et des vétérans du Jour J.

« Quinze jours avant, nous nous sommes rendus sur place avec un major de l'armée britannique, raconte Gilles Furigo. Il parlait très bien le français et, à un moment donné, je lui fais remarquer : “Major, il y a quand même un souci. Vos vétérans sont âgés, ils vont être obligés de venir trois heures avant la cérémonie pour être contrôlés, puis la reine va venir, il y aura les discours, les hommages, ensuite nous partirons avec la reine mais le dernier des vétérans ne quittera le cimetière que trois heures plus tard. Au total, plus de six heures sur place sans possibilité de s'asseoir. Il faut prévoir quelque chose.” Le major s'est tourné vers moi, il m'a regardé de haut, a placé son sticker sous le bras d'un geste sec et m'a annoncé : “Un vétéran britannique ne s'assoit jamais !” Il m'a expliqué qu'ils avaient l'habitude et que les plus fatigués auront avec eux leurs propres cannes-sièges. Si cela avait été des Français, il aurait fallu prévoir des sièges, une buvette… »

L'intendance doit suivre. Une intendance digne du 6 juin 1944.

« Le gros problème était celui de l'hébergement, poursuit Furigo. Il n'y avait pas assez de chambres pour tout le monde ! Nous sommes passés par des agents immobiliers pour louer des appartements, des

1 Journal télévisé du *19/20*, diffusé le 2 juin 1994.

meublés. J'avais mis en place une cellule qui ne s'occupait que de cela et de la restauration pour plus de cinq cents personnes. Quatre personnes ont fait le tour des agences, récupéré les clés, dressé les états des lieux, les constats d'entrée et de sortie. On avait des chambres entre Saint-Lô et Pont-Audemer ! Après, il a fallu s'occuper des couchages, oreillers, draps, etc. Nous avons signé un contrat avec des entreprises locales. Même chose pour les petits déjeuners. Les axes routiers étant neutralisés, il a fallu prévoir des aménagements pour laisser passer leurs véhicules. Ça a été sportif ! »

La journée du 4 juin est consacrée aux ultimes répétitions grandeur nature. Les VO étudient avec précision le parcours des cortèges. Les routes pour se rendre à Omaha Beach sont étroites. Les cortèges seront obligés de se croiser : ceux qui descendent vers la plage croiseront ceux qui y auront déjà déposé leurs personnalités. À lui seul, le cortège du président Bill Clinton compte une cinquantaine de voitures, plus une vingtaine de motards d'escorte. Bordures de voies, croisements sont passés au crible.

Tout est minuté. Sur le papier, les cortèges doivent se succéder de deux minutes en deux minutes. Cent vingt secondes, ni plus ni moins. Timing serré pour cérémonie hors norme. Pourtant, en ce 4 juin, les yeux ne sont pas rivés sur le macadam, ni même sur le sable, mais vers le ciel gris. Le printemps a des allures d'automne. Un crachin se mêle de la partie.

« Non seulement nous avons peur que la pluie nous pose problème, avoue René-Georges Querry, mais le mauvais temps risque de tout remettre en question. Alors, nous serons obligés d'improviser dans les dernières minutes[2]. »

Il ne croit pas si bien dire.

Il ajoute cependant :

« Tous les schémas ont été envisagés, y compris les schémas les plus tristes avec un très mauvais temps. Mais nous espérons que nous aurons le soleil. »

Les historiens se souviennent que le vrai débarquement allié fut retardé en raison du mauvais temps. Hélas, il est impossible de retarder l'anniversaire de cet événement mémorable. Soleil ou pluie, il va falloir faire avec.

---

2 Émission télévisée *JA2 20 heures*, diffusée le 4 juin 1994.

Le 6 juin 1994, chacun est à son poste.

« Moi je suis d'abord au PC de commandement pour suivre l'ensemble des opérations, raconte Querry. En fin de matinée, je rejoins le déjeuner à la préfecture de Caen et l'après-midi, je suis présent aux cérémonies d'Omaha Beach. Mon rôle est d'observer et de me faire engueuler si quelque chose ne va pas. »

Les nuages s'étant presque miraculeusement éloignés, il fait relativement beau mais il y a du vent. Particulièrement à la pointe du Hoc où le président américain Bill Clinton rend hommage à ceux qui ont contribué aux combats, en particulier aux rangers. Il prononce un discours au cours duquel il rappelle l'importance d'enseigner aux jeunes le devoir de mémoire et la nécessité de renforcer la paix et la démocratie. Ensuite, par hélicoptère, il est censé rejoindre le président Mitterrand à Utah Beach. Mais la pointe est battue par les vents. Les services secrets américains estiment le risque trop grand. Ils refusent l'hélicoptère. Alors qu'au même moment et dans le même secteur circulent des hélicos français. Qu'à cela ne tienne, le président américain rejoindra l'autre plage par la route. Le convoi et la voiture blindée sont déjà là. Clinton monte à bord et vogue la galère. Mais…

« François Mitterrand avait toujours du retard, commentera Gilles Furigo. L'heure, il n'aimait pas ça. Ce jour-là, il a eu quarante-cinq minutes de retard ! »

D'aucuns ont l'habitude et prennent cela avec calme.

« Nous savions de toute façon qu'il y aurait un problème de timing, du fait que notre président prenait toujours un malin plaisir à arriver en retard, quel que soit l'endroit où il allait, souligne Joseph Théréné. Il faut savoir être un peu philosophe ! »

Ordre est donné au convoi américain de ralentir. Mais, compte tenu de la faible distance, ralentir cela signifie presque rouler au pas en pleine campagne. Pour des raisons de sécurité, cela n'est pas faisable. Faire venir Clinton à Utah Beach en l'absence de Mitterrand n'est pas envisageable non plus. Un vrai casse-tête. Le sauveur prend la forme d'Alain Juppé, ministre des Affaires étrangères qui, lui, est en avance. Il est sur place, attendant le début des cérémonies. Voilà la solution : lui faire accueillir le président américain dans une tente séparée. Le temps des saluts, de quelques bavardages politiques et Mitterrand sera enfin arrivé. Ainsi Clinton sera d'abord reçu par le ministre puis par le président. Le protocole français est d'accord. Le protocole américain accepte sans trop comprendre. Sécurité et protocole se sont, pour une fois, bien accordés.

La journée est riche en incidents.

« À Pont-Audemer, rapporte Gilles Furigo, les Hollandais ont défilé. J'ai vu arriver un type dans un fauteuil roulant, poussé par deux infirmières. Elles l'ont aidé à se lever. On voyait bien qu'il avait du mal, qu'il tenait à peine debout. Pourtant il a défilé avec les autres. Il souffrait, des larmes coulaient sur ses joues, mais il a continué jusqu'au bout. »

En fin de journée, il est prévu qu'à la préfecture de Caen le président François Mitterrand reçoive chaque dignitaire dans un ordre minutieusement établi et sans temps mort. De deux minutes en deux minutes, selon la répétition, deux jours auparavant. Mais les fameuses quarante-cinq minutes du matin ont provoqué des incidents en cascade. Car pendant que le chef de l'État français brillait par son retard, les autres dignitaires respectaient l'horaire à la minute près. Deux chefs d'État arrivent à la préfecture à l'heure prévue et sont surpris de n'y trouver personne. Mitterrand n'arrive que quelques minutes plus tard. Lui aussi est surpris.

« Il s'en est plaint au chef du protocole par une petite remarque acide, raconte René-Georges Querry, et ce dernier s'est retourné contre moi. Le lendemain on m'a dit que le président de la République n'était pas très content et que l'on allait me demander des explications par écrit. J'ai répondu : “Écoutez, vous pouvez me demander tous les rapports que vous voulez mais non seulement il y a eu le vent qui a empêché Clinton d'arriver au bon moment mais nous-mêmes, depuis Paris, nous sommes partis avec plus d'une demi-heure de retard ; ce qui n'était pas de mon fait. À la fin de la matinée, nous n'avions plus que dix minutes de décalage. Mon raisonnement va être très simple : ce n'est pas dix minutes de retard que nous avons eues à l'arrivée à la préfecture mais c'est vingt minutes que nous avons récupérées et c'est un exploit pour le service !” On ne m'a jamais demandé de rapport écrit. »

Bilan de la journée : RAS, ou presque.

« On a eu un peu de casse, convient Gilles Furigo. Le plus vieux des parachutistes avait 92 ans. Il a tenu à sauter. Il s'est cassé les deux jambes. »

Nuit du 6 juin. Tout est pratiquement terminé. Les membres du SCVO peuvent souffler. Ont-ils profité de cette journée historique ?

« Non, répond Querry, on ne profite absolument de rien, on est complètement dans le boulot, on a la tête dans le guidon, constamment en liaison radio. Le soir, quand je suis rentré à minuit, par un avion du GLAM, ma femme et mes enfants dormaient, j'ai enlevé ma veste et me suis servi un whisky. Je me suis assis dans un fauteuil, les pieds sur la table basse, et j'ai siroté mon whisky en me disant que, finalement, ça ne s'était pas trop mal passé. »

RÉFORME

Le 19 octobre 1994, sous l'impulsion de René-Georges Querry, le SCVO change de nom – ou plus précisément diminue son patronyme. La notion de « voyages officiels » sous-entend un dilettantisme, pour ne pas dire un *farniente*, sans aucun rapport avec la réalité. Et dire d'un policier qu'il est un VO c'est un peu le comparer à un GO (Gentil Organisateur) du Club Med. Or ces hommes-là n'ont rien à voir avec la troupe des *Bronzés* revue et corrigée par l'équipe du Splendid. Ici point de dirladada !

Le ministre de l'Intérieur, Charles Pasqua, en est parfaitement conscient :

« Ce n'est pas un service mondain, s'amuse-t-il à rappeler. Ce n'est pas un service destiné à accompagner le ministre, à ouvrir la portière et à lui tenir sa serviette ! Il faut savoir que l'on vit dangereusement et que les gens qui sont susceptibles de commettre des attentats ne vous préviennent pas à l'avance[1]. »

Pasqua signe un décret faisant état d'un changement de dénomination au profit du service de la Protection des hautes personnalités, autrement dit le SPHP.

« Pour l'anecdote, remarque Querry, j'avais proposé plusieurs noms à Pasqua. Notamment le PRO (Protection rapprochée officielle). Mais, par contraste, on aurait dit "Eux sont des pros, donc les autres policiers sont des amateurs !" Ça a été refusé. »

Derrière ce changement de label se cache un changement de méthodes. Le SPHP se veut encore plus professionnel avec de nouveaux moyens de recrutement et d'entraînement.

1 *Midi 2* du 17 juin 1994.

D'entrée, Querry affirme :

« L'affectation au SPHP sera viscéralement liée à la réussite de tests physiques, médicaux et psychologiques, mais également de tests de mises en situation, afin de renforcer le professionnalisme de ceux qui sont chargés de la protection des plus hautes personnalités françaises et étrangères[2]. »

Ailleurs, il rappelle une évidence qui a parfois tendance à s'estomper au profit d'une imagerie d'Épinal :

« La mission de protection rapprochée est une mission très difficile malgré les apparences. On la voit beaucoup trop sous son aspect flamboyant et attractif avec les lunettes noires, les costumes et le fait de côtoyer de hautes personnalités. En réalité c'est un métier très dur, physiquement et nerveusement. La vie de famille s'en ressent très fortement puisque ce métier demande beaucoup de disponibilité[3]. »

Les nouveaux textes s'efforcent de tout cadrer. Le chapitre IV porte sur les conditions d'emploi des personnels du SPHP. Deux articles retiennent l'attention.

L'un porte sur l'organisation proprement dite :

« Art. 2104-2 : Les missions de protection rapprochée requièrent au moins trois fonctionnaires. Les missions d'accompagnement de sécurité générale des personnalités françaises et étrangères sont assurées par un ou deux fonctionnaires. »

L'autre sur les tenues :

« Art. 2104-3 : En raison de la spécificité de leurs missions, les personnels affectés au SPHP exercent généralement leurs fonctions en tenue civile. Ils doivent revêtir leur tenue d'uniforme ou l'un des moyens matériels d'identification dont ils sont dotés, sur instructions du chef du service. »

Plus important est le changement dans le recrutement. Finies, les cooptations et le copinage.

« Art 2103-5 : Les fonctionnaires faisant acte de candidature pour exercer une mission de sécurité doivent être titulaires depuis au moins cinq années.

Art 2103-6 : Seuls les fonctionnaires qui ont satisfait aux épreuves de sélection peuvent effectuer le stage de formation initiale préalable à leur affectation. »

---

2 *Midi 2* du 14 septembre 1994.

3 Émission télévisée *Envoyé spécial*, diffusée le 24 novembre 1994.

Arrivent les « épreuves de sélection » destinées à séparer le bon grain de l'ivraie. À cela s'ajoute un « stage de formation initiale ». Un concours suivi d'un enseignement. L'entrée au SPHP devient aussi rigoureuse que celle dans une grande école. Ça se mérite et ça se travaille.

À cette date, le SPHP compte quatre cent cinquante policiers.

« Nous sommes passés de l'artisanat à la PME, estime Gilles Furigo. Nous avons surtout travaillé sur le recrutement. Des sélections avaient déjà commencé en 1989 et nous les avons institutionnalisées en 1994. Désormais, pour entrer dans le service, il faut passer des tests. »

« On ne prend pas les gens sortant de l'école de police, résume René-Georges Querry. Il faut que le fonctionnaire ait au moins cinq ans d'activité sur le terrain, pas dans un bureau. Le critère d'âge se situe entre 25 et 35 ans. Il y a également un critère physique et des tests psychologiques, ceux du RAID, qui donnent d'excellents résultats. »

Des tests ! Une sélection ! Des réformes qui mettent fin aux usages. Depuis toujours, on entrait aux VO par cooptation, parce que Untel avait dit qu'une place se libérait ou parce qu'une connaissance vous y poussait à venir. Fini tout cela. Parce que derrière toute cooptation il y a soupçon de copinage, et derrière tout copinage il y a possibilité d'incompétence. À partir de 1994, tout le monde sur une même ligne, tout le monde face à la même batterie de tests. La fin d'une époque.

« Avant, la gestion du personnel était faite par un secrétariat, rappelle Anne Desbordes. Nous avons donc mis en place un nouveau système avec de nouvelles règles, ce qui nous a permis de faire barrage au parachutage. Ça a banalisé le profil. Revers de la médaille : il n'y avait plus ces "figures" qui n'entraient pas dans les critères mais qui étaient extraordinaires. En vingt-cinq ans j'ai vu passé plus de mille fonctionnaires dont une poignée d'exceptionnels, pensant à tout, un vrai ordinateur dans la tête, à l'aise en toute circonstance, parlant une langue étrangère. Mais ceux-là n'auraient sans doute pas réussi les tests… »

« Le système de cooptation n'était pas forcément mauvais, confirme Gilles Furigo, parce que les gars venaient surtout de la police judiciaire, c'étaient des types de qualité. Mais il fallait structurer. Le recrutement sur tests évite les pressions politiques. C'était un vrai problème. Maintenant, pour venir au service il faut passer les tests. Donc si quelqu'un fait pression, on peut lui dire, à l'issue des tests : "Votre gars n'est pas bon !" D'ailleurs, neuf fois sur dix on nous répond : "Mais moi je ne le connais pas personnellement, c'est quelqu'un qui que me l'a recommandé." C'est l'histoire de l'homme qui a vu l'homme qui a vu l'ours ! Désormais, les personnes qui nous recommandent un type font attention, et presque dix fois sur dix le gars réussit les tests. Quatre-vingt-dix-neuf pour cent des gens qui arrivent au service sont recrutés normalement et cent pour cent ont passé les tests ! »

Ces fameux tests provoquent des nuits blanches chez les candidats car ils portent sur bien des domaines.

« Nous avons créé des tests de toutes pièces : course de fond, de vitesse, parcours dit antistress, conduite. Pas encore la piscine que l'on a ajoutée par la suite, détaille Helena Thomas. Et puis des tests psychologiques. S'ensuivait une formation de cinq semaines à l'école de police de Saint-Malo. Nous écrémions d'abord sur dossiers, puis avec les tests et, enfin, avec la formation. La première année, nous avions recruté soixante fonctionnaires, mais à l'issue des cinq semaines de formation, il y en avait dix de moins… Il faut une bonne condition physique, être endurant, résistant, calme et réfléchi, suffisamment intelligent pour écrire – quand je vois certains rapports, je me pose des questions sur l'Éducation nationale – de la maturité pour pouvoir prendre du recul par rapport à certaines situations difficiles. »

Au-delà du recrutement, le fonctionnement même du SPHP est amené à changer. Petit à petit.

« Quand je suis arrivée dans le service, poursuit Helena Thomas, c'était une ambiance particulière de clans car les gens qui intégraient le SPHP à cette époque y restaient de nombreuses années. Un fonctionnaire y faisait quasiment carrière. Donc, il se développait un réseau d'amitié entre les personnes qui avaient l'habitude de voyager ensemble. Les voyages c'était l'expérience : plus vous en faisiez, plus vous deveniez bon, c'étaient donc toujours les mêmes qui partaient. Un commandant de groupe disposait d'une dizaine de fonctionnaires qui voyageaient toujours avec lui. La gageure pour un nouveau venu était d'intégrer un clan de manière à partir avec lui en voyage. Cela pouvait prendre plusieurs années. Un fonctionnaire non apprécié ne partait jamais en voyage !... C'était vraiment une histoire de clans que personne ne remettait en cause. Ça fonctionnait d'ailleurs très bien ainsi, les gens étaient compétents, mais le sang neuf circulait avec parcimonie. Enfin est arrivé un système à trois couleurs : rouge-orange-vert. Si le voyage tombe à une date qui correspond au rouge, c'est l'équipe programmée rouge qui prend la mission en mains. C'est une forme de rotation qui fait que tout le monde part tôt ou tard. À partir de là, une certaine justice s'est instaurée. »

Avec cette réforme, le SPHP s'engage sur une voie nouvelle.

« Je dois dire avec une certaine fierté que l'on a réussi à renverser la vapeur avec l'adhésion de tous les commissaires de police et de tous les syndicats », confie René-Georges Querry, son instigateur.

Au fil des ans, le SPHP ne cessera de parfaire son évolution, intégrant les changements sociaux. Sans oublier la gestion du personnel.

« Les officiers de sécurité affectés auprès de ministres sont soumis à une double hiérarchie : le SPHP et le ministère où ils sont envoyés, rappelle Anne Desbordes. Il était indispensable de formaliser les choses. Les officiers rendent compte au SPHP et c'est nous qui, le cas échéant, rencontrons la personnalité. C'était une vraie gestion du personnel. Par la suite, il a fallu également intégrer les RTT, les horaires, la relève. Avant, nous gérions nous-mêmes notre temps, ce qui donnait lieu à des situations étonnantes. Tout a été codifié, remis à plat, avec un *turn-over* important, ce qui est une bonne chose d'ailleurs car c'est un métier fatigant. Et puis certains ont besoin de leur vie de famille, de voir autre chose. Le service tel que je l'ai connu à mes débuts n'existe plus. »

LA ROSE SE FANE

Les jours s'égrènent et François Mitterrand approche de la fin de son second mandat présidentiel. Bien qu'affaibli, il continue de représenter la France aux quatre coins du monde. Une France flamboyante, bien portante.

« Avec Mitterrand on était parfois dans les excès : jusqu'à trente-cinq invités personnels qui le suivaient partout, même dans les dîners, remarque Pascal Gérard. C'était la cour du Roi Soleil qui se déplaçait. Assez choquant d'ailleurs par rapport à ses principes politiques. Certains pays avaient du mal à comprendre. »

Le président continue d'afficher une haute opinion de sa fonction et tient à le faire savoir.

« À chaque fois qu'il prenait l'avion, témoigne Pascal Gérard, il y avait le tapis rouge, le préfet, les ministres, la garde républicaine, quelle que soit l'heure du retour. Il avait gardé le protocole de De Gaulle, Pompidou et Giscard. »

Son avant-dernier voyage officiel, le chef de l'État l'effectue en avril 1994. Au Turkménistan et en Ouzbékistan. La délégation française compte deux cent cinquante personnes, ce qui fait du monde à loger. Surtout si on ajoute les équipages des avions et les policiers. Les précurseurs des VO sont chargés de réquisitionner le maximum d'hôtels. Mais dans la République d'Asie centrale devenue un État à part entière depuis à peine trois ans, il y a tout à faire. Un responsable local leur fait faire le tour des établissements hôteliers de la capitale, Achgabat. Trois d'entre eux affichent des allures tout à fait convenables. Une allure de façade car, quand les policiers français poussent la porte d'entrée, ils se rendent compte que l'intérieur des bâtiments est en ruine ! En l'absence d'une structure *ad hoc*, il ne reste plus qu'à loger les membres de la délégation à plusieurs dans une même chambre et à improviser de véritables dortoirs dans des villas. Au protocole de s'amuser à dispatcher les invités ! De plus, il est impératif de faire venir de France nourriture et eau.

Les Ouzbeks se montrent très conciliants. Un haut responsable déclare tout de go :

« Si la visite de votre président se passe mal, je saute. Donc tout ce que vous voulez vous l'aurez.

– Voilà une excellente base de négociation », lui répond Pascal Gérard.

Le président sera installé dans le meilleur hôtel de la ville, donc dans le moins délabré, victime de fréquentes coupures d'eau et d'électricité. Les rares personnes de sa délégation logées à la même enseigne se plaignent. À 3 heures du matin, l'une d'elles appelle les policiers des VO, sur qui retombent toujours les problèmes :

« Monsieur, je n'ai pas d'eau !

– Le président non plus, lui répond Jean Grinsard. Au revoir Madame. »

Mitterrand est affaibli. À Achgabat il a assisté au grand banquet officiel. Vingt-quatre plats. Au bout du troisième, il a quitté la table.

« Les derniers voyages de Mitterrand n'étaient pas simples à gérer, remarque Pascal Gérard. Il y avait souvent des parties du programme qui sautaient car il fallait aménager des repos. Nous avions toujours notre crayon à la main pour ajuster le programme officiel : un truc sautait ou était remplacé par un autre, on avançait, on reculait. Mais ajuster en permanence avec une “cour” de cette importance, ça n'avait rien de simple. »

« Je me souviens d'un sommet à Düsseldorf où le président était très malade, ajoute Jean Grinsard. Or, il résidait à vingt kilomètres de la ville. Pendant la conférence, les gens du GSPR sont venus me voir : “Le président est trop fatigué pour faire les vingt kilomètres ni en voiture ni en hélico, ce n'est pas possible.” Je lui ai trouvé un petit hôtel allemand typique à moins d'un kilomètre du lieu de la conférence. J'ai demandé à l'hôtelier de me louer une suite mais il n'en avait pas alors j'ai pris trois chambres en contigu. Cela a permis à Mitterrand de sortir régulièrement de la conférence pour recevoir des soins… Comme il était très malade, nous étions toujours ultra tendus lors de ses déplacements. »

De son côté, Éric Stemmelen estime :

« Mitterrand était très courageux. Je l'ai vu mettre dix minutes pour sortir d'une voiture et faire un brillant discours de deux heures. Nous protégions aussi son image. Mitterrand, malade, qui sortait des avions et vomissait par terre, il n'y a jamais eu aucune photo de presse. »

La fin du règne Mitterrand, c'est aussi un retour à certaines traditions. Il semble un peu s'éloigner des gendarmes pour se rapprocher des policiers.

« Un jour, le préfet m'a appelé en disant que nous devions installer une équipe de policiers pour ses déplacements privés car Mitterrand ne voulait plus de gendarmes dans sa voiture, rapporte Christian Lambert. Donc la police a repris place dans la voiture du président. »

Sur ce, s'ouvre la campagne présidentielle de 1995.

Qui d'Édouard Balladur, Jacques Cheminade, Jacques Chirac, Philippe de Villiers, Robert Hue, Lionel Jospin, Arlette Laguiller, Jean-Marie Le Pen, Dominique Voynet va gagner la place tant convoitée ? Au SPHP on évite de se poser la question. Peu importe, au fond. Dans l'immédiat, le plus important est que la campagne se déroule sans incident majeur.

« Dans les textes de la réforme de 1994, explique René-Georges Querry, j'avais intégré une clause, sur le modèle américain, disant que, dans le cadre de l'élection présidentielle, le ministre de l'Intérieur propose aux candidats une protection rapprochée. Pas à tous, pas aux farfelus genre chasse et pêche ou défense des oiseaux, uniquement les têtes de série. À eux d'accepter ou non, pour qu'ils n'aient pas l'impression qu'on leur envoie des espions. En cas de refus, leur protection est assurée par des gens choisis par leur entourage. Sur le premier tour, Chirac refuse. Mais en tant qu'ancien Premier ministre, il dispose déjà de deux officiers de sécurité. Arrive le second tour où se retrouvent Jospin contre Chirac. Cette fois, les deux acceptent une vraie protection rapprochée, c'est-à-dire voiture suiveuse et motos. Ce pendant quinze jours. Bien évidemment, le calcul que j'ai fait est de mettre les meilleurs des meilleurs pour chacun d'eux ! Entre-temps j'avais rédigé un rapport et fait une proposition dans laquelle j'avais expliqué que la juxtaposition des gendarmes avec les policiers dans l'entourage du président n'était pas une bonne chose. Je n'ai à aucun moment dénigré les gendarmes mais j'ai parlé de l'aspect technique : puisque nous disposions du nombre suffisant d'officiers au SPHP, il était mieux d'avoir une seule entité, une seule liaison radio, pour éviter les doublons et les frictions. Sur des missions compactes, telle une manifestation d'agriculteurs à Paris, vous pouvez mettre une unité de cinquante gendarmes dans un coin et une de cinquante policiers dans l'autre, elles ne se gêneront pas. Mais concernant la sécurité d'une personnalité, il y a un manque de cohérence. S'il arrive quelque chose au président, qui saute ? Le chef des gendarmes ou le chef du SPHP ? Or dans les textes j'étais responsable de la sécurité du président de la République, mais je n'en avais aucune maîtrise, donc si les gendarmes font la connerie, c'est moi qui saute ! Tout ça était prêt, et je comptais bien que Jospin et Chirac seraient impressionnés par l'efficacité de leurs gardes du corps. Du coup, qu'ils regarderaient mon rapport d'un œil bienveillant. »

Jacques Chirac l'emporte. Va-t-il modifier la structure du GSPR ? Pour l'heure, il a mieux affaire, et le GSPR aussi.

La célébration du cinquantième anniversaire de la victoire alliée, le 8 mai 1995, constitue pour ce service une situation totalement inédite : protéger deux chefs d'État français. Certes, bien que récemment élu, Jacques Chirac n'a pas encore pris ses fonctions (ce qui sera fait le 17 mai). François Mitterrand, toujours en poste, reste, techniquement, le seul président, mais, dans sa grande magnanimité, il a demandé que son successeur se trouve à ses côtés en ce jour anniversaire.

À nouveau grand déploiement de fastes et de forces. Cinquante-trois chefs d'État et huit chefs de gouvernement sont attendus, auxquels s'ajoutent des représentants de nombreux autres pays. Quatre-vingt-cinq cortèges doivent partir de la Concorde, remonter les Champs-Élysées et atteindre l'Arc de triomphe en un temps record. Le SPHP a fort à faire.

Pour que tout soit bien en place, il faut organiser une répétition grandeur nature, ce qui crée un beau désordre dans la capitale.

« Nous avons répété pratiquement toute une nuit avec la totalité des cortèges, se souvient Georges Clément. Je devais les amener tous en un temps record entre quarante et quarante-cinq minutes. Cela me laissait une minute et demie pour faire arriver chaque cortège de la place de la Concorde à l'Étoile. Il ne pas fallait que ça traîne, c'était très compliqué. Tout le long des Champs-Élysées, j'avais placé des fonctionnaires de la cellule cortège pour accélérer ou ralentir le cortège en fonction du timing calculé. Certains mettaient plus de temps à descendre les personnalités, d'autres allaient plus rapidement, je chronométrais et, en fonction, faisais accélérer ou ralentir pour arriver dans les délais impartis. »

Le 8 mai, le ballet se met en place.

« Nous faisions arriver les cortèges par paquets de trois, raconte René-Georges Querry. Si un cortège avait un peu d'avance, on lui faisait faire trois fois le tour de la Concorde. Certains chefs d'État n'ont pas dû très bien comprendre pourquoi ils tournaient ainsi autour de l'Obélisque ! Le résultat a été impeccable. Nous avions calculé au maximum quarante-cinq minutes, et on a mis quarante-six minutes ! »

Sur cette belle victoire se termine le second septennat du président Mitterrand. Il détient le record de longévité de la Cinquième République mais doit désormais s'occuper du mal qui le ronge.

JACQUES CHIRAC

50 / 50

Jacques Chirac prend ses fonctions présidentielles en mai 1995.

Cela fait désormais quatorze ans que les gendarmes du GSPR considèrent le palais de l'Élysée comme terrain conquis. Quatorze longues années. Trop longues au goût des policiers qui n'ont toujours pas digéré leur exil forcé.

D'autant que les dérives dénoncées par Prouteau dès 1981 se sont reproduites dans des conditions similaires. Des gendarmes en poste au Château ont à leur tour vendu leur savoir-faire à des fins de protection privée, entre autres auprès de princes venus du Moyen-Orient, ou, plus simplement, pour sécuriser des soirées et des cocktails. Une manière lucrative de mettre du beurre dans l'ordinaire. Finalement, quelle que soit la tenue, les mauvaises habitudes sont des plus tenaces. Comme toujours en pareil cas, le temps a joué contre l'efficacité. Routine, lassitude, ennui ont entraîné les as de la sécurité rapprochée vers des rives qu'ils auraient dû éviter. Sur la fin du règne mitterrandien, il était devenu évident que personne n'attenterait à la personne du chef de l'État, et sa protection tournait plus à l'exercice qu'à l'infaillibilité. D'ailleurs Mitterrand s'était éloigné des gendarmes pour se rapprocher des policiers auxquels il faisait de plus en plus souvent appel. 1981 était bien loin et Mazarine paradait devant les caméras.

Chirac veut mettre un peu d'ordre et d'équilibre dans tout cela. La guerre des polices, les conflits entre services, il n'en a cure. Les querelles intestines sont mauvaises pour la digestion. Lui vise efficacité et souplesse. Le XXe siècle tire à sa fin et il est temps de faire rimer modernité et légèreté. L'une des premières décisions qu'il prend est d'épurer les effectifs du GSPR. Simple, on divise par deux : passer de cent vingt hommes et femmes à soixante. Chirac pense que cela est amplement suffisant pour protéger sa modeste personne. Dans le même mouvement, il continue ses divisions et coupe la poire du GSPR en deux : moitié gendarmes, moitié policiers.

« Dans le texte de création du GSPR, qui date de 1983, il est bien précisé que celui-ci sera composé à parts égales de policiers et de gendarmes et dirigé alternativement par un policier puis un gendarme, rappelle René-Georges Querry. Mais entre le texte écrit et celui mis en œuvre par Prouteau, il y a eu comme une espèce de distorsion puisque, dans la réalité, il y avait cent vingt gendarmes, quatre officiers de gendarmerie et seulement quatre policiers placés autour de la voiture du président pour porter sa mallette et son chapeau ! J'ai donc fait un rapport très technique en pointant les incohérences et les faiblesses de cette pratique. Un jour, j'étais dans le bureau du directeur du cabinet du président quand Dominique de Villepin, alors secrétaire général de l'Élysée, est entré pour me dire : "Votre rapport est très bien, on va faire des économies et réduire la protection du président en la ramenant de cent vingt à cinquante personnes ! C'est un geste très fort et je suis d'accord avec votre idée." Quinze jours plus tard, nous mettions en place une nouvelle structure avec vingt-cinq policiers et vingt-cinq gendarmes et on a donné, pour commencer, le commandement à un commissaire de police. »

Le GSPR « nouvelle formule » est placé sous le commandement du commissaire divisionnaire Jean-Marie Gutknecht. Il remplace à ce poste, qu'il occupera jusqu'en décembre 1998, le lieutenant-colonel de gendarmerie Denis Roux.

Les policiers réintègrent l'Élysée, après un long purgatoire

Personne n'a les coudées franches pour autant. Les exigences présidentielles sont claires : les gardes du corps doivent se faire discrets. Le nouvel élu se veut proche des gens et refuse de s'enfermer dans une sorte de tour d'ivoire comme Mitterrand vers la fin de son deuxième septennat. Pas son genre, pas son style. Bien qu'homme de dossiers, il est aussi, et avant tout, homme de contacts et de terrain. Une nouvelle fois, les bodyguards – comme on commence à les appeler en référence à un film ayant Kevin Costner pour héros – vont devoir s'adapter. Chirac aime voyager léger et, dans ses déplacements hors de Paris, n'accepte que neuf membres du GSPR.

Dans sa volonté d'allègement, il refuse que sa famille et ses proches soient placés sous surveillance constante. Il sait que certaines mesures de son prédécesseur ont été très mal perçues par la population, Mazarine en tête. Le nouveau président a une notion précise de son « entourage ». Cela concerne *stricto sensu* sa famille : épouse, fille et petit-fils. Un point c'est tout.

De plus, il réduit les cortèges officiels à leur plus simple expression. Il ne souhaite pas, sauf exceptions, que les rues de Paris soient bloquées pour laisser passer les voitures ministérielles ou les délégations étrangères. Il va même plus loin et demande le respect de la signalisation routière, en premier lieu des feux rouges. Seuls les cortèges de chefs d'État dits « menacés » ont l'autorisation de brûler les feux, sous l'escorte de motards. Bien entendu, cette exception concerne également le chef de l'État français. Suivant le même raisonnement, Chirac ne souhaite plus l'utilisation intempestive du gyrophare ni de la sirène de police, ce fameux « pin-pon » qui fait grincer des dents tous les Parisiens dont il fut longtemps le maire. *Est modus in rebus* (« En tout, il faut garder la mesure ») semble être le nouveau credo présidentiel. Le temps arrondira certains angles et fera réapparaître certaines habitudes.

La situation au sein du GSPR n'est sans doute pas idyllique car gendarmes et policiers constituent deux entités séparées obéissant, *in fine*, à deux hiérarchies distinctes, pour ne pas dire opposées. Mais ils s'efforcent de travailler main dans la main et cela durera douze ans.

« Personnellement, j'ai travaillé à l'Élysée de 2004 à mi-2007, rapporte Sylvain Lledo. J'étais le "Monsieur Police" du GSPR et j'avais mon homologue "Monsieur Gendarme" avec qui ça se passait très bien. Sincèrement, je ne peux pas dire qu'il y ait eu des conflits, même si le fait de dépendre de hiérarchies différentes ne simplifiait pas les choses. »

Et René-Georges Querry de conclure :

« J'ai quitté la direction du service six mois après. D'après les échos que j'ai eus par la suite, cette "cohabitation" ne se passait pas trop mal. Les équipes jouaient le jeu. Je ne sais pas s'ils s'embrassaient sur la bouche tous les jours mais c'était un petit groupe qui a appris à se connaître. C'était plutôt entre le commissaire et son adjoint, un gendarme, que ce n'était pas terrible. Mettre comme cela des policiers et des gendarmes sur une même mission, c'est comme lorsque vous mettez de l'huile avec du vinaigre, vous avez beau remuer, remuer, dès que vous arrêtez, ça ne se mélange pas. »

OISEAU AUX AILES DE MÉTAL

Au même titre qu'une cigogne, un flamant rose ou une alouette, un président ça voyage. Ce n'est pas forcément dans ses gènes mais assurément dans sa fonction, à cette différence près que ça ne voyage pas toujours vers des pays chauds et jamais à dates fixes. Ça voyage quand ça veut et quand les obligations internationales l'exigent. Ça va de sommet en sommet, ça regarde le monde de haut, ça s'en va et ça revient. C'est ça aussi la vie d'un président. Le nouvel élu impose sa marque de fabrique qui pourrait se résumer en deux mots : décontraction et économie.

« Par rapport aux voyages de Mitterrand, ceux de Chirac c'était cinquante pour cent de gens en moins, calcule Pascal Gérard. Et il a tenu ce schéma pendant pratiquement toute sa présidence. Chirac emmenait avec lui des hommes d'affaires, qui, souvent, voyageaient dans de moins bonnes conditions que dans leurs avions privés ! Dès qu'il quittait un pays, Chirac, une fois dans l'avion, mettait un vieux chandail et se détendait. Il a refusé aussi tout le protocole et son tralala. Il disait : "Amenez ma voiture au pied de l'avion et je m'en vais." Avant de partir, il allait remercier tout le personnel. Sur le tarmac, il allait aussi serrer la main aux pompiers mis en alerte. C'est un tueur Chirac en politique, on n'arrive pas président en étant gentil, mais il avait une vraie dimension humaine et je ne pense pas qu'il faisait tout cela par calcul. »

Son premier voyage à l'étranger en tant que chef de l'État, il le fait dès le 15 juin 1995 pour le sommet du G7 d'Halifax. Comme d'habitude, ce déplacement est préparé de longue date par le SPHP, en avril, c'est-à-dire avant l'élection présidentielle. À ce moment, personne ne sait qui viendra à Halifax, ce qui engendre un certain flottement. Les spécialistes de la protection savent que Chirac est plutôt « cool » et Balladur plutôt « casse-pieds ».

Enfin, on parvient à mettre un nom sur le futur visiteur.

« Peu avant le départ, le service du protocole de l'Élysée a montré une liste de la délégation au président, raconte Gérard. Mais une liste format Mitterrand, la même que celle utilisée depuis quatorze ans. Seuls les noms avaient changé. Chirac a pris la liste et a sabré quatre-vingts pour cent des noms. À la rubrique sécurité, il a fait une accolade et noté : "policiers + gendarmes = cinq maximum". Ce que les autres faisaient à trente, nous ne devions plus le faire qu'à cinq ! Mais il a poussé l'économie à l'extrême. Il a dit : "Que chacun s'occupe de ses bagages !" Pour lui c'était normal : quand il était maire de Paris, il faisait sa valise tout seul ! Comme c'est un homme très méticuleux et organisé, il s'est dit : "Je vais continuer à faire pareil même en étant président ! Et si je peux le faire moi, les autres aussi." Donc la consigne, c'était : "Chacun s'occupe de ses affaires." Ce qui fait que René Madelin, notre éphémère ministre des Finances[1], a perdu sa valise. Le marrant c'est qu'en face, au Canada, le Premier ministre Jean Chrétien avait été pris à parti par l'opposition pour avoir dilapidé les deniers de l'État. Il a organisé un sommet à l'économie, qui se passait dans une banque, avec du mobilier de récupération ! Nous, ça nous simplifiait la vie : le périmètre de sécurité était beaucoup plus facile à mettre en place. »

En novembre 1998, Jacques Chirac part pour le Mexique. Première étape d'une grande tournée en Amérique centrale. Pascal Gérard monte l'opération avec un lieutenant-colonel local qui semble tout droit sorti d'un mauvais western mexicain.

« Ça a commencé à dérailler dès l'arrivée du président, se souvient le Français. Nous avions un plan de cortège, mais, déjà, je constate que la voiture de Madame Chirac n'est pas à sa place. Je la fais rapprocher. Le cortège s'ébranle et l'ambulance qui était censée se trouver en queue de cortège, se retrouve en plein milieu ! Quand ça démarre comme ça, on a hâte de rentrer à la maison… Chirac dormait dans un hôtel du centre de Mexico et la cérémonie devait se dérouler dans un stade. Donc cortège officiel dès le lendemain matin. Imaginez la

1 Il n'est resté que quatre mois à son poste.

scène : le président est dans l'ascenseur et le cortège n'est toujours pas arrivé. Là, j'ai commencé à flipper. Il traverse le hall de l'hôtel qui, heureusement, était très long. Et je commence à voir arriver nos voitures dans un foutoir indescriptible. Tout le monde monte là-dedans à la mexicaine et roule ma poule ! Je demande des explications au lieutenant-colonel et il me répond "Ici on est chez nous." Les bras m'en sont tombés. J'ai quand même été fait chevalier de l'ordre aztèque qui est la plus haute distinction mexicaine. »

En 2006, c'est Tokyo. Gérard continue de régler les préparatifs.

« À l'aéroport international de Narita, il y a un pavillon d'honneur comme à Roissy, explique-t-il, sauf que là ça s'appelle le pavillon impérial. C'est plus grand, c'est nickel. C'est tellement propre qu'on mangerait par terre. Le responsable du pavillon a tenu à me faire visiter les lieux. Il m'a montré les toilettes électriques, pour lesquelles il faut quasiment un brevet de pilote. Il m'a même fait toucher le papier toilette et m'a demandé de choisir entre quatre modèles différents ! »

DANS LE BAIN

« Jacques Chirac n'avait aucune demande particulière, remarque Sylvain Lledo. C'était son entourage qui était en demande mais, lui, tout ce qui concerne la sécurité, ça ne l'empêchait pas de dormir. À nous d'être là tout en nous adaptant aux exigences de la personnalité et de sa fonction. À nous aussi de faire comprendre à son entourage qu'en deçà d'un certain dispositif, nous ne sommes plus en mesure d'assurer la sécurité. Par exemple, si on nous demande de nous placer à six mètres, ça ne sert à rien. Pour nous, que l'on soit à six mètres ou à cent vingt kilomètres, c'est la même chose ! Il faut donc un juste milieu entre nos besoins et les demandes de l'entourage, ce qui n'est pas toujours évident. Alors chacun met de l'eau dans son vin. »

Sans le savoir, le nouveau chef de l'État partage au moins un point commun avec un ancien Premier ministre.

« En matière de sécurité, Chirac était très fataliste, confirme Pascal Gérard. Il disait : "Si ça doit arriver ça arrivera." Son gros problème était qu'il était allergique à la voiture blindée, il voulait ouvrir la fenêtre et respirer, ce que l'on ne peut faire dans le véhicule blindé. Imaginez quand il se rendait à l'étranger : c'était coton, il fallait demander une voiture non blindée ! »

À la manière d'un de Gaulle, Chirac aime la foule. Il ressent presque un besoin physique d'aller vers elle, de la toucher, de répondre à ses sourires et ses cris de joie. Ce qui ne va pas sans causer de problèmes à ses gardes du corps.

« Pour nous, poursuit Lledo, le plus délicat reste les bains de foule et les serrements de main, ce que Chirac aimait beaucoup. Parfois j'étais dans l'obligation de pousser la foule pour permettre le passage du président tout en assurant sa sécurité. Mais lui me disait "Laissez-les". Pour l'inauguration de l'Airbus A380, il a signé des badges, des casquettes pendant plus de trois heures, et, dans mon oreillette, j'entendais sa fille qui le réclamait car il était en retard à la conférence de presse. J'ai fini par en faire la remarque au président qui m'a répondu : "Quand j'aurai fini, j'irai voir ma fille." Et il a continué… Je connaissais ses habitudes. Entre lui et moi il y avait un signe : s'il me mettait la main sur l'épaule, ça signifiait qu'il était temps de partir. Alors, nous élargissions la foule et nous quittions les lieux. »

Un bain de foule, ça se gère. Si possible en amont.

« C'est une question de moyens, explique Christian Oslawska. Nous envoyons du monde assez tôt pour prendre la température de la foule puis nous procédons à un maillage. Avec Chirac, qui adorait l'impromptu, il y avait toujours un "schéma d'école" : reconnaître les gens, regarder les mains et communiquer tout cela entre nous. Des ordres courts et concis, toujours savoir se placer par rapport à la situation. Dans le pire des cas, il existe des techniques pour se dégager de la foule. Si on est bloqué, il ne faut pas essayer d'avancer avec sa poitrine sinon on est étouffé, mais tourner le dos à la foule et pousser. »

Un officier de sécurité regarde plus souvent les mains que les yeux. Est-il possible, pour autant, d'observer toutes ces mains, tendues ou cachées, dans une foule ? Assurément pas. Certes, les comportements « étranges » ou « inhabituels » se distinguent facilement. Mais un individu déterminé, et bon comédien, peut arriver à ses fins.

« Quand une personnalité va serrer les mains, n'importe qui peut le menotter en une fraction de seconde, admet Helena Thomas. Dans un tel cas de figure, il y a attaque manifeste et on ne dispose que de quelques secondes pour essayer de faire sauter la menotte. Tirer dans la chaîne, comme dans les films, mais rien ne prouve que ça marche. Plutôt tirer dans la main du mec pour détacher la menotte ou lui couper la main, mais un officier de sécurité se promène rarement avec une hache sous la veste. Ou alors tuer le type. Mais si c'est un kamikaze, bardé de dynamite, qui se fait sauter… Il n'y a pas de solution miracle, il faut savoir apprécier la situation en une fraction de seconde. »

Paradoxalement, il est plus aisé, pour la sécurité, d'affronter des manifestants un peu hargneux que des fans enthousiastes.

« Le bain de foule hostile, on le prévoit, on le gère, on le limite en plaçant des barrières ou en renforçant les forces de police, souligne Sylvain Lledo. Mais le bain de foule convivial, on ne peut pas faire grand-chose. On ne va quand même pas jeter les gens !… Même si les bains de foule conviviaux restent difficiles, professionnellement et humainement, ce sont des événements forts. »

Plus les gens sont chaleureux, plus la sécurité se complique. Parfois, l'officier se retrouve contraint et forcé d'abandonner, momentanément, son service.

« Lors de ma première mission auprès de Chirac, poursuit Lledo, des gens ont demandé une photo avec leur gamin. Tout le monde voulait être sur la photo, bien sûr, et plus personne pour tenir l'appareil. À ce moment, Chirac me demande de prendre la photo. Je le fais mais le président m'interroge : "Elle est réussie ?" Le propriétaire de l'appareil regarde et m'engueule presque : "Non, elle est floue et mal cadrée." Et le président de répondre : "Monsieur Lledo, c'est un métier d'être photographe." Pour la deuxième prise, je me suis appliqué. Mais pendant que je faisais cela, je n'étais plus en mesure d'assurer la protection du président ! Sur le plan de la sécurité c'était n'importe quoi ! »

Ce même Lledo rapporte un exemple de bain de foule apparemment convivial qui manque tourner à la tragédie.

« Nous étions en Chine et, en fin d'après-midi, le président devait participer à une réception donnée dans un grand hôtel par la communauté française. Or, comme nous avions du retard, les responsables de l'hôtel ont eu la mauvaise idée de commencer à servir à boire et à manger aux nombreux invités. La salle était très exiguë. Comme il aimait le faire, le président a absolument tenu à serrer des mains. Ce fut la catastrophe. Les gens se pressaient les uns contre les autres jusqu'à l'étouffement. J'ai vu une femme s'approcher du président un verre à la main. Mais elle ne s'était pas rendu compte que son verre était brisé et qu'il constituait une arme dangereuse. J'ai dû la tenir à l'écart et lui faire lâcher son verre. Pour sortir de là, nous avons poussé la foule, parfois brusquement. Nous avons renversé des tables, pété des verres, ma radio a été arrachée, un de mes collègues s'est fait déchirer sa manche de costume ! Nous avons vraiment donné des coups de coude et je peux vous assurer que certains invités ont dû se demander ce qui leur arrivait… Quand on doit sortir d'une foule, nous essayons d'abord de dire fermement les choses mais si la foule ne veut pas comprendre, nous sommes obligés de devenir plus brutaux. »

Autre comportement de la foule : le recueillement.

« En août 2005, termine Sylvain Lledo, nous avons fait un aller-retour en Martinique, suite au crash d'un avion au Venezuela[1]. Sur place, le président a souhaité saluer toutes les familles des victimes réunies sous une tente. Il devait y avoir plus de trois cents personnes. Il faisait très chaud. Chirac avait sa cravate et son costume qui commençaient à déteindre. Nous étions tous en sueur et nous regardions ces gens tellement pris par l'émotion qu'ils ne se contrôlaient plus et devenaient potentiellement dangereux pour le président. Ce fut éprouvant et difficile à gérer, d'autant plus qu'il s'agissait d'un bain de foule sans aucune barrière. »

1 Accident dans lequel cent cinquante-deux Martiniquais ont trouvé la mort.

MONSIEUR CLAUDE

Après les cérémonies du 8 Mai viennent celles du 14 Juillet. Elles se suivent et ne se ressemblent pas tout à fait. En cette année 1995 s'illustre un inconnu qui n'a rien d'un soldat. D'apparence anodine, sans éclat, il déjoue tous les services de sécurité avec une facilité qui, rétrospectivement, fait froid dans le dos. Cet homme finira par révéler son nom : Claude Khazizian.

En ce jour de fête républicaine, il est présent dans la tribune présidentielle, place de la Concorde. Tout proche du nouveau président, il assiste au défilé avec un plaisir évident. Au moment où Chirac quitte la tribune, il lui sert la main, devant les caméras de télévision.

Problème, ce monsieur n'est pas invité, ne dispose d'aucune accréditation officielle ni du moindre coupe-file. Comment a-t-il fait ? Le culot, tout simplement le culot. Se dotant d'une allure de cadre giscardien, en plus affable, il est passé devant tous les contrôles avec l'assurance d'un homme qui sait qui il est et où il va.

Cela ne pourrait être qu'une mauvaise plaisanterie si cet individu, qui révélera son affaire au grand jour, n'en était qu'à son coup d'essai. Or c'est loin d'être le cas. Photos, non truquées, à l'appui, il démontre qu'il était déjà aux premières loges lors des cérémonies du 8 Mai ainsi que dans une foultitude d'événements de la même veine. Comble de tout, depuis 1992, il est un habitué des garden-parties élyséennes, toujours sans disposer du moindre petit bout de carton d'invitation. Il aurait commencé sa carrière de « faussaire politico-mondain » dans les années 1960 !

Fort heureusement pour le SPHP, cet homme n'est pas un terroriste et encore moins un assassin professionnel. Retraité du PMU, il n'a aucun mal à se glisser parmi les officiels. « À part pour quelques-uns, expliquera-t-il, personne ne sait qui est qui. Ça ne se demande pas[1]. » Profitant du flou ambiant, il lui arrive d'être confondu avec les membres de la délégation arménienne. Et, à ce titre, d'être invité à un grand déjeuner dans les salons de l'Élysée.

Ce « Monsieur Claude », ainsi que les médias s'amusent à le surnommer, intrigue et dérange. Outre le côté amusant du personnage, il est la preuve d'une faille dans les services de sécurité. Parce que placer un inconnu derrière deux chefs de l'État français – Mitterrand et Chirac le 8 Mai –, cela ne paraît pas tout à fait convenable pour des services dits de protection. Certes, Khazizian a réussi à « s'inviter » dans d'autres cérémonies officielles étrangères – notamment un mariage princier au Danemark –, mais ce n'est pas une raison. De nouvelles mesures doivent être prises pour filtrer les officiels.

À la suite de cette « affaire », qui n'en est pas vraiment une, le SPHP est montré du doigt par certains médias. Ils se trompent. René-Georges Querry remet les pendules à l'heure et les fonctionnaires à leur bonne place :

« D'accord. Le 14 Juillet, ce Monsieur Claude s'est fait photographier avec toutes les personnalités. Premièrement, la faiblesse de cet événement n'est pas imputable au SPHP car ça s'est passé à l'intérieur de l'Élysée et cela concerne donc les gendarmes. Le SPHP se colle à la personnalité, la suit et la protège d'une éventuelle agression mais la sécurité du bâtiment, c'est-à-dire le contrôle des gens qui entrent et sortent, ça relève de la compétence des gendarmes. Deuxièmement, le type a agi avec la complicité des journalistes, donc c'est un peu facile de déjouer la sécurité des gendarmes dès lors qu'un journaliste accrédité dit “Il est avec nous”. Troisièmement, la surveillance de la tribune officielle n'est pas non plus de notre ressort. Nous ne surveillons pas les bâtiments. La seule mission statique qui nous incombe c'est lorsque nous partons à l'étranger, là nous surveillons l'avion présidentiel avec un fonctionnaire de police présent vingt-quatre heures sur vingt-quatre. Nous surveillons également le bâtiment où se rend le président et l'hôtel où il dort. »

1 *Libération* du 7 octobre 1995.

LA MINE DU CRILLON

Outre d'être l'un des plus somptueux palaces parisiens, l'Hôtel de Crillon a l'avantage de se situer sur la place de la Concorde. Cela permet de bénéficier d'un accès hors pair puisque toute l'étendue de ladite place s'ouvre devant lui et qu'il est situé près de l'Élysée. Deux raisons qui font que nombre de dignitaires étrangers de passage résident là.

En 1995, Yitzhak Rabin a logé à cette enseigne. En tant que Premier ministre israélien, il est couvert par le top-niveau de la protection. Les Français craignent un attentat palestinien et toutes les précautions sont prises. Les policiers, en uniforme et en civil, sont déployés un peu partout dans le pays, et un fort contingent se retrouve sur la place de la Concorde, interdite à la circulation.

Le SPHP est sur les dents. Éric Stemmelen effectue de nombreuses missions de précurseur afin de vérifier que tout est bien sécurisé. D'autant que ses homologues israéliens ne sont pas des tendres et n'apprécient pas la moindre faute. Rabin est déjà arrivé à Paris. Le policier va faire un nouveau tour du côté du Crillon. Surprise, une imposante limousine est garée juste devant l'entrée, avec des plaques diplomatiques. Elle appartient à un prince arabe. Le chauffeur est prié d'aller se faire voir ailleurs. Il refuse. Stemmelen appelle la fourrière qui embarque le long et lourd véhicule. Le prince s'offusque et en réfère au Quai d'Orsay. Stemmelen ressort la note du préfet exigeant qu'aucune voiture autre que celles de la police et du cortège israélien ne stationne ici. Cela concerne *tous* les véhicules, y compris celui d'un prince arabe…

Quelques heures plus tard arrive le chef du gouvernement israélien avec son imposante escorte. La place grouille de monde. Pour faciliter l'entrée, les portes du palace sont grandes ouvertes. Passer par l'habituel tourniquet ferait perdre du temps et comporterait trop de risques. La voiture se gare. Éric Stemmelen se trouve sur les quelques mètres séparant la portière du véhicule et le perron de l'hôtel. Il regarde de tous les côtés. Dans le Crillon, il voit un jeune homme courir vers la sortie. Il porte un sac et fonce droit vers Rabin. Les Israéliens font faire demi-tour à leur ministre pour le réembarquer dans la voiture blindée ; les Français mettent la main à leurs armes. Stemmelen saute sur l'intrus et le plaque contre le mur. En quelques secondes, il le débarrasse de son sac et le menotte. « Fixé », comme on dit en langage policier. Il est évacué. Rabin peut sortir. La police française enquête. Le sac ne contient aucun explosif, le jeune homme ne cache aucune arme. Il s'agit d'un banal livreur qui, craignant que les portes ne se referment, a couru pour profiter de leur ouverture. Il comprend, *a posteriori*, qu'il a failli servir de cible à des policiers de deux pays…

La nuit, la place de la Concorde est déserte, interdite à la circulation sur une bonne partie de sa majestueuse étendue. Un périmètre de sécurité a été dressé autour du Crillon. Vers 2 heures du matin, Stemmelen vient faire une tournée d'inspection. Il est étonné de ne voir aucun policier près de l'entrée. Seule une fourgonnette stationne, perdue dans l'immensité de l'endroit. Il descend de sa voiture banalisée, déplace les barrières et pénètre dans le secteur interdit. Toujours aucun képi à l'horizon. Il gare sa voiture et frappe à la porte du car de police. On lui ouvre. Cinq policiers sont en train de taper le carton. Il se présente. Les joueurs de cartes s'égaillent comme une volée de moineaux. Ils s'embrouillent dans des explications, assurant qu'ils viennent juste de quitter leur poste, qu'il fait froid et que tout va bien. Stemmelen leur demande qui ils sont censés protéger. Ils ne savent pas. Du doigt, il désigne ensuite sa propre voiture, parfaitement visible près de l'entrée du palace.

« Et la voiture qui est là ? demande-t-il.

– Patron, ne vous inquiétez pas, elle était là quand on est arrivés. »

Il tance les policiers mais, au fond, comprend leur désarroi.

« Ce qui ne va pas dans ce genre d'organisation, dénonce-t-il, c'est que l'échelon de base ne sait pas ce qu'il a à faire. Il n'y a pas d'encadrement, pas de hiérarchie. »

En d'autres termes : la sécurité d'une personnalité étrangère est l'affaire de tous.

DEUIL NATIONAL

« Jamais peut-être le rapport à la mort n'a été si pauvre qu'en ces temps de sécheresse spirituelle où les hommes, pressés d'exister, paraissent éluder le mystère. Ils ignorent qu'ils tarissent ainsi le goût de vivre d'une source essentielle. »

Au début de l'année 1996, l'auteur de ces lignes, François Mitterrand, tire son ultime révérence. Il va être inhumé dans le caveau familial de Jarnac, selon sa volonté. Les forces de sécurité commencent à s'installer dans ce paisible village pratiquement dès l'annonce du décès. Il faut contenir les foules attendues, de même que les journalistes du monde entier qui se précipitent pour immortaliser ce qui est en passe de devenir le « coup de Jarnac ».

Le 11 janvier, après une minute de silence étendue sur tout le territoire, débutent les cérémonies. Elles se déroulent en deux endroits en même temps : à Paris, c'est l'officielle avec les personnalités venues du monde entier ; à Jarnac, c'est la privée, avec les familles, au pluriel.

Sur le parvis de Notre-Dame se déploie l'incroyable ballet des cortèges officiels. Soixante chefs d'État descendent de voiture, les uns après les autres, dans un ordre très précis et très minuté. Le SPHP est derrière tout cela. Le président russe Boris Eltsine, le vice-président américain Al Gore, le chancelier Helmut Kohl, le Premier ministre Shimon Peres, le roi d'Espagne Juan Carlos… Ils sont venus, ils sont tous là. Sans oublier le président Jacques Chirac et la totalité du gouvernement, la plupart des anciens Premiers ministres français. Une bombe à Notre-Dame et le monde s'en trouverait décapité. Huit cents personnes sont mobilisées pour la sécurité.

Tant à Jarnac qu'à Paris, se tient, à l'extérieur, une foule dense, compacte. Plusieurs milliers de personnes dans chaque cité. Impossible de chiffrer avec précision. Une foule recueillie mais une foule quand même.

Les deux cérémonies religieuses se déroulent pratiquement au même rythme. Puis, il faut « évacuer » Notre-Dame. Tous les cortèges ne peuvent pas venir chercher leur dirigeant au même moment. Cela flanquerait une belle pagaille sur le parvis. Avec doigté, le SPHP explique l'ordre protocolaire prévu. En fonction de son numéro sur la liste, il faut attendre. Cela peut se révéler un peu long mais personne ne se plaint. Ce genre d'événement n'a pas lieu tous les jours.

Pendant ce temps, à Jarnac, les observateurs notent que, au son de la marche funèbre de Chopin, le cercueil est porté par huit gendarmes, anciens du GSPR. La guerre des polices n'est pas tout à fait enterrée – le sera-t-elle jamais ? Par-delà la mort, Mitterrand rappelle une ultime fois son attachement aux militaires, au détriment des policiers.

Ces derniers sont pourtant bel et bien présents pour assurer la sécurité.

En l'occurrence, on craint moins les terroristes que les paparazzis. Il y en a partout, dans les arbres, sur les toits, derrière les fenêtres, sur des murs. Tous veulent la photo de l'entrée du cercueil dans le caveau familial et l'ultime adieu des deux familles, Mitterrand et Pingeot. Gilles Furigo et quelques officiers du SPHP vont tout faire pour empêcher cela. Protéger l'image entre aussi dans leurs fonctions. Ils constatent que devant le caveau se trouve un muret. Tous les policiers présents montent dessus et se serrent les uns contre les autres. De la sorte, ils forment un barrage contre toute photographie non autorisée. Les paparazzis en sont pour leurs frais.

UNE MISSION, DÉMISSION

Décembre 1996, Ouagadougou (Burkina Faso).

Dix-neuvième sommet franco-africain. Quarante-six pays conviés. Pour quatorze d'entre eux c'est la première participation à un tel sommet. Des chefs d'État, des chefs de gouvernement, des ministres, des ambassadeurs, des délégués et même un prince héritier, celui du royaume du Maroc.

Pour le SPHP, l'organisation d'une telle manifestation réclame un an de travail. Et d'innombrables allers-retours entre Paris et Ouagadougou pour Patrick Bardey, Helena Thomas et Patrice Poirson, chargés de la logistique. Les autorités burkinabés sont à l'écoute. Elles ont à cœur que tout se passe bien.

6 décembre, troisième et dernier jour d'un marathon de conférences, de réunions et de conciliabules. Avant de monter dans l'avion qui le ramènera en France, Jacques Chirac doit prononcer un dernier discours à l'ambassade de France. Là, l'attendent de nombreux ressortissants français travaillant en Afrique.

L'organisation de cette ultime manifestation, d'apparence banale, a été prévue au détail près. Le cortège officiel ne se présentera pas devant l'entrée principale de l'ambassade, – là où attendent les quelque quatre cents invités – mais par l'entrée arrière, via les jardins. Ainsi, le président pourra monter dans une chambre mise à sa disposition, prendre une douche, se changer et, frais et dispo, descendre à la réception de l'ambassade. Temps que le cortège officiel mettra à profit pour revenir sur le devant du bâtiment afin de permettre au chef de l'État de rejoindre son avion sitôt les dernières mains serrées. Tout a été répété, minuté.

En ce 6 décembre, au moment où le chef de l'État français doit quitter la salle de conférence pour gagner l'ambassade de France, on procède aux ultimes vérifications. Dans la chambre, le maître d'hôtel présidentiel est à son poste, costume prêt, chemise prête, douche prête. Avant de lancer le départ du cortège, Helena Thomas s'enquiert auprès de son homologue burkinabé :

« N'oubliez pas : on entre à la résidence par les jardins.

– Oui, pas de problème. »

Lui monte dans la voiture de tête, elle dans celle de queue. Le cortège prend la route. Arrivé à proximité de l'ambassade, il est censé bifurquer. Il continue tout droit et entre dans l'enceinte de l'ambassade par le portail principal sous les applaudissements des invités ! Les officiers du SPHP n'ont pas le temps de s'étonner que Jacques Chirac descend déjà du véhicule. Il n'a pas le choix : le cortège s'est arrêté.

« Le président Chirac est un type formidable, témoigne Helena Thomas, vraiment une crème, toujours content, jamais énervé. Mais là il était crevé. Il y avait la chaleur, trois jours de sommet, il était épuisé. Et voilà qu'il se retrouve pris au piège au milieu de quatre cents Français. Le masque ! Lui, habituellement souriant, je ne l'ai pas vu sourire ! La délégation française se retourne vers moi pour savoir ce qui s'est passé. Je vais voir mon homologue local qui me dit simplement : "Ah, j'ai oublié !" Nous étions fous de rage et le président aussi. »

Le chef de l'État français fonce directement à la tribune et entame son discours qu'il abrège considérablement. Prévu pour durer quarante minutes, il ne dépasse pas les vingt-cinq. Et au lieu de serrer des mains, boire une petite coupe, distribuer compliments et encouragements, il remonte dans sa voiture. Direction l'aéroport.

Panique dans les rangs du SPHP, car le président n'est que la pointe la plus visible d'une longue délégation. Derrière lui, dans le même cortège officiel, se trouvent des parlementaires, des chefs d'entreprise, des spécialistes en tous genres. Connaissant l'emploi du temps, tous se sont éparpillés dans l'ambassade, histoire de retrouver une tête connue ou d'écluser un verre. Or tous ces braves gens sont prévus dans l'avion présidentiel qui risque de partir sans eux.

« Nous les avons récupérés un peu partout dans les jardins de l'ambassade, poursuit Helena Thomas. Nous hurlions que la délégation française devait regagner immédiatement les voitures, nous leur arrachions des mains leurs coupes de champagne. L'autre problème est que la plupart des voitures du cortège étaient parties, à vide, derrière celle du président. Conduites par des chauffeurs locaux, elles avaient suivi comme des moutons de Panurge. Nous avons couru pour en bloquer quelques-unes et nous y avons entassé nos ouailles. La plupart étaient des gens bedonnants qui n'avaient pas l'habitude d'être bousculés ! »

Une fois ce joli petit monde peu ou prou réuni, les rares voitures, surchargées, démarrent à toute vitesse. Il faut atteindre l'aéroport avant le départ de l'avion présidentiel !

Helena Thomas et Patrice Poirson effectuent un rapide tour d'horizon. Apparemment, personne n'a été oublié. Au pire, s'il reste des retardataires, ils emprunteront l'avion de secours. Les deux officiers du SPHP grimpent dans une voiture et foncent à leur tour vers l'aéroport. Ils entrent au salon d'honneur et ont le plaisir de voir tous les officiels, plus ou moins remis de leurs émotions, prêts à partir.

Il manque quelqu'un : le président. Il n'est pas là. Son avion n'est pas parti mais lui n'est pas là. Impossible, il est parti bien avant tout le monde et personne ne l'a croisé sur l'unique route reliant l'ambassade à l'aéroport ! On fait marcher les talkies-walkies, les téléphones. Mais où est Vega, nom de code du président ?

Il est retourné à son hôtel !

Helena Thomas réussit à joindre son directeur, qui se trouve aux côtés de Jacques Chirac et qui lui confirme qu'ils viennent de quitter l'hôtel pour l'aéroport. De fait, dix minutes plus tard, le cortège présidentiel arrive, enfin.

Personne ne comprend très bien pourquoi le chef de l'État, visiblement fatigué et pressé de rentrer en France, a effectué un tel détour par l'hôtel où plus personne ne l'attendait. D'ailleurs, très étrangement, le cortège ne s'est pas arrêté. Il s'est contenté de ralentir devant le perron de l'hôtel avant de repartir aussitôt. Helena Thomas mène son enquête. Elle commence par interroger vertement son homologue burkinabé, responsable du cortège et, surtout, responsable de tout ce foutoir :

« Qu'est-ce que vous avez encore fait comme connerie ? Vous êtes fou ?

– J'ai reçu des consignes de mon directeur de ramener le président à l'hôtel.

– Vous savez très bien qu'après l'ambassade était prévu un décollage direct pour Paris. Qu'est-ce qui vous a pris de retourner à l'hôtel qui est à l'opposé de l'aéroport ?

– J'avais des consignes, insiste l'interpellé. »

Impossible d'en savoir plus. L'homme se ferme et se cache derrière cette vague histoire de consignes. Helena Thomas résume la situation au chef du protocole français qui engueule les responsables burkinabés.

Pour le SPHP, il y a eu faute grave. Le directeur, Patrick Bardey, dont c'est la première mission à l'étranger, appelle Helena Thomas, dont c'est également la première mission à l'étranger.

« Nous avons foiré notre mission donc nous allons présenter notre démission au président.

– À vos ordres. »

Thomas se tourne vers son adjoint, Patrice Poirson, et lui demande de s'associer à cette démarche. Refus catégorique.

« Non, ce n'est pas de notre faute, je ne présente pas ma démission. »

Qu'à cela ne tienne, ses deux supérieurs ne renoncent pas à leur décision. Ils se dirigent vers le chef du protocole et demandent à être reçus par le président. Accordé. Ils entrent dans la pièce qui lui a été réservée dans l'aérogare.

Les deux officiers du SPHP se plantent devant Jacques Chirac qui a l'air plus détendu qu'auparavant. Le fait de ne plus avoir de pression directe semble l'avoir soulagé. Bardey présente à la fois ses regrets pour les bévues de la journée, et sa démission.

« Même si nous ne sommes pas directement responsables, déclare-t-il, en tant que chefs de mission nous vous demandons d'accepter notre démission. »

Le chef de l'État s'inquiète :

« Mais pourquoi ?

– Nous avons commis deux erreurs colossales : votre arrivée ratée à l'ambassade et votre retour à l'hôtel. J'estime que l'honneur du service est en jeu. »

Le président éclate de rire.

« Mais ne vous en faites pas pour si peu, dit-il. L'Afrique je connais par cœur, ils font n'importe quoi, c'est olé-olé en permanence, un vrai bazar ! Mais c'est comme ça, on n'y peut rien. D'accord, je n'étais pas très content parce que je n'ai pas pu prendre ma douche mais tant pis, je la prendrai dans l'avion. »

Rassurés, et détendus, les deux officiers repartent, maintenus dans leurs fonctions.

Pour eux, l'histoire ne s'arrête pas là. Passe encore que les Burkinabés aient oublié de passer par les jardins de l'ambassade, mais le détour par l'hôtel reste inexpliqué. La raison en est pourtant simple. Les vrais responsables sont les créneaux horaires. En montant dans sa voiture avec plus de vingt minutes d'avance sur l'horaire prévu, Jacques Chirac a chamboulé le planning. L'avion français était prévu pour décoller à une certaine heure. Avant lui devait partir le prince héritier du Maroc, et les Burkinabés ont paniqué à l'idée de devoir faire attendre le chef de l'État français. C'est pourquoi ils ont préféré lui faire perdre du temps en envoyant le cortège dans un long détour.

« L'aéroport de Ouagadougou n'était pas dimensionné pour effectuer deux décollages en même temps, résume Helena Thomas. Mais, se sentant tout péteux, ils ne nous l'ont pas dit. Si nous avions été prévenus, nous aurions alerté le président qui aurait pris la décision ou non d'attendre à l'aéroport… C'est la seule erreur de cette taille que j'ai vue se produire durant toute ma carrière et c'est la seule fois où j'ai présenté ma démission. C'est aussi la première et dernière fois en quatorze ans que j'ai vu Chirac de mauvaise humeur. »

G7-G8

France, terre d'accueil. Terre d'accueil de sommets, en premier lieu.

D'abord le G7 programmé à Lyon en juin 1996. Les sept pays les plus riches du monde, cela signifie aussi les sept chefs d'État les plus en vue de la planète. Les militaires sont de la partie pour le contrôle du périmètre aérien. Un avion radar survolera en permanence Lyon et ses alentours tandis que des Mirage sillonneront le ciel.

Tireurs d'élite embusqués sur les toits, chiens chargés de renifler la moindre charge d'explosif, itinéraires gardés secrets, tout cela pourrait ressembler à de la routine. Travers dans lequel il ne faut surtout pas tomber. Tout relâchement est une porte ouverte au danger.

Deux éléments viennent casser cet apparent train-train : une menace terroriste de plus en plus forte et la volonté du président Chirac de disposer d'une sécurité légère.

Légère ? Vous avez dit légère ? Vingt escadrons de gendarmerie, quarante unités de CRS, six cents inspecteurs des Renseignements généraux, le GIGN, le RAID, le GIPN, des patrouilles fluviales, des escadrons d'hélicoptères, etc. Le SPHP est présent à proximité des sept chefs d'État, paré à tout.

« Ce ne sont pas des Rambo ni des cow-boys, explique leur chef Patrick Bardey, mais des policiers dont la mission est d'être l'ultime rempart s'il y a agression[1]. »

À cette date, l'ensemble du SPHP compte cinq cents fonctionnaires, triés sur le volet, après des tests d'aptitude physique et psychologique.

1 *L'Express* du 26 juin 1996.

Juin 2003, c'est le G8 à Évian.

Des sommités pour ce sommet. Du président de la Fédération de Russie au Premier ministre du Japon, sans oublier le président de la Commission européenne. Si, comme toujours, chaque dirigeant est protégé par ses propres agents, le SPHP est présent tout autour. Il faut en particulier gérer les véhicules. La plupart sont loués par la France et mis à disposition des délégations, à l'exception des Allemands, des Américains et des Russes qui viennent avec leurs propres voitures blindées. Il faut aussi prévoir l'accueil des hélicoptères officiels sur le stade d'Évian. Certains atterrissent de nuit.

Évian = ville d'eau = nouvelles complications pour le SPHP.

« C'était le premier sommet en France après les problèmes de terrorisme de 2001, explique Gilles Furigo. Pour la première fois nous avons pris en compte la chaîne de décontamination avec le RAID. Nous nous sommes également demandé si l'eau qui arrivait au Royal Parc Évian, où avait lieu le sommet, était contrôlée. Nous avons vérifié toutes les installations, depuis le départ de l'eau, avec les services sanitaires. C'est là que j'ai découvert que, pour contrôler la salubrité, on place à certains endroits des petits poissons et dès que l'eau est un tout petit peu polluée, les poissons meurent. »

À nouveau, l'inévitable Secret Service américain se distingue.

« Nous avons eu deux ou trois accrochages avec eux, ajoute Furigo, mais je me suis toujours demandé si, pour eux, ce n'était pas une façon de tester notre dispositif de sécurité. Par exemple, ils se sont aperçus qu'il y avait le lac Léman. Ils se sont dit que l'on pouvait évacuer le président par là et, donc, qu'il leur fallait des bateaux. Ils en ont fait venir deux des États-Unis, plus un de Ramstein, en Allemagne. Donc trois bateaux. Ils les ont mis à l'eau à Lausanne pour les amener à Évian. Je les avais prévenus que le samedi matin, à compter de telle heure, la circulation serait interdite sur tout le lac. Ils ont quand même pris leurs trois bateaux et tenté la traversée. Nous, nous avions une vedette qui patrouillait. Le préfet m'a appelé : “Les Américains sont sur l'eau, faut-il les arraisonner ?” J'ai répondu “oui !” On les a arraisonnés et ramenés à Lausanne où je les ai laissés mariner pendant quelques heures. En début d'après-midi, j'ai appelé leur responsable : “Je vous avais prévenu. Toutefois, l'interdiction n'est pas totale, on peut vous autoriser la traversée mais il faut nous demander l'autorisation et vos bateaux seront accompagnés par une vedette de la gendarmerie. Et si vous voulez repartir dans l'autre sens, il faudra également nous le demander." Ils se sont pliés à cette procédure… Nous avions également mis en place une bulle aérienne. Le même jour, un hélicoptère américain a voulu entrer dans la bulle. J'ai dit au préfet de faire pareil qu'avec les bateaux. On a envoyé des avions Crotale et les Américains sont vite sortis de la bulle ! Après, ils m'ont remercié, c'est pourquoi je n'ai jamais su exactement s'ils l'avaient fait sans trop savoir ou s'ils voulaient tester notre dispositif. »

Les Américains ne sont pas les seuls à féliciter le SPHP. Avant de rejoindre Paris, Jacques Chirac réunit l'ensemble de l'équipe pour la remercier en son nom et au nom de toutes les délégations que « grâce à vous, nous avons bien reçues ».

Mai 1998, c'est le G8 de Birmingham.

Rien à signaler si ce n'est un concert de rock au cours duquel un groupe reprend le tube des Beatles *All You Need Is Love*, qui débute par *La Marseillaise*, obligeant la délégation française à se lever, à commencer par le président.

« Avec un fonctionnaire de l'Élysée, je m'occupais des journalistes, rapporte Jean Grinsard. À un moment, le conseiller en communication de Jacques Chirac vient me voir et me dit : "Le président a appris que tu partais en retraite et il veut te voir." Je le rencontre à la fin d'une conférence et, tout en marchant, il m'annonce : "J'ai une idée : nous allons bavarder tous les deux, j'appelle TF1 et ils vont nous faire une cassette que je vous ferai envoyer." Et il m'a fait envoyer la cassette de cette promenade avec lui, accompagnée d'une dédicace. Là, je voyais la différence sur le plan humain. »

« WHAT DO YOU WANT ? »

Le 22 octobre 1996, Jacques Chirac découvre, à ses dépens, que sa sécurité est beaucoup plus agréablement assurée par les services français que par leurs homologues israéliens. Lui qui aime avoir ses aises – ce que les membres du GSPR ont parfaitement compris et, surtout, parfaitement appliqué – se retrouve pratiquement coincé. Chose qu'il n'apprécie pas, mais alors pas du tout. Il est vrai que les gardes du corps locaux ont une vision très personnelle de la protection rapprochée, ce qui pourrait s'apparenter à de la « protection collée ».

L'incident se déroule dans une rue de la vieille ville de Jérusalem que le président français tient à visiter pour rendre hommage aux trois grandes religions monothéistes. Il compte en profiter pour plonger dans l'un de ces bains de foule qui l'emplissent de joie. Il a raison. Représentant la France, les habitants l'applaudissent, veulent lui serrer la main, le remercier. Chirac affiche un large sourire. Il sent que dans cette partie du monde, la France garde un statut à part. Marianne est aimée.

Malheureusement, le président est encadré par une meute de gros bras israéliens, plus prompts à pratiquer le coup de poing que la vigilance. Ils sont chargés de sa sécurité et ne sont pas prêts à galvauder cette mission. Ils ressemblent à ces policiers qui écartent la foule pour amener un suspect à un procès de grande envergure, ou à des gardes rapprochés d'un mafioso pressé de rentrer chez lui. Bref, ils n'ont rien compris à la personnalité de Jacques Chirac et n'ont qu'une hâte : lui faire traverser au plus vite ces satanées rues où le Français n'aurait jamais dû venir exposer son sourire.

Comme la foule se fait plus dense, ils en viennent à repousser sans ménagement des commerçants arabes qui souhaitent saluer le visiteur européen. Une fois ça passe, dix fois cela porte à l'agacement. Témoin de ce zèle musclé, Jacques Chirac finit par s'emporter. Il s'en prend à l'un des gardes israéliens et l'apostrophe dans un savant mélange de français et d'anglais :

« Qu'est-ce qu'il y a encore comme problème ? Je commence à en avoir assez ! What do you want ? Me go back to my plane and go back to France ? Is that what you want ? Let's them go. There is no problem. This is not a method. This is provocation. Please, you stop now ! »

Les gardes israéliens mettent un peu d'eau dans leur vin et d'huile dans leurs coudes mais le ton n'y est plus. La bonne humeur semble avoir disparu.

L'incident prend une ampleur géopolitique. Jacques Chirac n'en reste pas là : il dépose une plainte officielle auprès de Benjamin Netanyahu. La réponse, tout aussi officielle, et hautement diplomatique, ne tarde pas à lui parvenir : « L'intransigeance des services israéliens de sécurité tient à l'importance colossale que nous accordons à la sécurité des chefs d'État et autres personnalités dignes de la même protection. Cela partait totalement d'une bonne intention, le but étant de protéger un ami qui nous est cher. »

La courte colère du chef d'État français est reprise par les télévisions, et passera régulièrement dans les bêtisiers. Elle démontre qu'en matière de protection rapprochée le mieux est l'ennemi du bien, et que repousser la foule à coups de coude n'est assurément pas la bonne solution…

« Les principales difficultés, et je le dis sans ambages, ce sont les services de sécurité israéliens qui en sont responsables, affirme René-Georges Querry. Je n'ai pas fait le fameux déplacement de Chirac, je n'y étais plus, mais j'ai fait celui de Mitterrand et j'ai vu comment ils agissaient. Je ne sais pas s'ils sont tendus par nature parce qu'ils vivent en permanence dans la tension, mais tout est toujours conflictuel avec eux. Ils écartent tout le monde, ils repoussent même les policiers ! »

Comparativement, une dizaine d'années plus tard, Ariel Sharon, nouvel homme fort d'Israël, sera beaucoup mieux loti lors d'une visite officielle à Paris.

Comme il se doit, il bénéficie d'une protection efficace mise en place par le SPHP. Sa venue constitue un geste politique de premier plan mais ne fait pas que des heureux. De gros moyens sont mis en œuvre pour empêcher le moindre incident. Sharon est bien placé pour connaître la protection rapprochée. Constamment menacé, il passe son temps sous la coupe du service de sécurité israélien, considéré comme l'un des plus redoutables et des plus intraitables au monde. C'est donc avec un œil presque professionnel qu'il regarde ce déploiement de moyens dont il fait l'objet. Rien à redire.

Au moment de son départ, après trois jours de présence à Paris, il félicite officiellement le SPHP, avec une légère nuance pourtant : les vitres de sa voiture officielle n'étaient pas suffisamment teintées !

Le Proche-Orient n'en a jamais fini de jalonner la petite histoire du SPHP.

Le mois de novembre 2004 est à marquer d'une pierre blanche… quoique blanche ne soit sans doute pas la couleur appropriée.

Pendant plusieurs jours, des policiers du service sont en mission à l'hôpital d'instruction des armées de Percy, à Clamart, en région parisienne. Depuis le 29 octobre une personnalité étrangère très en vue est en observation au service hématologie : Yasser Arafat. Âgé de 75 ans, il se trouve dans un état de santé plus que préoccupant. Néanmoins, il reste le Raïs, leader incontesté de l'OLP, dont la cote de popularité varie selon que l'on se trouve d'un côté ou de l'autre de certaines frontières.

Le SPHP se doit d'assurer la sécurité d'un hôte de cette importance, même si cet hôte est mourant.

Le 11 novembre à 3 h 30, Arafat est officiellement annoncé décédé. Le SPHP ne peut relâcher sa surveillance. À l'instar du duc de Guise, Yasser est encore « plus grand mort que vivant ». Par-delà la mort, il reste un symbole fort et sa dépouille mortelle pourrait être sujette à diverses agressions, voire à un enlèvement. De plus, il est important qu'aucune personne non autorisée ne touche à son corps avant son transfert vers son ex-quartier général en Cisjordanie. Même sans vie, Arafat reste un enjeu international. Conséquence : pour la première fois, le SPHP assure la surveillance rapprochée d'un cadavre étranger.

PIERRES QUI CROULENT

Le Proche-Orient n'est décidément pas favorable aux dirigeants français.

Le samedi 26 février 2001, dans un climat tendu, Lionel Jospin participe à un débat à l'université de Bir Zeit, en Cisjordanie. La veille, il a qualifié le mouvement Hezbollah de « terroriste ».

À 10 h 10, une foule d'étudiants, visiblement agressive, entrave la sortie. La voiture du Premier ministre est entourée. Par talkie-walkie, les officiers du SPHP préviennent leurs collègues entourant Jospin que la situation n'est pas sûre :

« On doit prendre une décision. Ça ne va pas. On ne peut pas assurer la sécurité de tout le monde. »

De fait, l'université est assiégée. Les membres du SPHP demandent à Jospin s'il souhaite rester à l'intérieur, ou sortir. Sans hésiter, il répond : « On sort. »

Dans le même temps, l'armée israélienne, basée à proximité, propose de dégager la foule pour extirper le Premier ministre. Ce dernier refuse. Il n'est pas venu rencontrer les Palestiniens pour sortir au milieu de l'armée israélienne !

Un plan est rapidement échafaudé. La plupart des officiels partiront par la porte de derrière tandis que Jospin et Nabil Chaath, ministre palestinien de la Coopération internationale, emprunteront la porte principale.

« Je suis rentré par la grande porte, je sortirai par la grande porte », affirme le Premier ministre français.

Ce qui l'oblige à franchir un parcours d'une quarantaine de mètres pour rejoindre la Mercedes blindée. Jospin annonce qu'il refuse de courir, et même de se précipiter. Il compte sortir et marcher la tête haute.

À 10 h 25, on tente une sortie. Six officiers du SPHP encadrent solidement le ministre français. Une demi-douzaine de gardes du corps palestiniens forme le deuxième cercle. À peine ont-ils mis les pieds dehors que des étudiants se ruent sur eux. Ils crient, lancent des insultes, puis des tracts, puis des pierres. Les officiers de sécurité déploient leurs valises en Kevlar. Anti-balles, elles peuvent aussi être anti-jets de pierres…

Mais les cailloux tombent de partout. Un vrai déluge. L'un touche Jospin à la tête. L'évacuation continue. Les deux ministres arrivent à bon port, c'est-à-dire à l'intérieur de la voiture où plus rien ne peut leur arriver. Juste au moment d'entrer dans l'habitacle, Jospin manque d'être agrippé par un inconnu. Un des officiers de sécurité bloque la tentative. On ferme les portières, on bloque les serrures.

Pour autant, les officiels ne peuvent quitter les lieux : l'importance de la circulation les en empêche. Les étudiants en profitent pour jeter de nouveaux projectiles et donner des coups de pied dans les portières… en pure perte. Quatre des membres du SPHP encadrent la voiture. L'une de leurs tâches consiste à faire déplacer les véhicules gênants. Les cailloux continuent de pleuvoir. Certains manifestants grimpent sur la Mercedes. Peu de temps.

Non sans mal, le convoi réussit à se frayer un passage et à quitter le périmètre de l'université. Les policiers du SPHP, restés à l'extérieur, montent alors dans la voiture suiveuse et collent aux roues de celle du ministre.

Dans l'avion qui le ramène en France, aux journalistes présents, Jospin tient à remercier les étudiants de Bir Zeit qui ont débattu avec lui. Il ajoute : « Le reste, je n'en parlerai point. » Mais l'agression d'un chef de gouvernement ne passe pas inaperçue. Surtout à l'Élysée où le président Chirac se dit « choqué ».

Sept ans plus tard, Lionel Jospin reviendra sur cet incident à la fois politique et dramatique :

« Il était difficile de savoir jusqu'où voulaient aller ceux qui se sont engagés dans ce caillassage, parce que j'étais avec, entre guillemets, le "ministre des Affaires étrangères de l'OLP" qui était dans la même voiture que moi. C'était une voiture blindée. Elle a été non pas seulement caillassée avec des petites pierres mais aussi avec des pavés. Donc c'était difficile de savoir s'ils ne voulaient pas aller jusqu'à l'extrême… Dans ce genre de situation, il y a un degré de conscience de la réalité vive et, en même temps, quelque chose d'un petit peu irréel. Quand je suis sorti face à ces groupes hostiles, j'avais l'idée que ce qui était le plus important, quoi qu'il puisse arriver, était de garder une attitude de dignité absolue. C'est ce que j'ai fait. Et ceux qui m'entouraient y veillaient… La seule préoccupation qu'ont eue les membres de l'équipe, c'était, dans un moment de risque et de tension extrêmes, d'essayer d'être efficaces, de me protéger, de me sortir de ce piège qui était tendu, sans, évidemment, faire usage de leurs armes d'aucune façon[1]. »

« L'affaire » de Bir Zeit engendre une foule de questions. Le SPHP est montré du doigt par certains qui parlent d'une faille grave dans la sécurité. Le bruit court que les officiers ont abandonné leur poste, dès lors que Lionel Jospin était à l'intérieur de la Mercedes, ce qui est entièrement faux.

La polémique enfle. Gérard Desmaretz, ancien garde du corps de Michel Debré, analyse les images prises par la télévision, pour France 2. Il repère parmi les hommes s'agitant au moment de la sortie du Premier ministre, un individu qui ouvre son pan de veste, probablement pour aller chercher une arme sur la hanche arrière droite.

« Apparemment, ajoute-t-il, aucun membre du service de sécurité n'a remarqué cet homme qui s'apprête à aller chercher son arme. Si l'arme est dégainée, les gardes du corps ne peuvent plus réagir. Ils ont un retard d'une seconde, il est trop tard[2]. »

Concernant la trajectoire de Jospin vers la voiture, Desmaretz regrette une « ligne de tir ouverte », car le Premier ministre reste debout. Enfin, à juste raison, il constate que les alentours de l'université ne bénéficiaient d'aucune protection et que la circulation, dense, continuait d'entraver les mouvements.

Où est l'erreur ?

Elle se situe au niveau du renseignement. Les Palestiniens savaient que des étudiants allaient manifester. Combien ? Dans quel état d'esprit ? Personne n'a été capable de mesurer l'ampleur du danger. Car entre une manifestation classique d'étudiants échaudés et un caillassage en règle par une foule hostile, il y a une marge qui aurait

---

1 TV5 Monde.

2 *Midi 2* du 29 février 2000.

mérité d'être prise en compte. Dès lors, la faute incombe à la sécurité palestinienne. Son chef avouera avoir été « complètement surpris » par l'ampleur de la manifestation.

« Après le débriefing, rapporte Gilles Furigo, nous nous sommes dit : "Heureusement que les manifestants se sont focalisés sur le Premier ministre et non sur l'ensemble de la délégation française !" Car celle-ci était dans un bus très mal protégé. Cela aurait pu mal tourner. »

STADE DÉFENSE

Samedi 6 octobre 2001.

Pour profiter de la vague « black-blanc-beur » propulsée par le football français depuis la dernière Coupe du monde, le gouvernement décide d'organiser un match amical opposant la France à l'Algérie. Match présenté comme une grande réconciliation internationale, les terrains de football n'étant pas censés être des terrains politiques. Le jeu fédérateur, on a déjà vu ça. L'affaire est longue à préparer mais une date est finalement arrêtée ainsi qu'un lieu : le Stade de France.

Le toujours Premier ministre Lionel Jospin accepte de se rendre à cette fête du sport et demande à plusieurs membres de son gouvernement de l'y accompagner. Acceptent d'emblée Daniel Vaillant, ministre de l'Intérieur, Marie-George Buffet, ministre de la Jeunesse et des Sports, et Élisabeth Guigou, ministre de la Justice. En revanche, le président Chirac, estimant que l'organisation de ce match est une « mauvaise idée », fait savoir qu'il n'y assistera pas. Il a le nez fin… ou, plus exactement, il est bien renseigné.

La situation est évaluée « à haut risque ». Pas seulement par la présence de supporters turbulents mais aussi parce que les tours du World Trade Center de New York se sont écroulées il y a moins d'un mois. Les pays occidentaux redoutent des attentats terroristes. La France est une cible potentielle.

Pas de quoi entamer la détermination de Jospin et de ses ministres.

Le soir, chacun d'eux arrive au stade encadré par ses officiers de sécurité respectifs. Les gens du SPHP espèrent assister au match dans de bonnes conditions. Gendarmes et CRS ont été placés autour du bâtiment qui a été visité pour déceler une éventuelle trace d'explosif.

La foule des spectateurs est très excitée. Ce sont des jeunes, se dit-on, et, dès le coup d'envoi, les esprits devraient se calmer. Le foot avant tout.

La Marseillaise résonne à l'intérieur du stade. Toutefois « les enfants de la patrie » sont mis à mal. Le chant patriotique est couvert par des milliers de sifflets, de cris et de huées. Les membres du gouvernement sont médusés, les treize millions de téléspectateurs aussi. C'est un signe qui mériterait d'être bien interprété, un signe d'une rare violence qui bafoue les bases mêmes de la République, annonciateur de débordements qui ne tarderont pas à exploser. Il est trop tard pour reculer, même si, soudain, la tension dans les gradins est devenue terriblement électrique.

Le match démarre enfin. Les supporters de l'Algérie paraissent momentanément calmés, mais paraissent seulement. Des yeux expérimentés peuvent déceler comme une colère rentrée. Le sport ne suffit pas à calmer les esprits. Dans cette ambiance inhabituelle, l'équipe de France n'a aucun mal à l'emporter au score.

Tout à coup, à la soixante-quatorzième minute de jeu, une jeune femme traverse la pelouse drapée dans une bannière algérienne. Elle n'a, évidemment, rien à faire là. Une provocation ? Un appel, plutôt. La voici aussitôt suivie par une dizaine d'autres jeunes gens, eux-mêmes suivis par une masse de plus en plus compacte au sein de laquelle se détachent écharpes et drapeaux algériens. Le match est suspendu. Les joueurs rentrent au vestiaire.

Si certains « éléments » dansent joyeusement devant les caméras de télévision, d'autres affichent des intentions plus belliqueuses. Organisés, décidés, ils jettent des pierres et des bouteilles en direction des tribunes officielles. Élisabeth Guigou est blessée à la tête, cuir chevelu entaillé. Marie-George Buffet reçoit une bouteille d'eau en pleine figure. Un vent de panique fait trembler les murs du Stade de France.

Les officiers du SPHP connaissent la consigne : évacuation immédiate. Les ministres sont exfiltrés par leur protection respective. Daniel Vaillant est encadré par une dizaine de gardes du corps. Il ne craint plus rien. Lionel Jospin aussi est invité à sortir. Dans un premier temps, il accepte mais revient aussitôt sur sa décision. Il fait demi-tour et se rassoit sur son siège. Digne mais seul. Il espère le retour au calme. Il rêve que le sport reprendra ses droits.

Il se trompe. L'ambiance tourne à l'émeute. Le Premier ministre finit par comprendre et par suivre ses gardes qui l'emmènent dans la salle de réception jouxtant la tribune officielle, là où se trouvent déjà les autres membres du gouvernement. La salle se transforme peu à peu en forteresse tant l'entrée en est surveillée.

Jospin se veut rassurant. Il déclare à ses ministres :

« Des envahissements de terrain, il y en a déjà eu. Il y en aura d'autres. On ne va pas en faire tout un fromage. »

Ledit fromage laisse un goût amer. Le SPHP hésite à évacuer les ministres dans l'immédiat. Sortir les voitures officielles au milieu d'une foule surexcitée ne paraît pas de bon augure. Il est préférable d'attendre qu'un semblant de calme revienne.

Les CRS font montre d'efficacité. L'évacuation du stade et de ses abords se fait rapidement. Sans casse notable. Tenu informé minute par minute, le SPHP attend le moment propice pour évacuer les hautes personnalités. Il existe des voies de sortie discrètes, elles sont empruntées.

Le match restera à jamais suspendu. La fête amicale a viré à l'affrontement…

DANS LA LIGNE DE MIRE

Comme son nom l'indique, la fête nationale est un moment de liesse pour tous les Français et ceux qui aiment ce pays. Depuis des temps immémoriaux, et plus précisément depuis 1880 grâce au député Benjamin Raspail, cette fête est l'occasion de bals chez les pompiers, de feux d'artifice et de multiples réconciliations. Sans oublier les défilés militaires au son du clairon et des tambours.

À Paris, il a lieu sur les Champs-Élysées. À cette occasion, la plus belle avenue du monde s'ouvre aux chenilles, aux blindés, aux fusils d'assaut et aux formations serrées. C'est le grand spectacle annuel, retransmis en direct par la télévision. Que la France est jolie quand elle défile au pas cadencé. Les badauds sont nombreux, parqués derrière des barrières de sécurité, chacun est là dans un état d'esprit détendu. On se souvient qu'à la fin du film de Denys de La Patellière, *Un taxi pour Tobrouk*, le survivant joué par Lino Ventura ne retire pas son béret au passage des soldats. Réflexion désabusée sur la vanité de l'héroïsme et de l'anonymat des morts pour la France libre que l'auteur du livre, René Havard, souligne.

Le 14 juillet 2002 ne déroge pas à cette tradition. Pourquoi en serait-il autrement ?

Les spectateurs arrivent en ordre dispersé, c'est-à-dire sans aucun ordre du tout, et se pressent paisiblement contre les barrières. Dans ce magma d'anonymes bon enfant se glisse un jeune homme de 25 ans, connu des services de police. Tendance skinhead, il côtoie des groupuscules d'extrême droite aux idées courtes. Ne sachant que faire d'une vie qu'il sait ratée, il a décidé d'entrer dans l'Histoire et pas par la petite porte. Non, par celle des Ravaillac et des Ravachol, en moins grandiose. Maxime Brunerie deviendra-t-il une « référence » ? Il l'escompte.

Cheveux courts et blouson bleu, il arrive sur les Champs, à proximité de la place de l'Étoile, muni d'un étui à guitare. Il ne compte ni faire la manche, ni improviser un solo de blues. Connaissant mal ses classiques, Maxime a caché une arme dans son étui, comme autrefois, croit-il, les gangsters de Chicago planquaient des mitraillettes dans des étuis à violon. L'arme en question est une carabine .22 Long Rifle, officiellement classée septième catégorie. Petit calibre, peu précise, conçue pour la chasse au petit gibier (qui en ressort plus souvent blessé que tué), elle ressemble presque à un jouet ou à un fusil à plomb dont on se sert dans les fêtes foraines. Ce n'est pas une arme très puissante mais elle peut se révéler dangereuse, surtout entre les mains d'un tireur aguerri (ce qui n'est pas le cas de Maxime qui n'a jamais pratiqué le tir). Tout cela sent l'amateurisme. On est loin du fusil d'assaut de Lee Harvey Oswald. Mais la chance du débutant existe aussi dans ce domaine : la balle de Brunerie peut provoquer un trou mortel.

Le faux guitariste s'installe au milieu de vrais anonymes qui attendent le début du défilé. Vers 10 heures, le command car, dans lequel Jacques Chirac se tient debout, s'approche. Le président est souriant, parfaitement détendu. Il n'en est pas à son premier défilé et se montre toujours ravi de retrouver le « peuple de Paris ».

Maxime n'a que faire des émotions républicaines. Il ouvre son étui, sort son arme, épaule, vise. Il se trouve à cent cinquante mètres de sa cible.

Il n'a pas le temps d'ajuster son tir. Son erreur colossale est de croire que les spectateurs sont des cloportes incapables de la moindre réaction. Maxime compte les prendre de vitesse, abattre le président d'un seul coup de fusil puis retourner l'arme contre lui pour se suicider. Un plan qui tombe à l'eau dès le début de son exécution. Certes, il a sorti son fusil et l'a épaulé. Mais quand il appuie sur la détente, un voisin détourne le canon. La balle se perd dans un ailleurs infini. Maxime est ceinturé par plusieurs personnes, dont Mohamed Chelali qui témoignera :

« Je regardais le défilé derrière les barrières métalliques. Monsieur Chirac passait dans son command car lorsque j'ai senti un mouvement de foule sur mon côté droit. J'ai alors vu, à deux ou trois mètres de moi, un homme en train de viser en direction du président. Un voisin a alors frappé la main du tireur tandis que j'agrippais une partie de l'arme, dont une pièce métallique est tombée. Un troisième a maintenu le fusil par le haut. Le jeune homme refusait de lâcher son arme et ne parlait pas. On tenait sa carabine tandis qu'un autre le maintenait par le cou. Les gens criaient "Police ! Police !", et c'est alors que des CRS sont arrivés et ont ceinturé puis menotté le jeune homme avant de l'emmener[1]. »

Ce flagrant manque de préparation tend à prouver que Brunerie a agi seul. Aucun complot derrière lui.

Pratiquement personne n'ayant entendu le coup de feu, tout ceci ressemble à un incident mineur. D'ailleurs peu y prêtent attention. Jacques Chirac n'a aucunement conscience qu'il vient d'être la cible d'un attentat heureusement raté. Le ministre de l'Intérieur, Nicolas Sarkozy, pour sa part, est très rapidement informé.

À la fin du défilé, il fonce Place Beauvau, toute proche, pour recueillir des informations complémentaires. Il ne fait aucun doute qu'il s'agissait bel et bien d'un attentat. La carabine était en parfait état de marche et une balle a été tirée il y a seulement quelques minutes. Sarkozy appelle aussitôt Chirac qui se trouve dans sa voiture, en route pour l'Élysée. Il lui donne les derniers détails de l'affaire. Le président se contente de répondre :

« Ah bon ? »

Sarkozy rejoint l'Élysée pour la traditionnelle garden-party. Il y organise une miniréunion avec divers ministres pour parler de ce qui est plus qu'un incident. « L'affaire est grave », affirme-t-il. Les policiers du GSPR sont tous alertés. Ils doivent accentuer leur vigilance tout au long de la garden-party. Pour eux, cette journée ne sera pas de tout repos. Désormais, tout invité devient un suspect et toute personne s'approchant du chef de l'État un assassin en puissance.

Cette tentative d'attentat aura une autre répercussion au niveau de la sécurité présidentielle. Chirac a toujours prôné un dispositif léger. Pour le GSPR il n'en est plus question. Les effectifs passent à soixante personnes, toujours répartis à égalité entre gendarmes et policiers.

---

1 Émission télévisée *La Dernière Heure*, diffusée le 15 juillet 2002.

Pour le grand public, elle aura une autre conséquence : les spectateurs du 14 Juillet devront passer sous des portiques de sécurité.

Une question se pose, plus anecdotique : qu'aurait fait le GSPR s'il avait appris la tentative d'assassinat juste après que Brunerie fut maîtrisé ? À ce moment, il est impossible de savoir s'il s'agit de l'acte d'un tireur isolé ou d'un complot organisé. Fallait-il, dans ce cas, annuler la présence du président de la République au défilé militaire et l'évacuer devant les caméras de télévision ?

« Si nous l'avions évacué, ça aurait fait le tour du monde, estime Gilles Furigo. Médiatiquement il était mort. Chirac aurait préféré être tué que mort médiatiquement. »

Pour Éric Stemmelen, la question ne se pose même pas :

« Il ne faut pas demander l'avis de la personnalité lorsqu'il faut évacuer, affirme-t-il. Il faut l'emmener de force, point barre. Je sais que les policiers ont tous peur de perdre leur place, mais c'est comme cela que ça doit se passer lorsque l'on est professionnel. De quel droit le président se permet de refuser ? C'est sa sécurité qui est en jeu ! »

Jean-Louis Fiamenghi apporte une nuance :

« Le problème de Chirac sur le 14 Juillet, c'est que personne n'a perçu ce qui s'est passé. Il est évident que si jamais quelqu'un entend un coup de feu, les gars du service ne sont pas fous : ils évacuent la personnalité. »

Petit rappel :

« Souvenons-nous de certaines images qui ont fait le tour du monde à la fin des années 1980, ajoute Furigo. Il y a eu cette tentative d'attentat contre le Premier ministre turc lors d'un congrès de son parti. Sur les images, on voit un gars qui tire et on voit très nettement le Premier ministre – qui n'était pas très grand mais assez gros – plongé sous la table, montrant son postérieur au monde entier. Presque au même moment, le prince Charles se trouve en Australie où il se fait agresser. Il y a un coup de feu qui part et lui reste stoïque, debout, il ne bouge pas. On peut estimer que la sécurité britannique a été mauvaise puisqu'elle n'a rien fait, mais, d'un autre côté, elle a préservé l'image du prince, et c'est tout aussi important. »

Comme le souligne Pascal Gérard :

« Aujourd'hui, les images font le tour du monde en quelques minutes. Un entartrage, sur le plan pénal, ce n'est qu'une voie de fait, très peu punie, mais sur le plan de l'image c'est une catastrophe. »

Quitte à oser un attentat un 14 Juillet, autant suivre les conseils d'un spécialiste :

« Le bon attentat, affirme Éric Stemmelen, c'est un avion qui fonce sur la tribune présidentielle. Il n'y a pas vraiment de périmètre de sécurité aérienne. La chasse aérienne française attendra les ordres. C'est le Premier ministre qui doit prendre la décision d'abattre l'avion. Le temps qu'il la prenne, il sera trop tard, surtout si le pilote vole bas. Dans la réalité, personne ne prendra jamais la décision d'abattre un avion au-dessus de Paris. »

MÉLI-MÉLO

Le premier septennat de Jacques Chirac est marqué par une nouvelle cohabitation symbolisée par Lionel Jospin, alors Premier ministre.

Officiellement insensible à ces va-et-vient politiques, le SPHP ne sourcille pas et continue ses activités auprès de nouvelles personnalités.

Certaines émettent des exigences particulières. Ainsi la nouvelle ministre déléguée à l'Enseignement, Ségolène Royal, accepte d'être protégée, mais pas par n'importe qui. En lieu et place d'un homme, elle préfère une femme. Elle soumet même au SPHP le nom d'une policière qu'elle connaît bien car elle a assuré sa protection à plusieurs reprises. Hélas, la dame a quitté le SPHP. Il faut la rappeler de toute urgence !

Elle va avoir fort à faire car Ségolène Royal tient à conserver son indépendance, pour ne pas dire son intimité. Plus d'une fois, elle faussera compagnie à son escorte, en sortant d'un immeuble par une porte dérobée, par exemple.

Et Lionel Jospin ?

Il n'est jamais à l'abri d'incident de tout acabit.

Le 17 avril 2002, de passage à Rennes pour un meeting en tant que candidat à la présidence, il entre au parc des expositions en compagnie du maire local, Edmond Hervé. Deux jeunes gens surgissent. Ils tiennent d'étranges tubes à la main. Une trace rouge assombrit la blanche chemise de Jospin.

« Premier ministre touché ! Du sang sur la poitrine ! »

L'information est lancée sur les talkies-walkies. Pour être aussitôt démentie. Il ne s'agit pas de sang mais de ketchup. Les deux

« agresseurs » ont réussi à en asperger la chemise et la joue droite du candidat avant d'être fermement écartés. Jospin est obligé de se retirer pour changer de chemise.

Cela ressemble presque à une plaisanterie, proche de l'entartrage, mais le fait que deux personnes aient pu s'approcher si près d'un Premier ministre en exercice, au point de pouvoir lui jeter un produit dessus, ne manque pas de troubler. À la place du ketchup, cela aurait pu être de l'acide ou n'importe quelle matière dangereuse.

Les deux fauteurs de trouble s'en tirent par une admonestation donnée par Jospin, et les services de sécurité par une belle frousse.

Ce geste totalement imprévisible est la hantise du SPHP. Il est impossible d'interdire totalement l'approche d'un homme politique, surtout quand celui-ci est en campagne. Avec le risque que la main tendue ne le soit pas en vue d'une poignée amicale, mais dans un but nettement plus nuisible.

Il ne faut pas lâcher la vigilance car les événements de ces derniers mois, voire de ces dernières années, prouvent que la classe politique n'est plus, si tant est qu'elle ne le fût jamais, une caste d'intouchables. Au contraire, elle offre une série de cibles qui stigmatisent la colère et assurent une belle couverture médiatique. Tentative d'attentat contre Jacques Chirac ; coup de couteau contre le maire de Paris, Bertrand Delanoë ; idem contre Philippe Douste-Blazy, en campagne électorale dans sa circonscription de Lourdes ; même chose, encore, contre Pierre Schapira, conseiller municipal parisien ; agression contre la ministre de l'Environnement, Dominique Voynet, à Dôle, etc. La liste ne cesse de s'allonger. Les hautes personnalités ne sont plus les seules atteintes. Dans de nombreuses communes, la colère de citoyens se porte sur les élus locaux : outre les menaces de mort, de plus en plus courantes, les énervés brûlent les voitures officielles ou sautent carrément à la gorge des élus. Les fous, les déséquilibrés mais aussi les déçus vindicatifs sont dans la rue. Les armes, blanches ou à feu, constituent autant de symboles dangereux qu'un mal de vivre. Aux gardes du corps d'empêcher tout débordement, d'éviter le pire. Et pendant que des cols blancs ergotent sur les raisons de cette montée de violence, eux, en treillis, fourbissent leurs armes et améliorent leurs techniques de protection rapprochée.

OFFICE DE DISCRÉTION

Les différentes cohabitations posent le problème de l'utilisation de la police en général et du SPHP en particulier. Le ministre de l'Intérieur n'est plus du même bord politique que le chef de l'État. Grande est la tentation de se servir des policiers pour glaner des renseignements. Dans un tel cas de figure, les gardes du corps, parce que au plus de près de la personnalité, pourraient servir de sources fiables. Transformer la protection rapprochée en officine d'espionnage, cela s'est déjà vu. La tentation ne surgit pas uniquement en temps de cohabitation ; au sein d'une même force politique, il peut toujours être utile de détenir des informations inédites. Le patron du FBI, J. Edgar Hoover, était le roi des dossiers secrets, il se servait de ses policiers pour espionner d'innombrables personnalités.

Qu'en est-il en France ?

« Quand je suis arrivé à la tête du service, aucun officier de police n'a pris l'initiative de venir me voir pour me donner des informations à caractère personnel et confidentiel sur les personnalités, explique René-Georges Querry. Quant à moi, je me suis toujours refusé d'essayer de savoir. Je le répète : à titre personnel, personne n'est venu me voir pour s'attirer mes bonnes grâces en divulguant des secrets croustillants sur telle ou telle personnalité, et aucun ministre de l'Intérieur, aucun directeur général, personne ne m'a jamais demandé d'essayer de connaître la moindre chose. C'est une erreur stratégique grave de confondre la protection rapprochée et la surveillance de la personnalité ; surtout si vous avez un président d'un bord et un gouvernement de l'autre. Le responsable du SPHP pourrait se livrer à ce petit jeu d'espionnage mais c'est un jeu très dangereux car tout finit toujours par se savoir. »

Petit bémol : « Une fois, une seule fois, la DST m'a demandé d'intégrer un de ses fonctionnaires dans l'équipe de protection d'une personnalité d'Europe de l'Est, précise Querry, afin de contrôler l'environnement de celle-ci. J'étais d'ailleurs très réticent, ne voulant pas que cela devienne une habitude, ni faire du SPHP un service indiscret. »

Et de conclure : « Il est possible que, ponctuellement, un fonctionnaire de police attribué auprès d'un ministre ait donné des informations à tel ou tel réseau, suite à ses engagements personnels, mais je n'en ai jamais eu connaissance. »

Ouvrir les yeux mais fermer sa bouche demeure l'une des règles de base du bon garde du corps. Ce qu'il voit, et même ce qu'il entend, il n'en réfère à personne. Seule compte la sécurité de la personnalité.

« Parmi les qualités indispensables, il y a la discrétion, admet Jean-Pierre Duc. Très important, ça. Jamais, jamais, on ne m'a demandé de trahir des secrets. C'est une ligne de conduite. Nous ne sommes là que pour assurer la protection sans autre arrière-pensée. Nous aurions été choqués si quelqu'un, surtout l'un de nos supérieurs, nous avait posé la moindre question sur ce que nous voyions ou nous entendions. »

Il y va même de la qualité du travail.

« Le renseignement et la protection ne peuvent pas être mélangés, ajoute Duc. Vous ne pouvez pas assurer correctement votre mission de protection si vous n'avez pas la confiance de la personnalité que vous protégez. Il faut qu'elle ait confiance en vous, en votre probité et en votre discrétion. On ne peut pas protéger et espionner, ou alors on le fait mal. »

Cas de figure très précis, évoqué par René-Georges Querry :

« J'ai été l'un des premiers alertés sur l'opération de la prostate de Mitterrand. En septembre 1992. J'ai reçu un coup de fil de son environnement immédiat et on m'a dit : "Le président est hospitalisé, il sera opéré demain matin." J'ai gardé cette information pour moi. La personne qui m'a appelé a sous-entendu : "Je vous le dis parce que je vous aime bien et parce que j'ai confiance en vous", mais elle savait que j'allais garder le secret. Passer l'information aurait été une trahison à l'encontre de ceux qui me l'avait transmise et, d'une certaine façon, du président. »

Hommes et femmes politiques ont fini par comprendre qu'il est inutile d'espérer se servir du SPHP pour monter des dossiers ni recueillir des informations confidentielles. Ce n'est assurément pas une police politique.

AFRICA

Le 3 janvier 2003, Monsieur Dominique Galouzeau de Villepin, ministre des Affaires étrangères, de la Coopération et de la Francophonie, saute dans un avion pour tenter de désamorcer, en Côte d'Ivoire, une crise qui sent la poudre. Il doit y rencontrer de toute urgence le président local, Laurent Gbagbo.

Le climat est plus que tendu. La guerre civile pointe sa faux mortelle. La France n'est plus forcément la bienvenue dans cette région d'Afrique. De Villepin le sait, son service de sécurité aussi.

Peu après son arrivée, une foule manifeste son hostilité autour de la résidence présidentielle d'Abidjan où se rend le ministre français. Les insultes fusent de partout. On peut s'interroger sur la « spontanéité » de cette manifestation. D'aucuns affirmeront qu'elle a été préparée de longue date et d'autres ajouteront qu'elle ne vise pas seulement la France en général, mais Dominique de Villepin en particulier. Qu'importe les raisons, les résultats convergent : cette foule trop menaçante peut se révéler dangereuse. La procédure voudrait que l'on évacue le ministre, ce qui, dans le cas présent, signifie le faire revenir sur ses pas à l'intérieur de la résidence présidentielle. Tenter de braver les braillards pour essayer de gagner l'ambassade de France risquerait d'être perçu comme une provocation.

Mais de Villepin refuse de faire marche arrière. Protégé par son escorte, il tient à faire front à cette foule qui le conspue. Pendant de longues minutes, il reste ainsi, droit, la mâchoire serrée.

Les hommes du SPHP finissent par lui dégager une voie de sortie. Une partie de la foule est écartée, un chemin se dessine pour permettre au représentant de la France de monter dans sa voiture, le tout dans un climat qui s'apparente à un baril de poudre prêt à exploser. Les gardes du corps savent que le moindre incident peut dégénérer et entraîner des conséquences dramatiques. La foule est, par essence, incontrôlable. La main sur la crosse de leurs armes, ils évacuent de Villepin avec sang-froid.

Quelques minutes plus tard, au cours d'une conférence de presse, ce dernier minimisera les faits et parlera d'un « incident aussi léger que rapidement oublié ». Pour lui, peut-être, mais pas pour le SPHP qui a eu très chaud, et pas seulement en raison du soleil ivoirien…

Le continent est terre de surprises.

« En Afrique, il faut prendre le pouvoir, explique Pascal Gérard. Il y a deux Afrique : la francophone et l'anglophone. Dans nos anciennes colonies, nous pouvons prendre en main l'exécution des opérations, ils ne se formalisent pas. En plus, c'est la France qui paye tout et qui amène son propre matériel. En Afrique anglophone, ce n'est pas pareil, ils nous font savoir qu'ils sont chez eux… Les Africains n'ont aucune rigueur mais sont agréables, on ne peut pas leur demander la rigueur des Japonais, c'est impossible. »

Deux mois plus tard, jour pour jour, c'est au tour de Jacques Chirac de se rendre sur ce continent, en Algérie qui n'a plus vu de visite d'État d'un président français depuis l'indépendance, en 1962 ! Le nouvel avion présidentiel, un Airbus A319 décoré de bandes bleu blanc rouge, disposant d'une chambre avec deux canapés-lits, d'une salle de bains, d'une salle de travail, de sièges couchettes et d'une cabine avec trente-huit fauteuils, l'amène à bon aéroport.

Les services de renseignement savent que plusieurs centaines de milliers d'Algériens se masseront sur le parcours pour assister à la venue de Chirac, accueilli par Abdelaziz Bouteflika. Bien entendu, le SPHP travaille de concert avec son homologue algérien. Un véritable déploiement de force est organisé.

Mesures habituelles : contrôle de la foule, itinéraires d'évacuation, etc. L'un des seuls éléments non couchés sur le papier est le comportement du président français. Le SPHP est bien placé pour savoir qu'il adore se mêler à la foule et qu'il éprouve un besoin physique d'aller au contact des habitants des pays qu'il visite. Cependant, il est probable que face à ces centaines de milliers de personnes annoncées, il hésitera.

Jacques Chirac n'hésite pas. Son accueil est plus triomphal que dans les estimations les plus optimistes. Là où on aurait pu craindre quelques lazzis et des masques de rancœur, le chef de l'État ne recueille qu'applaudissements et sourires. Youyous et confettis. « Chirac ! Chirac ! Chirac ! »

Comme le SPHP pouvait le craindre, cet assaut d'enthousiasme pousse l'acclamé vers la foule. Il ne veut pas manquer un moment pareil et plonge dans cette foule amie, s'y baigne, s'y régale !

Entre la place Mauritania et la Wilaya d'Alger, Jacques Chirac marche au milieu de la population joyeuse. Il serre des mains, embrasse femmes et enfants. Les policiers tant en civil qu'en uniforme renoncent à contenir ces gens si éperdus d'amitié. Les cordons de sécurité cèdent sous la liesse populaire. Les gardes du corps sont quasiment collés au président. Ils forment un barrage à la fois souple et solide. Pas question de laisser le chef de l'État isolé face à cette marée humaine, même amicale. Pas question non plus de l'empêcher de toucher les Algérois. Tout se passe bien. Il fait très chaud. Chirac est en sueur. Ses gardes lui passent discrètement une serviette pour lui permettre de s'essuyer.

Quelques heures plus tard, le bain de foule n'est plus qu'un beau souvenir, quoiqu'un peu épuisant pour les policiers du SPHP.

Début décembre 2005, Jacques Chirac retourne sur le continent africain, cette fois pour le vingt-troisième sommet Afrique-France qui placera la patrie de Molière face à cinquante-trois pays africains, dont la Somalie.

Lieu : Bamako (Mali).

Deux semaines avant la date du voyage officiel, Claude Chirac, fille et conseillère en communication de Jacques, emmène, pour vingt-quatre heures, une petite équipe dans la capitale malienne. Sont présents le chef du protocole de l'Élysée, l'aide de camp du président et le chef du SPHP, en plus de quelques adjoints. L'objectif est de régler les derniers détails pratiques du séjour présidentiel. Lieux et déplacements sont étudiés de très près. Vu le nombre de dirigeants présents, il est décidé, pour rejoindre certains endroits, d'utiliser un bus. L'apparat y perd ce que l'efficacité y gagne. Tout le monde dans le même bus, c'est l'assurance d'arriver au même endroit au moment. Reste à distribuer les places, ce qui n'est pas une mince affaire.

Le 2 décembre, le vingt-troisième sommet démarre en fanfare. La préparation prouve son utilité car peu d'incidents sont à déplorer. Arrive le grand moment où les chefs d'État doivent monter dans le bus. Ils s'installent dans la bonne humeur, amusés par cet inhabituel côté « colonie de vacances ». La chaleur est étouffante à l'intérieur de l'engin, mais tel est le tribut à payer à tout sommet africain. Le chauffeur malien s'installe au volant. Militaires et gardes du corps lui font signe qu'il est temps de partir. Il tourne la clé de contact, le moteur démarre et cale. Nouvel essai. Nouvel échec. Nul besoin d'être expert en mécanique pour comprendre : réservoir vide ! Les organisateurs maliens ont complètement oublié de faire le plein !

Résultat, les cinquante-quatre dirigeants, habitués à plus d'égards, doivent attendre. La chaleur fait fondre les plus tenaces patiences. Ces messieurs s'impatientent. Ils somment les « responsables », quels qu'ils soient, de trouver une solution dans la minute. Jacques Chirac exige des explications à son entourage, y compris aux officiers du GSPR et du SPHP tout proches. Seule solution, faire venir un autre bus – réservoir plein, celui-là. Cela prend un « temps certain ».

La preuve, presque par l'absurde, qu'aucune préparation, si précise soit elle, n'est totalement infaillible.

ACCIDENT

25 janvier 2004. Dépêche AFP (Paris) :

« Le chauffeur de la grosse cylindrée du service de Protection des hautes personnalités (SPHP) qui a renversé et blessé deux jeunes filles de 18 ans, samedi, quai d'Orsay à Paris, a affirmé devant les enquêteurs qu'il était en "mission de liaison" lors de l'accident, a-t-on indiqué dimanche de source policière. Deux enquêtes ont été ouvertes, l'une judiciaire confiée au service central des Accidents de la préfecture de police (PP), et l'autre administrative, interne au SPHP. »

Rappel des faits. Une voiture banalisée appartenant au SPHP roule à vive allure sur le quai d'Orsay. Au volant, un membre du groupe de sécurité du Premier ministre. Destination, l'aéroport militaire de Villacoublay où l'avion de Jean-Pierre Raffarin est annoncé avec une exceptionnelle avance. C'est effectivement une « mission de liaison » – le chauffeur est seul – et non une « mission de sécurisation » – avec à bord de la voiture la personnalité et son garde du corps.

Deux jeunes filles, Marion et Delphine, vont d'un trottoir à l'autre, en dehors des clous. Elles sont fauchées par la voiture. Le choc est violent. Fortement touchée, Marion est soignée au service des urgences de la Pitié-Salpêtrière. Son amie, moins gravement atteinte, est envoyée à l'hôpital Cochin.

Michelle Folian, journaliste à l'AFP, présente sur les lieux, témoigne :

« J'ai vu deux jeunes personnes traverser entre les voitures immobilisées à une vingtaine de mètres devant moi. Puis, elles ont regardé dans l'autre sens. Il y avait un feu au rouge, donc pas de voiture.

Elles ont commencé à traverser l'autre partie de la chaussée. Mais au même moment a déboulé derrière moi, sur la partie gauche de la chaussée et à très vive allure, une Peugeot 607 bleu marine sans gyrophare extérieur ni sirène. Dans un premier temps je n'ai pas compris qu'il s'agissait d'une voiture de police. J'ai vu en un quart de seconde que le drame était inévitable. Les jeunes filles ont été violemment percutées et ont été projetées à plusieurs mètres de hauteur, l'une retombant devant la voiture, l'autre sur le côté contre le trottoir. Recroquevillés, les corps n'ont plus bougé. La voiture a pilé. Un homme seul en est sorti, habillé en civil et parlant dans un portable avec une grande antenne, je suppose pour donner l'alerte. Pour ma part, en avançant légèrement en voiture, je suis passée au niveau de la 607 et c'est là, et seulement là, que j'ai vu un gyrophare bleu qui tournait, à l'intérieur de la voiture, sur le tableau de bord. »

Le fait est rare mais grave. Francis Labrousse, chef du SPHP, engage une procédure disciplinaire contre le chauffeur fautif. Le ministère de l'Intérieur précisera : « Le chauffeur se trouvant bloqué dans un embouteillage a cru bon de dépasser la file de voitures arrêtées devant lui en roulant sur la partie gauche de la chaussée. À ce stade de l'enquête, il apparaît qu'aucune raison de sécurité ne justifiait cette manœuvre contraire au code de la route et à toutes les instructions. »

L'enquête ne révélera aucune faute majeure de la part du chauffeur dont le taux d'alcoolémie est négatif. « J'étais en mission, expliquera-t-il. Comme la circulation était embouteillée, j'ai mis le gyrophare sur le tableau de bord, l'avertisseur sonore deux tons et la plaque police au pare-soleil passager. »

« Les accidents sont peu fréquents, estime Georges Clément. Les chauffeurs font tellement de kilomètres, ils roulent tellement. Sans arrêt des voyages entre Paris et la province. Donc, compte tenu du nombre de kilomètres, un accident n'est pas vraiment significatif. »

Mais un accident tout de même.

« Dans le cas en question, si on prend le code de la route, c'est clair, il n'y avait pas urgence, résume Gilles Furigo. Il n'existe que deux cas d'urgence : menace et urgence absolue. Là, il n'y avait ni l'un ni l'autre. C'est pour ça que le fonctionnaire a été lourdement sanctionné. Il a dû quitter le service. La personnalité aurait été dans la voiture, c'était différent car on était en plan Vigipirate rouge, donc on pouvait estimer être en cas de menace. Il y a des choses qui peuvent être justifiées à certains moments et pas à d'autres. Heureusement, les deux femmes n'ont été que blessées. »

Les chauffeurs du SPHP ne sont pas des conducteurs tout à fait comme les autres. Tous ont reçu une formation spéciale leur permettant, autant que faire se peut, la maîtrise totale de leur véhicule et la conduite en tout temps et en tout lieu. Mais à se croire infaillible, voire invulnérable, on commet des erreurs. Celle-ci énerve les syndicats de police qui crient haro sur le baudet. Ils rappellent qu'au début de son mandat présidentiel, Jacques Chirac avait souhaité la suppression des gyrophares et des sirènes à bord des véhicules du gouvernement. Censés se fondre dans la circulation et même s'arrêter systématiquement au feu rouge, ils redevenaient des véhicules lambda, incapables de respecter un emploi du temps, au même titre que n'importe quelle voiture parisienne. Vœu pieu qui n'avait pas tardé à s'éroder sous les coups répétés des impératifs.

Or, déjà, en novembre 2003, un autre chauffeur du SPHP avait eu un accident en plein Paris, sans gravité autre que de banals dégâts matériels. Il conduisait Corinne Perben, épouse du garde des Sceaux, de retour d'une manifestation officielle. Gyrophare sur le tableau de bord, la voiture semblait s'amuser des inévitables méandres de la circulation parisienne. Las, son chauffeur prit une mauvaise décision. Plutôt que de suivre l'interminable cohorte des voitures, il opta pour un faux raccourci : un rond-point à l'envers. Belle idée, à condition que nul véhicule ne vînt de l'autre côté. Le chauffeur compta trop sur sa bonne étoile. Saint Christophe étant occupé ailleurs, un taxi surgit inopinément. La rencontre fut brutale. Tôle froissée et véhicules endommagés. Madame Perben arriva en retard à son rendez-vous. Le chauffeur du SPHP fut suspendu.

Un an plus tard. Dominique Perben se trouvait dans une Peugeot 607 officielle flashée à cent soixante kilomètres à l'heure – au lieu des cent trente kilomètres à l'heure autorisés – sur l'autoroute A7, à hauteur de Pont-de-l'Isère. Et ce, au moment où la Semaine de la Sécurité routière battait son plein…

« Il y a aussi des personnalités étrangères – dont je tairai le nom – en visite en France, qui estiment que les limitations de vitesse ne concernent que les Français et qui déboulent à plus de deux cents kilomètres à l'heure, rappelle Sylvain Lledo. Dans ce cas-là, nous mettons fin au dispositif de sécurité. Notre mission, c'est de protéger la personnalité tout en assurant la sécurité de l'ordre public. Rouler à deux cents kilomètres à l'heure, on sait le faire, mais si ça met en danger le public, on ne le fait pas. Alors on laisse la personnalité partir comme un dingue, on prévient notre hiérarchie, et on la rejoint tranquillement au lieu d'arrivée. »

HAÏTI

Le citoyen moyen pense qu'un secrétaire d'État est moins exposé qu'un ministre, fût-il affilié aux Affaires étrangères. Après tout, la fonction est parée de moins d'atours et de moins d'importance. Toutefois, cette considération très ancrée dans l'esprit français ne l'est pas du tout dans les esprits étrangers. « Ministre » ou « secrétaire d'État » sont des arguties dont ils refusent de tenir compte. L'officiel est un représentant de la France, un point c'est tout. D'ailleurs, pour combler cette fausse différence, un secrétaire d'État est appelé « Monsieur le ministre ». Il est vrai que l'appeler « Monsieur le secrétaire » pourrait le faire passer pour un sous-fifre.

Le 30 août 2004, Renaud Muselier fait la cruelle expérience de la frontière très ténue qui sépare ces deux fonctions officielles.

Il se rend à Haïti, pays qui, depuis des lustres, entretient des liens étroits avec la République de Marianne, mais dont l'instabilité est permanente. D'autant plus en cet été où les esprits sont surchauffés.

Le programme de Muselier prévoit la visite de l'hôpital Sainte-Catherine de la Cité Soleil, implanté dans un bidonville de Port-au-Prince. Situation à très haut risque car la ville est la proie des bandes armées aux revendications politiques parfois floues. Outre son officier de sécurité du SPHP, le secrétaire d'État est entouré par deux gendarmes français et quelques militaires haïtiens.

À la sortie de l'hôpital, des coups de feu claquent. Des partisans du président déchu, Jean-Bertrand Aristide, mitraillent sans vergogne la délégation française qui se retrouve encerclée. Les tirs proviennent d'armes de guerre automatiques, de fusils d'assaut, kalachnikovs et M16, et de pistolets. Gendarmes et militaires ripostent. Fusillade cent pour cent authentique et cent pour cent dangereuse. Tandis que les balles pleuvent, Muselier est emmené à l'écart, à l'intérieur du bâtiment. Impossible de sortir. Un lieutenant de gendarmerie monte sur le toit pour tirer. Son arme finira par s'enrayer.

Vue de l'hôpital, la situation est des plus préoccupantes. Un assaut des mitrailleurs rebelles est à craindre. Ils paraissent bien organisés. Répartis en trois ou quatre groupes d'une cinquantaine d'hommes, ils tirent chacun leur tour. Ils ont pour eux l'avantage du nombre et de l'armement. Pourtant, ils restent à l'écart. La riposte des protecteurs du ministre les pousse à plus de prudence.

Les Français réclament des renforts de toute urgence. Les plus proches sont des militaires brésiliens opérant sous couvert de l'ONU. Ils promettent de venir sans tarder. Il leur faudra plus d'une heure et demie pour parvenir à forcer le passage dans ce qui est devenu un véritable siège.

En attendant, à l'intérieur de l'hôpital, il faut tenir coûte que coûte et tant bien que mal.

« Ceux qui m'accompagnaient ont été très professionnels, affirmera Muselier par la suite. Personne n'a paniqué. »

La situation est grave autant que quasi inédite : un ministre français pris dans une fusillade ! Les rebelles, de plus en plus nombreux, prennent de l'assurance. Ils se rapprochent de l'hôpital. Depuis les fenêtres et le toit, on ne cesse de répondre au feu par le feu. Deux assaillants mordent la poussière. Ce qui ne fait qu'exciter encore plus le reste de ces guérilleros d'un nouveau genre.

L'officier du SPHP se sert de son arme de service. Alors que la fusillade est loin d'être terminée, il se tourne vers Muselier :

« Monsieur le ministre, nous n'avons bientôt plus de munitions. »

Où sont les Brésiliens ? Pas très loin. Eux aussi sont pris sous un feu nourri, mais ils sont mieux équipés. Ils forment la cavalerie venue sauver un fort assiégé. Dans un synchronisme presque parfait, alors que, dans l'hôpital, on en est réduit à compter les dernières cartouches, apparaît un véhicule blindé portant fièrement le logo de l'ONU. Muselier peut être évacué sans risque. Il quitte la zone dangereuse pour être emmené à l'ambassade de France. Derrière lui, la fusillade continue. On déplorera un blessé parmi les gendarmes français et un autre chez les militaires haïtiens.

« Un ministre qui se fait tirer dessus en voyage officiel, ça fait combien de temps que ça n'était pas arrivé ? », s'amusera à demander Renaud Muselier quelques jours plus tard.

Et un officier du SPHP qui vide son chargeur et la quasi-totalité de ses cartouches de réserve en pleine mission, depuis combien de temps ça n'était pas arrivé ?

« Le fonctionnaire a bien réagi, sans panique, estime Gilles Furigo, et le ministre était tout à fait d'accord avec ce point de vue. Dans les deux mois suivants, l'officier a eu un avancement et une médaille. »

FIN DE PARTIE

L'ère de Jacques Chirac touche à sa fin.

Le monde continue néanmoins de l'accaparer.

Le 14 février 2005, Rafiq Hariri, ancien Premier ministre libanais, est assassiné. Attentat à la voiture piégée. Le chef de l'État français annonce qu'il se rendra aux obsèques.

« Je reçois un appel du chef du cabinet de l'Élysée me disant qu'il veut me voir de toute urgence, raconte Sylvain Lledo. Je le retrouve dans le bureau du président Chirac avec sa fille, son staff, et l'ambassadeur de France au Liban. Le président me dit : "Monsieur Lledo, je veux aller aux obsèques du président Hariri, mais c'est ultra secret. Est-ce que je peux ?" Je suis un peu tombé des nues mais j'ai répondu "oui". Et je lui parle en quelques mots du dispositif que j'envisage. La fille du président me demande : "Monsieur Lledo, vous ne trouvez pas que c'est un peu léger comme dispositif ?" Je lui ai répondu : "Je peux mettre les soixante fonctionnaires de l'unité mais vu l'attentat à l'explosif qu'il y a eu contre le président Hariri, que l'on soit quinze ou soixante ça ne changera rien, ça fera seulement plus de morts." Il y a eu un grand silence, le président m'a regardé et a dit : "Vous avez raison. Dans deux heures, l'ambassadeur repart avec la DGSE. Vous partez avec lui mais tout cela doit rester confidentiel." Je me suis rendu sur place pour préparer la venue du président. »

Le 16, à Beyrouth, la foule est immense. Des centaines de milliers de personnes se pressent dans les rues de la ville pour se recueillir au passage du cercueil. Plane toujours la menace de l'attentat aux explosifs ou aux commandos-suicides. Cette fois, le GSPR sort les armes lourdes. Ce n'est plus le pistolet caché sous la veste mais le fusil mitrailleur clairement exposé.

Sur la place où a lieu la cérémonie, les gardes du corps observent. « Il y avait un malaise palpable, entre la haine et la peine, constate Lledo. Cela ne visait pas Jacques Chirac, qui était idolâtré. D'ailleurs, la foule voulait le remercier. Mais une foule si nombreuse, si compacte, que nous en sommes venus à nous demander comment évacuer le président en cas de danger. Alors, nous avons resserré la bulle de protection, nous avons formé une carapace, comme le faisaient les Romains, et cela nous a permis de favoriser l'évacuation. »

En septembre 2005, le président est hospitalisé à l'hôpital du Val-de-Grâce suite à un « petit accident vasculaire cérébral », selon les termes du futur communiqué de l'Élysée. L'information est d'importance. Mais elle ne filtre pas.

« Au GSPR, explique Sylvain Lledo, nous disposions d'une certaine autonomie mais dépendions quand même du SPHP. Donc, quand il y avait des comptes à rendre, c'était au SPHP. La seule fois où je n'ai pas rendu compte au directeur, c'est lors de l'hospitalisation du président. Je ne pouvais pas le faire car je n'étais pas au courant ! »

Effectivement, les policiers du GSPR sont écartés de ce transport à l'hôpital. Seuls un lieutenant de gendarmerie, un chauffeur et un médecin accompagnent le président au Val-de-Grâce. Consigne : silence absolu. Étrange. Jusqu'à présent, Jacques Chirac s'est toujours reposé sur les deux corps, sans faire de distinction. Soudain, comme Mitterrand, il se tourne vers les militaires.

« C'est une des rares fois où il y a eu rupture, admet Lledo. Il est certain que nous, les policiers, avons mal vécu cet incident car nous assurions tout autant la sécurité du président que les gendarmes et nous étions tenus à l'écart. Ce fut un épisode difficile à vivre car le personnel s'est senti trahi. »

Le Premier ministre et le ministre de l'Intérieur, qui n'est autre que Nicolas Sarkozy, n'apprennent la nouvelle que tardivement.

En dépit de cela, le président se dit très satisfait de sa garde rapprochée dont son garde du corps personnel, Joël Morin, qui le suit depuis plus de vingt ans, de Matignon à l'Élysée en passant par la mairie de Paris. Morin était notamment là ce 14 Juillet où un tireur isolé tenta de tirer sur le président. Présent, à la garden-party élyséenne qui suivit, à se demander si parmi les invités l'un n'allait pas commettre l'irréparable. Morin, le fidèle, au point que son « patron » lui remettra personnellement la Légion d'honneur.

Jacques Chirac est sans doute moins satisfait du comportement d'un gardien de la paix membre du SPHP...

Dans la nuit du 2 au 3 décembre 2006, cet homme est chargé de surveiller l'Airbus présidentiel stationné sur l'aéroport de Bamako (Mali), de 21 heures à 7 heures le lendemain matin. Un travail long mais assez peu compliqué qui réclame surtout attention et vigilance. L'aéroport est lui-même protégé par des militaires et il y a peu de chance qu'un intrus parvienne à s'approcher de l'Air Force One français. Ce qui ne veut pas dire que le policier peut se la couler douce. L'avion présidentiel n'est pas un objet anodin. On ne le surveille pas comme on surveille une salle des fêtes auvergnate visitée par un obscur sous-préfet.

Hélas, le policier supporte mal la chaleur. Pris d'un malaise, il cherche un endroit frais où se détendre. Ne voilà-t-il pas qu'il entre dans la chambre présidentielle installée dans l'Airbus. Il s'assoit sur le lit, se déchausse, finit par s'allonger... et s'endort ! Au bout d'un temps incertain, il se réveille et, se rendant compte de sa méprise, se lève pour s'installer dans un fauteuil. Lui aussi présidentiel.

Ne répondant pas aux appels de sécurité, il met en alerte ses collègues. Plusieurs montent dans l'avion, inquiets et armés. Ils découvrent ce brave policier lové dans les bras de Morphée. À ce moment, personne ne songe au lit de la pièce voisine, mais le valet de chambre du président a l'œil : les draps sont froissés, salis. Qui a osé ? Le policier n'a d'autre choix que d'avouer. Ça ne se fait pas. Ça se sait.

« C'est quelqu'un de notre service qui s'est endormi dans l'avion du président, admet Sylvain Lledo. Mais je crois qu'il était malade. Il faut savoir que l'avion est éteint, plus rien ne fonctionne à bord et que vous ne pouvez pas sortir. Certes, il avait son kit de survie mais il était malade et a probablement succombé à un malaise. »

L'affaire amuse beaucoup, même si elle devrait inquiéter quant à la bonne tenue de la sécurité. L'endormi est sanctionné. Dans l'« intérêt du service », il est muté, quittant le SPHP pour un service où s'il s'endort dans l'exercice de ses fonctions, cela ne risque pas d'être dans un lit présidentiel...

2007 est l'année de la campagne officielle pour la présidentielle. Comme précédemment, les principaux candidats annoncés au premier tour se voient proposer par le SPHP une protection rapprochée. À eux de l'accepter ou de la refuser. À droite, Nicolas Sarkozy bénéficie à la fois de la présence de gardes fournis par l'UMP et, en tant que ministre de l'Intérieur, de policiers (un chauffeur, un officier de sécurité, et quatre autres membres du SPHP installés dans une voiture suiveuse). Son QG de campagne de la rue d'Enghien, à Paris, est surveillé par la préfecture de police. À gauche, Ségolène Royal répugne à se servir de bodyguards « officiels ». Elle préfère utiliser les services de sécurité du PS renforcés par des policiers bénévoles et militants, membres de syndicats ancrés à gauche. Mais en septembre, suite à des bousculades mal gérées à la fête de la Rose de Frangy-en-Bresse, elle accepte de recourir au SPHP. La protection de Philippe de Villiers, qui a fait l'objet de menaces précises, a débuté plus d'un an avant le lancement de la campagne. Un autre candidat passe sous le giron de ce service spécialisé : François Bayrou. Le SPHP se retrouve au cœur de la campagne.

Les textes prévoient que les deux candidats au second tour soient *automatiquement* protégés par une escorte officielle. Ainsi est fait pour Nicolas Sarkozy et Ségolène Royal.

Les policiers du SPHP se retrouvent donc aux premières loges pour apprendre la victoire d'un homme qui a longtemps été leur ministre de tutelle.

NICOLAS SARKOZY

RETOUR AUX SOURCES

Lorsque François Mitterrand s'est installé à l'Élysée, il avait 63 ans. Quand Jacques Chirac lui succéda, il affichait 62 ans au compteur. À 52 ans, Nicolas Sarkozy devient le sixième président de la République. Il n'est pas seulement plus jeune, il est aussi d'une tout autre génération. Celle de la haute technologie et de la mondialisation. Celle où tout va plus vite, tout se sait plus facilement. Il s'est adapté au portable et à Internet. Il a aussi pris en compte les menaces terroristes. Depuis le 11 septembre 2001, Al-Qaïda a dangereusement récidivé. La fonction présidentielle française est exposée, donc menacée. Même chose pour les dirigeants des pays voisins, visés à la fois par des groupuscules terroristes et par des illuminés un peu trop vindicatifs.

Le nouvel élu débarque à l'Élysée avec des idées bien arrêtées, ce qui inclut sa propre protection. Le jour même de son élection, lors des réjouissances du Fouquet's, il a été très clair envers les policiers : la même équipe qui le suit depuis le début, en plus des renforts issus du RAID. Quatre-vingt-dix personnes et pas une de plus.

Il a, par deux fois, été ministre de l'Intérieur, presque cinq ans en tout. Notion à ne jamais oublier, il a tissé des liens très précieux avec la police. Non avec la gendarmerie, toujours sous la tutelle du ministre de la Défense. Sarkozy va faire souffler un vent de changement au sein du Château et, en guise de dommage collatéral, va panser des plaies tout en semant le doute chez des militaires trop habitués à leurs avantages qu'ils croient à jamais acquis.

Plus de vingt ans après, les « anciens » du SPHP se souviennent encore de l'arrivée des gendarmes à l'Élysée et de leur mainmise sur la protection présidentielle. Vingt ans de purgatoire. Vingt ans de mise à l'écart. Certes, Jacques Chirac s'était efforcé de rétablir un équilibre précaire mais, en ces premières années du XXIe siècle, la présence de militaires autour du chef de l'État n'est toujours pas bien vue par les civils. Dans cette ambiance mi-figue mi-raisin, Nicolas Sarkozy va balayer les derniers doutes, imposer son équipe et secouer un palais qui commence à s'engourdir.

Pas de temps à perdre.

Dès le 15 mai, veille de l'investiture du nouveau président, le lieutenant-colonel commandant le GSPR est convoqué dans un bureau de l'Élysée. Un conseiller de Nicolas Sarkozy lui annonce de but en blanc le départ « souhaité » des trente gendarmes, dont une femme, composant la moitié du groupe. Au revoir messieurs dames et bon retour dans vos casernes respectives.

Cette décision peut paraître brutale, d'autant que six gendarmes, qui viennent de terminer leur formation de neuf mois, doivent intégrer le service prochainement. De plus, il est prévu de longue date qu'un vétéran du GIGN doit prendre la succession du lieutenant-colonel. Cela ne change rien à la nouvelle donne. Tout ce qui a été prévu est désormais suspendu. Non seulement les cartes ont changé, les règles aussi, mais surtout les joueurs.

Il est donc « demandé » aux gendarmes de quitter le palais au plus vite. Concrètement, leur est retirée, pour un temps indéterminé, la protection rapprochée du président de la République. Une vraie révolution. L'écroulement de vingt ans de plus ou moins bons mais toujours loyaux services.

Les trente gendarmes en sont médusés. Ils n'en croient pas leurs oreilles. N'étant pas très clairement fixés sur leur sort, ils pratiquent la politique de l'autruche. Ils exigent un ordre écrit, tamponné, authentifié, ratifié. Dans cette attente, ils restent sur place. Geste inutile car s'ils sont physiquement présents, ils sont démunis de toute activité autour du président. Ils sont là sans y être. Dans une branche qui ne connaît pas la pénurie professionnelle, les voici, par la force des choses, en chômage technique. Pour bien leur signifier leur inutilité, il leur est demandé de quitter les locaux où ils ont l'habitude d'officier pour se retrouver dans l'aile droite du palais, loin de tout. Une forme d'ostracisme moderne.

Leur éloignement ne devrait pourtant pas les surprendre. Ils savent Nicolas Sarkozy plus attaché aux policiers qu'aux gendarmes. Depuis la prise d'otages de Neuilly, dont il était maire, en 1993, il compte des amis au sein du RAID. De plus, il n'a pas apprécié, dit-on, le silence des gendarmes du GSPR qui n'ont pas fait état de l'hospitalisation de Jacques Chirac en septembre 2005. Il est vrai que, ce jour-là, peu de personnes se trouvaient dans la confidence. Résultat, ces militaires spécialisés ne sont plus souhaités au sein du GSPR. Ils tardent pourtant à admettre l'évidence et mènent une sorte de résistance passive face à un envahisseur qui n'en est pas un.

« On est toujours à l'Élysée, explique l'un d'entre eux, mais on n'a plus aucune mission. On en a gros sur la patate[1]. »

Ils finissent cependant par quitter les lieux, les uns après les autres.

« Les gendarmes ont été à la limite de la désobéissance, estime René-Georges Querry. Ils ont attendu deux mois avant de partir et ça, c'est mal. Sarkozy venait de passer neuf mois au ministère de l'Intérieur avec des policiers en qui il avait une totale confiance, ils ont été d'un professionnalisme et d'une discrétion hors pair. Il est donc naturel que Sarkozy veuille les garder à l'Élysée, et les gendarmes n'ont pas à discuter. La confiance est fondamentale, Mitterrand c'était les gendarmes et Sarkozy c'est la police. »

Ces militaires ne sont pas les seuls à partir. Les vingt-trois policiers qui opéraient au GSPR du temps de Chirac sont, eux aussi, invités à rentrer « chez eux », c'est-à-dire au SPHP. Ils le font sans rechigner.

« C'était compliqué, rapporte Sylvain Iedo. Le directeur nous a dit que c'était fini, qu'il y allait avoir une nouvelle structure, un peu à l'américaine où on change d'équipe en même temps que de président. En tout cas, on m'a clairement dit que la protection du nouveau président se ferait sans moi. J'ai réintégré le siège du SPHP le 17 mai 2007 à 14 h 25, lorsque le président Chirac a quitté ses fonctions. Les gendarmes sont restés. Je suis parti sans état d'âme et sans papier officiel. Au départ de ma mission, j'avais reçu mon arrêté de nomination mais je n'ai toujours pas reçu celui de fin de mission ! »

Sous la houlette du commandant Michel Bernard s'organise un nouveau GSPR. Bernard est un proche de Sarkozy. Ils se connaissent

1 *Libération* du 6 juin 2007.

depuis 2002 et se font confiance l'un l'autre. Avec lui arrivent la plupart des policiers qui ont assuré la sécurité de Sarkozy en tant que ministre de l'Intérieur puis en tant que candidat déclaré.

Le matériel est modernisé. De nouveaux véhicules font leur apparition, dont un 4x4 Volkswagen Touareg blindé.

En août 2007, Jean-Louis Fiamenghi, ex-chef du RAID, prend la direction du SPHP. Il connaît bien Nicolas Sarkozy et sait que l'homme ne rentre dans aucun cadre prédéfini.

« Nous avons un président atypique, rappelle-t-il. Un repas est prévu de 13 heures à 14 h 30, mais lui peut n'y rester que dix minutes. Il s'énerve facilement. Un mec lui parle mal, il change tout le programme au dernier moment. Donc, il faut s'adapter. Il faut parfois tout reprogrammer : les cortèges, les avions, etc. Un jour de septembre, nous nous trouvions au siège de l'ONU, à New York. Tout à coup, le président ne veut pas rester. Le problème, c'est que toutes les voitures des cortèges étaient placées à tel endroit, dans tel ordre et les nôtres étaient bloquées. Le président a dit que, dans ces conditions, il prendrait un taxi ! En catastrophe, nous avons demandé au Secret Service de débloquer des voitures. Il a fallu insister ! Mais je suis certain que, si nous n'y étions pas arrivés dans de brefs délais, Sarkozy aurait bien pris un taxi. Il était prêt à le faire. Le 14 Juillet, contre toute attente, Nicolas Sarkozy a quitté la tribune sur la droite pour passer voir les handicapés. Ça paraît être un geste où il surprend tout le monde. Mais les gars avaient anticipé et se sont immédiatement adaptés. En réalité, quand Sarkozy dit "Je descends !", c'est du bonheur pour nous parce qu'aucun complot organisé ne peut avoir prévu ce changement. Hormis un fou dans la foule, rien ne peut se passer… Quoi qu'on en dise, Nicolas Sarkozy est très soucieux d'écouter le conseil "Attention, Monsieur le président, on va aller là parce que il y a ça et ça." C'est lui qui évalue, mais il écoute nos conseils. Entre lui et le service de protection, il y a une très grande proximité qui n'existait pas avec Chirac qui s'en désintéressait. Ce n'était pas un mec anxieux. Ce que j'aime avec Sarkozy c'est qu'il aime prendre des risques mais qu'il a une véritable écoute et une complicité avec son service de protection rapprochée. »

LES NOUVEAUX

Élections, remaniements ministériels, départs plus ou moins volontaires… les changements de gouvernement surviennent quand on ne les attend pas toujours. Finies, les valses politiques de la Troisième République, néanmoins, en certaines époques, la Cinquième a esquissé quelques pas de danse croquignolets. Souvenons-nous d'un ministre de l'Intérieur resté seulement trois mois à son poste, d'un autre qui assura un intérim de quatre mois, d'un troisième qui fit un passage éclair n'excédant pas cent vingt jours. Ça bouge dans les ministères. Tandis que les maroquins changent de mains, les gardes du corps changent d'habitudes.

« Les temps forts de l'unité dont je m'occupais étaient les remaniements ministériels, explique Anne Desbordes. Nous portions d'abord notre attention sur des ministres de premier plan. Le responsable qui va gérer une équipe de trente fonctionnaires n'est pas le même que pour deux. Il faut une personne qui ait fait ses preuves. Quand vous êtes affecté à Matignon, il faut de la bouteille. »

« À chaque annonce d'un prochain changement de gouvernement, nous essayons d'anticiper, nous faisons notre gouvernement fantôme, ajoute Gilles Furigo. En fonction des renseignements que nous recueillons à droite et à gauche, nous dressons une liste et nous attendons le soir à 20 heures que le secrétaire général de l'Élysée égrène la liste des membres du nouveau gouvernement. À partir de là, nous essayons de proposer aux ministres qui ont déjà occupé des postes dans le passé, des gars qu'ils ont déjà eus, s'ils s'entendaient bien. Nous procédons par pyramidage en fonction du rang : les ministres les plus exposés d'abord. Après, nous en arrivons aux binômes, marier deux fonctionnaires qui doivent s'entendre entre eux et les marier avec la personnalité. En règle générale à 22 heures-22 h 30, nos équipes sont constituées. Nous leur disons : "Maintenant il faut vous débrouiller pour trouver votre ministre !" Je peux vous assurer qu'en mai 2002, quand Tokia Saïfi a été nommée secrétaire d'État auprès de la ministre de l'Écologie et du Développement durable, ce n'était pas gagné. Personne ne savait qui c'était… Parfois nous n'avons même pas l'adresse du ministre. Ça devient de la débrouille. Il faut impérativement tous les localiser dans la nuit. En 2002, c'était un mardi. Avec le conseil des ministres le lendemain et les cérémonies du 8 Mai le jeudi, ça a été speed ! En général, le lendemain de l'annonce, quatre-vingt-dix pour cent des gars ont eu un contact avec leur ministre ou alors : "Je vais le chercher à la gare tout à l'heure mais je ne sais pas à quoi il ressemble !" »

Le cas le plus singulier est celui du ministre inconnu ou débutant. Celui qui, venant de sa province où il menait une activité locale, se retrouve du jour au lendemain propulsé dans le confort d'un ministère.

« Il faut parfois faire son "éducation", précise Anne Desbordes. Mais d'abord, il faut le localiser. On ne sait pas où il est mais nous arrivons toujours à trouver quelqu'un qui le connaît. Ensuite, il faut l'amener à son premier conseil des ministres, en lui précisant de prendre de quoi écrire et lui expliquant ce qui va se passer. Ça se passe vraiment comme ça. Ils viennent d'apprendre qu'ils sont ministres ou secrétaires d'État, alors c'est l'officier de sécurité qui les oriente ! »

Le nouveau promu découvre des règles différentes. Il découvre aussi ce qu'est la vraie protection rapprochée qui diffère sensiblement des personnages musclés chargés d'écarter la foule dans des meetings politiques. Avoir un garde du corps, certes, mais encore ?

« C'est très curieux comme relation, admet Catherine Tasca. Il y a une prise en charge discrète mais très forte et constante. Dès la première heure, le matin, l'officier de sécurité est là, il règle toute une série de problèmes. On s'appuie beaucoup sur lui et plus le temps passe – j'ai eu la chance d'être ministre[1] pendant cinq ans –, plus on s'habitue à cette prise en charge qui ne ressemble à rien de ce que l'on connaît dans d'autres situations professionnelles ou personnelles. Il

1 Dont ministre de la Culture.

y a une petite interrogation sur la présence constante, qui est une chose totalement inhabituelle. Après, tout dépend de la manière dont ça se passe. Quand ça se passe bien – ce qui a été le cas pour moi –, on voit le côté positif et pas la présence constante qui pourrait être une gêne. »[2]

2 Émission télévisée *Envoyé spécial*, diffusée le 24 novembre 1994.

BALLE MAGIQUE

Un voyage présidentiel se fait, la plupart du temps, à plusieurs avions. Celui du chef de l'État, l'équivalent français du célèbre Air Force One américain, et celui des accompagnateurs, notamment des journalistes, celui-ci appartenant à une compagnie aérienne nationale.

31 décembre 2007. Pour Nicolas Sarkozy, la dernière mission officielle de l'année est un voyage au Caire. Les activités diplomatiques achevées, il est temps de rentrer en France pour y fêter le réveillon. Sur le taxiway, l'Airbus est prêt. Le président est annoncé. Décollage prévu à l'heure, selon le planning fourni par les services de l'Élysée.

Une trentaine de journalistes, travail accompli, montent à bord de l'autre avion, suivis par différents membres de la délégation dont des officiers du SPHP. Tout ce petit monde se dirige vers l'arrière de l'appareil. On s'installe, on bavarde, on plaisante, on décompresse. L'un des policiers range son arme de service. Pistolets, revolvers, fusils et autres engins du même acabit, il connaît. En tant qu'ancien du RAID et actuel du SPHP, il s'est rodé au maniement des armes à feu. Mais… maladresse : au moment où il manipule ladite arme, le coup part !

Dans la carlingue, le bruit résonne jusqu'à vriller les tympans. Pas de panique mais une grande inquiétude. Des journalistes se demandent si le policier n'aurait pas flingué un terroriste caché à l'arrière. Le responsable se confond en excuses et explique qu'il a commis une bourde en tentant d'éjecter la balle glissée dans le canon. Il a frôlé la détente et expédié le coup fatal.

« Les policiers du SPHP qui montent dans un avion officiel sécurisent leur arme, explique Helena Thomas. Ils enlèvent les chargeurs et, surtout, ils enlèvent la balle chambrée du canon, c'est-à-dire la balle qui se trouve en permanence dans le canon. Dans le cas présent, le type a mal retiré la culasse, la balle aurait dû s'éjecter. Il a voulu à nouveau retirer la culasse mais son doigt a effleuré le détonateur et le coup est parti. C'est une erreur de manipulation et c'est une faute professionnelle. Quand on voyage avec Sarkozy, tout va toujours très vite. Le type a dû monter parmi les derniers et a voulu aller vite pour ranger son arme. Trop vite. »

La balle a traversé le plancher. Le trou est parfaitement visible. Le pilote et son équipe foncent dans la soute, située en dessous, pour retrouver la félonne. Au bout d'une dizaine de minutes, ils la dénichent, cachée effectivement dans la soute à bagages, où elle a traversé une caisse de matériel d'une équipe de France 3 avant de finir sa course dans la valise d'une journaliste de *VSD*. Caisse et valise qui ont fait office de protection car la puissance de la balle aurait pu l'entraîner plus loin. Elle était parfaitement capable de traverser le fuselage pour aller se loger dans le bitume. Dans ce cas, l'avion devenait inutilisable. Par mesure de sécurité, le pilote vérifie l'intérieur et l'extérieur de l'appareil, au cas où la balle aurait effectué des ricochets et entamé le métal. Cela retarde le décollage d'une heure.

L'accident est rare mais significatif. Une arme à feu, quelle qu'elle soit, n'est jamais un objet anodin. Même entre les mains de spécialistes aguerris, elle peut continuer à remplir inconsidérément sa fonction : faire de gros dégâts.

Cet accident renvoie à un autre, tout à fait comparable, survenu dans la cour de Matignon en 1996. Jacques Chirac était alors Premier ministre. Pour remplacer un de ses gardes du corps, on lui envoie une jeune recrue. La passation de pouvoir a lieu dans la cour où l'ancien transmet les consignes au nouveau. Il lui montre également la voiture qui sert peu ou prou de bureau. Les deux hommes se serrent la main et se séparent. Le jeune s'installe dans le véhicule dans l'attente d'une prochaine sortie du ministre. Il constate que son collègue a oublié son arme sur le siège. Il la manipule et, sans faire exprès, tire un coup de feu qui traverse le plancher. La détonation est entendue par tous les bureaux avoisinants dont celui du Premier ministre qui apprécie moyennement. Le fautif est aussitôt remercié et renvoyé à son service. Il ne sera resté en poste qu'un quart d'heure !

TARMAC

Le 24 juin 2008 après trois jours de visite officielle, Nicolas Sarkozy et son épouse s'apprêtent à quitter Israël. La cérémonie de départ a lieu à l'aéroport en présence du Premier ministre Ehud Olmert et du président Shimon Peres. Sur le tapis rouge, au pied de l'avion, ont lieu les derniers adieux et ultimes serrements de main.

Soudain, l'attitude des gardes de sécurité israéliens change. Ils entraînent ministre et président vers les voitures blindées garées tout à côté. Les officiers du GSPR comprennent qu'il se passe quelque chose d'anormal.

« Je vois le président israélien qui hâte le pas mais ce n'est pas une évacuation, témoigne Jean-Louis Fiamenghi. Mais nous ne disposons d'aucune information, nous ne savons rien. Nous ne sommes pas dans le cadre d'un attentat. Nous avons senti qu'il se passait quelque chose, c'est tout. La véritable explication, nous ne l'avons eue que dix minutes après. Il faut savoir gérer le danger. Si on faisait attention à tous les bruits, tous les jours on aurait une bonne raison d'évacuer un président ! »

Un homme entraîne Carla Bruni à l'intérieur de l'appareil, la poussant pratiquement à courir sur les dernières marches. Trois autres gardes invitent Nicolas Sarkozy à suivre le même chemin, la carlingue de l'avion assurant une protection efficace. Le problème n'est toujours pas identifié. Il s'est passé quelque chose, mais quoi ?

Calmement, le président monte les marches et se retourne pour saluer ses hôtes. Pendant quelques secondes, il forme une cible parfaite. Nul ne sait encore s'il y a tentative d'attentat. Dans le doute, mieux vaut renforcer la protection. D'ailleurs, les gardes du corps français ferment la porte de l'appareil.

Shimon Peres, lui, est enfermé dans sa voiture. Il ne quitte pas le tarmac pour autant. Sa sécurité le tient au courant. Un coup de feu a été entendu non loin de l'aérogare. On enquête. À quelques mètres de l'avion français, on vient de retrouver le corps d'un soldat israélien qui, selon toute vraisemblance, s'est donné la mort. « Un garde-frontière s'est suicidé à l'aéroport Ben Gourion au moment où le président français Sarkozy était sur le point de partir », affirmera par la suite Micky Rosenfeld, porte-parole de la police locale.

Pleinement rassuré, Olmert ressort de sa voiture pour monter dans l'avion français et annoncer personnellement au président français que, d'après ses premières informations, il ne s'agit pas d'une tentative d'attentat terroriste. L'incident est clos. Évacuation rapide et efficace du couple présidentiel.

« Le soldat qui s'est suicidé l'a fait dans un hangar à deux cents mètres de là, résume Gilles Furigo. Les gens qui sont sur place voient de l'animation et que l'on évacue le Premier ministre israélien. Dans un tel cas, la première chose est de faire monter Sarkozy et Carla Bruni dans l'avion, et ce malgré le fait qu'ils n'aient entendu aucun coup de feu. »

Les médias français relaieront l'information à grand renfort d'images et, surtout, de commentaires. Ils se tromperont sur deux points :

– Personne autour de l'avion français n'a entendu le coup de feu. Il a été tiré de beaucoup trop loin, et dans un local clos, pour pouvoir être perceptible. Seule l'attitude des services israéliens, alertés grâce à leurs fameuses oreillettes, a justifié le comportement du GSPR.

– Il n'y a eu aucun « début de panique ». Les gardes du corps français ont agi dans le calme et la célérité.

Comme toujours en pareil cas, des voix s'élèveront pour critiquer l'attitude du GSPR. S'il y avait eu tentative d'attentat, faire monter les marches à la première dame puis au président signifiait les exposer à un éventuel tireur. L'une des procédures envisageables était de déployer les mallettes de protection balistique et, soit de faire monter les marches de l'escalier à toute vitesse, soit, plus logiquement, de placer le couple sous l'échelle de coupée qui servirait de pare-feu. Mais ce jour-là, une telle réaction aurait été disproportionnée face à la réalité des faits : aucune balle n'a été tirée en direction des officiels. De plus, Nicolas Sarkozy était entouré par trois hommes qui le protégeaient de leur stature. S'il y avait eu un sniper planqué sur un toit, il n'aurait disposé que de très peu de temps pour ajuster son tir.

SOUVENIRS DE VOYAGES

Qu'ils fussent surnommés autrefois les VO ou qu'ils soient désormais les policiers du SPHP, la plupart, pour ne pas dire tous, ont eu le droit de participer à des voyages officiels. Pas seulement à la Garenne-Bezons ni à Bully-les-Mines. De vrais voyages au bout du monde, dans des conditions uniques et, souvent, privilégiées. Tout le monde, au sein du service, s'accorde à dire que les voyages officiels, on en profite toujours mieux avant la mission, c'est-à-dire durant la phase de préparation. À ce moment, en dehors des réunions, il y a la visite des lieux où se rendra le président ou le ministre, il y a aussi de rares plages de détente où le touriste devient roi. « Nous avons fait un beau voyage », chante-t-on dans l'opérette *Ciboulette.* Un air que l'ensemble du service, anciens et modernes, pourrait entonner en chœur.

Georges Clément : « Pour moi, ce fut une expérience extraordinaire parce que ça m'a permis de voir des choses qu'un citoyen classique ne peut pas voir, surtout à l'étranger. Je suis allé un peu partout, au Japon à l'intérieur du Palais Impérial, à Oman dans le sultanat, dans les fins fonds du Yémen, les plages de Tahiti. Ça nous permettait d'entrer dans des endroits qui ne sont pas permis. Je suis encore un peu nostalgique de cette période. »

Christian Oslawska : « Je suis allé deux ou trois fois en Jordanie, j'ai été invité dans le désert sous la tente par un fils de sheikh, j'ai été reçu comme un chef d'État parce que je représentais l'image de la France. Pendant un moment, je me suis presque senti comme Lawrence d'Arabie ! J'ai beaucoup aimé la Jordanie car c'est un peuple tolérant, qui aime la France. »

Anne Desbordes : « Madame Giscard d'Estaing accompagnait son mari lors d'un voyage dans le Golfe. À Doha, elle a été reçue par la quatrième épouse de l'émir du Qatar. Elle avait organisé un dîner particulier puisqu'il était uniquement composé de femmes. Jusqu'alors, je me demandais quand ces épouses portaient les robes de grands couturiers et les bijoux qu'elles achetaient à Paris. En arrivant à cette soirée, j'ai compris. Il y avait là une centaine de femmes sublimement habillées et parées. L'épouse de l'émir m'a prise dans ses bras avant même de saluer Madame Giscard d'Estaing car elle se souvenait que j'avais assuré sa sécurité à Paris. Ayant été invitée au repas, je ne pouvais assurer la sécurité de Madame Giscard d'Estaing et c'est un de mes collègues qui s'en est chargé. Une soirée éblouissante. »

Sylvain Lledo : « Grâce au SPHP, j'ai été dans des pays que j'aurais certes pu faire à titre perso mais sûrement pas dans les mêmes conditions. J'ai eu accès à des lieux que je n'aurais jamais pu visiter. Par exemple, en Inde on a fait un dîner d'État au cœur même du palais présidentiel, dans les jardins, et là vous êtes dans le sublime. En Thaïlande, il y a eu un dîner dans les appartements privés du roi… Vous ne faites pas ça en suivant *Le Guide du Routard*. Je me souviens qu'en Thaïlande il y a un protocole très difficile à respecter car il faut toujours être plus bas que le roi. Ceux qui servent le roi sont pratiquement à quatre pattes. En plus, il faut porter un vêtement fermé. À un moment, je me suis retrouvé en haut des escaliers, au-dessus du roi, la veste non fermée. J'avais tout faux !… J'ai également visité le site de l'armée enterrée en Chine. Comme le président devait descendre, alors que c'est interdit au public, je suis descendu avant pour inspecter les lieux. Se retrouver ainsi entouré par toutes ces armées, vous imaginez ? C'était grandiose !… J'ai voyagé dans l'Air Force One avec Bush lors des cérémonies du Débarquement. Tout ce que je peux vous dire, c'est que tout y est labellisé Air Force One, des cacahouètes aux serviettes. Le SPHP procure ce genre de choses. »

Il peut aussi y avoir une petite forme de frustration.

« J'ai passé quinze jours à Tokyo en voyage préparatoire, raconte Jean Grinsard. Nous avons reconnu les itinéraires et les lieux. Nous sommes allés au palais de l'empereur. C'était impressionnant… sauf que nous sommes restés dans le hall et dans les jardins, nous n'avons pas eu le droit d'aller plus loin. »

De beaux voyages, oui. Mais attention à toujours garder la tête froide. Non seulement pour continuer à bien remplir sa mission au moment opportun mais aussi pour encaisser le contrecoup de retour dans son modeste chez-soi.

« Notre métier peut tourner la tête car nous évoluons dans un univers qui n'est pas forcément le nôtre, admet Anne Desbordes. C'était très rare, mais il est déjà arrivé que certains craquent. Venir au Lancaster quand vous êtes gardien de la paix, descendre dans les palaces de la Côte d'Azur, dans des villas, ça peut facilement faire tourner la tête. C'est aussi pour cela que le SPHP ne recrute pas trop jeune. »

Avertissement sans frais : les choses ont beaucoup changé. Restrictions budgétaires obligent, les fonctionnaires du service ne descendent plus forcément dans les cinq étoiles où sont logées les personnalités qu'ils protègent. On leur choisit un lieu proche mais moins prestigieux. Dommage…

SOMMETS ACCESSIBLES

Les sommets internationaux se suivent et ne se ressemblent pas tout à fait. Sous la pression d'une menace terroriste omniprésente, ils se muent en escalade, voire en surenchère à la sécurité. Il faut toujours plus de personnels et plus de moyens techniques.

Ainsi, le sommet de lancement de l'Union pour la Méditerranée qui réunit une quarantaine de chefs d'État et de gouvernement, en juillet 2008, à Paris. Un incroyable déploiement de force destiné à la fois à protéger les participants d'un attentat, mais aussi à contrer les manifestations hostiles et, de manière plus générale, tout trouble potentiel. Le SPHP se retrouve au cœur d'un dispositif de grande ampleur réunissant la plupart des services de police, dont le RAID, des escadrons de gendarmes mobiles, des compagnies de CRS, la police urbaine de proximité, la brigade fluviale, des démineurs, des maîtres-chiens, des motards, etc. Le secteur entre le Grand-Palais et l'Élysée est bouclé. Périmètre infranchissable pour qui ne montre pas patte blanche. Les Parisiens commencent à en prendre l'habitude.

Début avril 2009 se tient le sommet de l'Otan conjointement à Strasbourg et à Kehl, de l'autre côté de la frontière allemande. Vingt-huit chefs de délégation. L'organisation en incombe aux Français et aux Allemands. Travailler en province est toujours plus complexe qu'à Paris où l'on dispose de tout le matériel et de tout le personnel. Ailleurs, il faut « importer ».

En réalité, pour ce sommet de l'Otan, ce sont trois entités qui doivent collaborer : le SPHP, son homologue allemand et la direction de l'Otan censée chapeauter le tout.

« Le secrétariat général de l'Otan nous a transmis son cahier des charges, un énorme document de plusieurs centaines de pages, explique Pascal Gérard. D'abord, ce document était en anglais alors que le français est la langue officielle de l'Otan. J'ai commencé par le leur renvoyer en leur demandant de le traduire. En réalité ce document avait été écrit pour le précédent sommet en Roumanie où il y avait tout à faire en matière de protocole et de sécurité. Il y avait bon nombre de choses qui ne nous plaisaient pas. Par exemple, ils voulaient que soit créé un comité national de sécurité alors qu'en France c'est le préfet qui gère tout cela. Ils exigeaient également un matériel très coûteux pour un sommet qui ne durait que deux jours… Avec les Allemands, ça s'est bien passé parce qu'il existe un accord de coopération collatérale stipulant qu'en cas d'événement exceptionnel, chaque force de police a le droit d'intervenir dans le pays voisin. Je suis allé à Berlin avec le directeur du service pour mettre en place une doctrine commune : mêmes dispositifs de sécurité, de cortèges, etc. Nous avons reçu les équipes des missions préparatoires de chaque pays. Avec les Européens, nous organisions des déjeuners, avec les Américains, c'était un buffet de sandwichs car ils considèrent que s'asseoir à table est une perte de temps. »

Il faut aussi s'adapter aux habitudes des Américains qui ne disposent plus d'une, mais de deux limousines présidentielles blindées rigoureusement identiques. L'une est un leurre. La décision de celle qu'empruntera Barack Obama – dont c'est la première visite en Europe depuis son élection – est prise à la dernière minute. L'autre prenant également la route, avant ou après, mais sans personnalité à l'intérieur. De plus, ils utilisent un puissant 4x4 suréquipé de matériel électronique, destiné à brouiller les ondes pour interdire le déclenchement d'une bombe radiocommandée sur le passage du cortège.

L'une des missions franco-allemandes consiste à sécuriser les alentours de la passerelle des Deux-Rives reliant la France à l'Allemagne, autour de laquelle doit se tenir une cérémonie officielle. Aux forces terrestres, il faut ajouter une sécurité aérienne, une sécurité maritime sur le Rhin. Au total, huit mille cinq cents personnes affectées à la sécurité en France et vingt mille en Allemagne. Pour sa part, le SPHP gère sept cent soixante et onze hommes et femmes, dont deux cent trente conducteurs privés.

Pour les organisateurs, la pression est accentuée par le fait qu'une très forte contestation est attendue. Les renseignements font état de la venue de trente mille manifestants dont trois mille particulièrement violents comme les Black Blocs allemands qui cherchent, par tous les moyens, l'affrontement avec les forces de l'ordre.

« Le principal souci, ajoute Pascal Gérard, était que Kehl, qui est une toute petite ville, ne dispose pas de structures d'hébergement importantes et qu'il n'y avait pas non plus assez d'hôtels à Strasbourg pour accueillir l'ensemble des délégations. La moitié des chefs de délégation a dû être hébergée à Baden-Baden, à une soixantaine de kilomètres au nord. Pour éviter tout risque de blocage de l'autoroute par les manifestants, nous avons décidé, en accord avec les responsables allemands, d'utiliser une vingtaine d'hélicoptères pour acheminer ces personnalités entre Baden-Baden et Strasbourg. Des heures de répétition ont été nécessaires pour minuter ce ballet aérien. »

Autre souci, les déplacements automobiles.

« Nous disposions de deux itinéraires, poursuit Gérard. Mais sur le principal, à un moment, il fallait emprunter une espèce de tuyau dans lequel il était impossible de faire demi-tour. Il fallait interdire toute forme d'incursion. Déjà, les chefs d'État allaient devoir voyager en bus, car on ne pouvait mettre en place un cortège de quatre kilomètres de long, et ils risquaient de ne pas être très contents. Les Canadiens ont très peu apprécié : "Pourquoi vous nous mettez dans un bus ? En plus il n'est pas blindé !" Seul Obama a pris sa limousine. J'avais donc placé deux officiers dans le bus, une voiture de sécurité devant, une autre derrière et l'hélicoptère au-dessus. Si la foule avait débordé, le bus aurait été coincé et nous aurions été la risée du monde entier. Franchement, je ne sais pas ce que nous aurions fait. Nous avons mis tout en place pour que ça n'arrive pas : des barrières, des policiers, des CRS. Mais c'était assez flippant. »

Comme l'avaient craint les offices de renseignement, il y a des mouvements de protestation – moins nombreux que prévu – et des débordements violents. Le SPHP n'est pas en cause mais, comme le souligne Pascal Gérard : « Cela a entaché le sommet. »

Manifestants agressifs, engins volants piégés, explosifs cachés sous la chaussée, attentats-suicides, les menaces peuvent surgir de partout, de l'artisanat à la haute sophistication. La protection doit prendre en compte un panel qui ne cesse de s'étendre, jour après jour. Cela explique pourquoi l'organisation de sommets internationaux se révèle de plus en plus complexe et nécessite des répétitions grandeur nature.

Tel est le cas à Nice en mai 2010.

Sommet Afrique-France. Il convient d'étudier de près le parcours reliant l'aéroport au palais Acropolis où se tiendra le sommet. Le SPHP veut voir les choses de près, de très près. Quatre jours avant la réunion, il a prévu d'organiser une grande répétition, comme il aime à le faire. Pour y parvenir, il demande que la circulation soit interdite sur tout le parcours. Il ne s'agit pas seulement de sécuriser le trajet mais aussi d'organiser le ballet des quatre cents voitures qui formeront les divers cortèges officiels. Dans la nuit, les policiers étudient différentes possibilités, les voies de dégagement, l'emplacement des renforts, etc. Tout ceci au grand dam des automobilistes niçois qui ne sont prévenus qu'au dernier moment. Les systèmes de déviation sont hasardeux et la colère gronde, ce qui éveille l'intérêt des journalistes. Le SPHP se sentirait-il tout-puissant au point de mépriser les gens du cru ?

« Nous avions annoncé depuis quatre mois la fermeture des rues de la ville, précise Helena Thomas chargée de l'organisation de ce sommet. J'ai découvert au dernier moment que le préfet n'était au courant de rien ! J'avais expliqué ce que nous allions faire lors d'une réunion le 1er avril – et ce n'était pas une blague –, j'avais précisé que nous n'organisons jamais un sommet de cette importance sans répétition. Cela avait été pris en note par le secrétaire du préfet qui devait également en avertir le maire de Nice. Tout était réglé. Pourtant quand nous avons voulu démarrer la répétition, tout le monde avait oublié ! J'ai conseillé au préfet de relire les comptes rendus de réunion du sous-directeur de cabinet qui s'était engagé à prévenir tout le monde. La préfecture ayant omis de prévenir la mairie, il n'y a pas eu de communication à la presse et on a effectivement bloqué les rues de 21 h 30 à 4 heures du matin. Mais nous n'avons pas travaillé dans des conditions correctes car certains axes n'ont pu être fermés à la circulation, faute de déviations. Bref, la Ville de Nice ne nous ayant pas aidé, ce fut un vrai cafouillage. Mais le jour J, tout s'est très bien passé. Nous avions cent cinquante fonctionnaires du SPHP plus des renforts car nous devions gérer neuf cent quatre-vingts personnes, le trajet a été totalement aseptisé et aucun incident à signaler. »

Tout craindre, tout prévoir.

Chaque sommet est une nouvelle gageure, chaque déplacement un nouveau défi, de nouvelles menaces à étudier, de nouveaux lieux à découvrir, de nouveaux éléments à intégrer.

Et ce n'est jamais terminé.

Les incidents peuvent être de toute nature et pleuvoir de partout.

Cela peut être le ministre de l'Agriculture, Bruno Le Maire, obligé de rebrousser chemin face à la colère de quelque cinq cents agriculteurs, à Cournon-d'Auvergne, non loin de Clermont-Ferrand[1].

Cela peut être un photographe de presse qui bouscule la chancelière allemande Angela Merkel, lors d'une cérémonie officielle sur les Champs-Élysées[2].

Cela peut être une bouteille d'eau (vide et en plastique) jetée par un adolescent sur le président Sarkozy jusqu'à lui toucher le bras, lors de la visite d'un collège à Beauvais, au moment où il sert des mains[3].

« Oui c'est un loupé, admet Jean-Louis Fiamenghi. Encore une fois le cent pour cent n'existe pas. Dans ce cas précis, un des officiers n'a pas couvert son champ visuel. Il ne faut pas le dire, mais si on veut tuer un président, on peut le faire à tout moment. »

Les dirigeants étrangers constituent eux aussi des cibles privilégiées. En décembre 2009, le chef du gouvernement italien, Silvio Berlusconi, est blessé au visage par un déséquilibré qui se sert d'une reproduction de la cathédrale gothique de Milan comme d'une massue. Parfaitement conscient que le danger est partout, au lendemain de cette agression, le président Sarkozy met en garde les membres du gouvernement français : « Ce qui est arrivé à Silvio Berlusconi peut très bien se produire en France. Vos officiers de sécurité ne sont pas des éléments de standing. Je vous demande d'être toujours accompagnés, quel que soit le lieu où vous vous rendez pendant vos vacances. »

Conséquence directe, les ministres passent Noël avec les leurs, non loin de leurs gardes du corps. Pas toujours facile à vivre, comme le constate Bruno Le Maire : « J'apprécie mes officiers de sécurité, mais je préférerais être seul en famille. »

---

1 En octobre 2009.

2 En novembre 2009.

3 En mai 2010.

LIFTING

Le jeudi 17 décembre 2008, suite à un long travail de réflexion mené par plusieurs équipes tant au niveau du SPHP qu'au cœur de l'Élysée, un texte fixe de nouveaux cadres. « Nicolas Sarkozy m'a demandé de venir au SPHP pour monter une restructuration car il y avait beaucoup de services qui faisaient de la protection, explique Jean-Louis Fiamenghi. Par exemple le groupe de protection du ministère de l'Intérieur s'occupait d'une partie des personnalités menacées, alors qu'une autre partie était prise en charge par la préfecture de police. Sarkozy m'avait demandé de voir si l'on pouvait réorganiser tout cela. L'intérêt de la réforme du SPHP est de nous permettre d'être les seuls à avoir la maîtrise complète de toutes les protections des personnalités. »

Le GSPR change officiellement de statut pour être intégré au SPHP. Il n'y a donc plus deux entités qui se font face mais un même service doté de nombreuses ramifications.

En réalité, la réforme est plus profonde et vise un regroupement de différents services répartis dans l'immense organigramme de la police nationale.

« Plusieurs services avaient auparavant des missions de sécurité rapprochée, comme le service de sécurité du ministère de l'Intérieur et la quatorzième section des renseignements généraux de la préfecture de police, souligne Jean-Louis Fiamenghi. Chacun employant des méthodes différentes. Pour une question de cohérence des méthodes de travail, de recrutement et de formation, le directeur général de la police nationale a voulu rassembler toutes les missions de protection au sein du SPHP[1]. »

---

1 *Civique* de juin 2010.

« Avant, ajoute Gilles Furigo, plusieurs services s'occupaient de sécurité : le Groupe de protection de la police nationale, le GPPN, dépendant du service de sécurité du ministre de l'Intérieur qui prenait en charge tout ce que l'on ne voulait pas prendre (les magistrats et tout ce qui n'était pas hautes personnalités), la quatorzième section des RGPP[2] qui faisait également la protection, et le GSPR qui était une structure à part, une entité mixte de la police-gendarmerie. Il fallait un seul service de protection en France qui s'impose comme le service référent. On annule le décret de 1983 et on intègre le GSPR au sein du SPHP où il devient une sous-direction du SPHP. Avoir une seule façon de travailler permet de réduire les coûts. Cela permet aussi de mieux gérer l'ensemble des missions et de stopper plus aisément celles qui ne reposent plus sur une menace effective. »

Désormais, le SPHP est constitué comme suit :

– **Un état-major.**

– **Le GSPR**, qui « assure la protection personnelle et immédiate du président de la République et met en œuvre les mesures nécessaires à sa sécurité, notamment à l'organisation matérielle et à la sécurité de ses déplacements ».

« Notre mission, analyse Michel Besnard, ne consiste pas à assurer la sécurité rapprochée du seul président. Nous sommes également chargés de celle des membres de sa famille proche. Son épouse, sa mère, ses trois enfants, son petit-fils, ainsi que le fils de son épouse bénéficient d'une protection rapprochée vingt-quatre heures sur vingt-quatre et sept jours sur sept[3]. »

– **La sous-direction de la sécurité des hautes personnalités françaises**, qui « assure la protection rapprochée ou l'accompagnement de sécurité des membres du gouvernement et met en œuvre les mesures nécessaires à leur sécurité, notamment à l'organisation matérielle et à la sécurité de leurs déplacements ».

Au sein de cette sous-direction se trouvent deux entités distinctes : le GSPM (Groupe de sécurité du Premier ministre) et le GSMI 5 (Groupe de sécurité du ministre de l'Intérieur).

– **La sous-direction de la sécurité des personnalités étrangères**, qui « assure la protection rapprochée ou l'accompagnement

---

2 Renseignements généraux de la préfecture de police de Paris.

3 *Civique* de juin 2010.

de sécurité des chefs d'État et de gouvernement en visite officielle ou privée sur le territoire de la République et des hautes personnalités étrangères auxquelles, en fonction des risques et menaces évalués par les services spécialisés et sur la décision du ministre de l'Intérieur, il est accordé de telles mesures ».

– **La sous-direction des personnalités menacées**, qui « assure la protection rapprochée ou l'accompagnement de sécurité des personnes physiques auxquelles, en fonction des risques et menaces évalués par les services spécialisés et sur la décision du ministre de l'Intérieur, il est accordé de telles mesures ».

Parmi les personnes menacées figurent notamment des juges et des journalistes.

« Nous assurons la protection des personnalités françaises particulièrement exposées, à fort indice UCLAT (Unité de coordination de la lutte antiterroriste) comme certains rabbins ou certains imams, des personnalités étrangères résidant en France comme les ambassadeurs des États-Unis ou d'Israël et, enfin, des personnalités civiles telles que les magistrats antiterroristes et autres juges d'instruction, détaille Sylvain Lledo, son responsable. À l'occasion de menaces ponctuelles, nous assurons aussi la protection de toute autre personne, française ou étrangère, particulièrement menacée. Notre mission évolue en fonction du niveau de menace. Nous adaptons en permanence nos dispositifs. Si, avant tout, nous intervenons en fonction des évaluations de l'UCLAT, nous disposons également de notre propre échelle d'évaluation[4]. »

« Il arrive parfois que la menace sur ces personnes ne soit pas clairement établie, constate Jean-Louis Fiamenghi. Depuis deux ans, nous avons donc mis en place des groupes de contre-filature. Pendant plusieurs semaines, des policiers du service surveillent, avec son accord, tous les déplacements de la personnalité. Il ne s'agit pas d'une équipe de protection rapprochée mais d'une équipe qui, à la manière d'un groupe de police judiciaire, va surveiller l'environnement de la personnalité et s'assurer qu'elle n'est pas suivie[5]. »

– **La sous-direction des ressources et de l'appui opérationnel**, qui « fournit à l'ensemble des composantes du service, leurs moyens opérationnels ».

4 *Idem.*
5 *Idem.*

Dans cette direction s'intègre le GAHP (Groupe d'appui des hautes personnalités).

« Le GAHP intervient dans plusieurs cadres, explique son chef Alain Babonneau. D'abord la sécurité des personnalités étrangères hautement menacées. L'UCLAT communique le degré de menace. Il y a quatre niveaux et l'on intervient sur le un et le deux. Quand la personnalité arrive, on fait appel à nous. Ensuite en appui de personnalités françaises sur le territoire ou à l'étranger. Enfin, nous travaillons beaucoup avec le GSPR avec qui nous avons des entraînements conjoints. Nous formons une unité de vingt personnes. Quand nous ne sommes pas en mission, il y a l'entraînement selon les techniques de protection rapprochée : le tir adapté, pas celui de l'école de police, les sports de combat. Pour entrer au GAHP il faut déjà un bon niveau physique, au sein du groupe il y a des ceintures noires et un champion de boxe. Contrairement à ce que certains affirment, nous ne sommes pas une unité d'élite. Notre grande différence avec le reste du SPHP est que nous sommes des renforts. »

L'arrêté, signé par la ministre de l'Intérieur Michèle Alliot-Marie, précise les modalités de sélection des policiers désireux d'intégrer le SPHP : minimum trois ans de service et passages d'épreuves.

Au moment de cette réforme, le SPHP protège quatre-vingt-seize personnalités : quatre personnalités institutionnelles (le président de la République, le président du Sénat, le président de l'Assemblée nationale et le président du Conseil économique, social et environnemental), trente-huit membres du gouvernement et cinquante-quatre autres personnalités (anciens présidents de la République, anciens Premiers ministres, anciens ministres de l'Intérieur, personnes menacées).

FBI

Le 4 mai 2010, Jean-Louis Fiamenghi, appelé à d'autres fonctions, quitte la direction du SPHP, il est remplacé par Gilles Furigo qui fut longtemps son adjoint.

Entré dans la police en 1981, il se distingue de la plupart de ses collègues par sa parfaite connaissance des États-Unis et par un stage au sein du légendaire FBI.

« En 1995, j'ai eu l'opportunité d'aller faire ce stage, raconte-t-il. À l'époque, un télégramme d'offre de stage tombait de temps en temps mais personne n'en tenait compte. Je suis passionné par les États-Unis, j'y ai passé toutes mes vacances et le fait d'aller passer trois mois à l'académie du FBI m'intéressait beaucoup. J'y suis parti de juillet à septembre 1995. J'y allais surtout pour voir comme travaillaient les différentes polices américaines. Je me suis retrouvé sur la base des Marines de Quantico, près de Washington. C'est cette base que l'on voit dans *Le Silence des agneaux*, quand Jodie Foster fait son jogging. L'endroit où elle court, c'est le début du Yellow Brick Road, qui est en fait la piste d'entraînement des Marines. Là, se trouve le parcours du combattant long de neuf miles, soit quinze kilomètres. Lorsqu'on a fait ces quinze kilomètres, on a droit à la "brique jaune" (Yellow Brick). J'ai toujours la mienne, elle est dans une vitrine dans mon bureau... Le stage comportait un tas de matières. Du tir bien sûr, du sport, mais aussi des cours de diététique – car le problème du policier américain est la surcharge pondérale –, de l'identité judiciaire et en particulier l'étude des criminels en série. 1995 était l'époque où l'on disait encore en France que nous n'avions pas de criminels en série. Ce fut pour moi une totale découverte. L'avantage des Américains est que ce sont des gens très pragmatiques. Ils nous faisaient travailler sur des cas non résolus, ce qui permettait d'avoir une approche différente, à l'inverse des écoles de police françaises où on travaille toujours sur des affaires résolues. C'était intéressant de se pencher sur un cas non résolu car on pouvait confronter nos points de vue. Nous étions vingt-sept policiers étrangers et deux cent quarante américains issus de tous les services possibles… Il y avait un cours que je ne voulais pas prendre et que l'on m'a imposé, c'était la gestion de budgets. En 1995, en France, les policiers ne s'occupaient pas de gérer le budget de la police. Mais le formateur américain a insisté en me disant : "Vu votre grade et votre emploi, un jour ou l'autre vous serez amené à gérer un budget !" J'ai traîné les pieds mais j'y suis allé. Il y a des choses que je ne comprenais pas car la logique budgétaire américaine n'est pas du tout la même qu'en France. Un cas de cours : des marshalls viennent d'arrêter un délinquant, ils l'amènent à la prison. Là, le directeur dispose d'une capacité de cent personnes. Or le délinquant représente le cent unième prisonnier, donc le directeur est contraint d'augmenter ses coûts en recrutant un gardien supplémentaire. Pour amortir ses coûts, il négocie avec le marshall qui doit payer l'hébergement du malfaiteur et les coûts supplémentaires qu'il engendre ! Le directeur et le marshall discutent business ! Là j'ai compris que nous étions vraiment dans deux mondes différents… Et puis la gestion des budgets a été introduite au sein de la police française. Aujourd'hui je me retrouve à gérer le budget du SPHP et je me dis que j'ai bien fait d'aller suivre ce cours de management. »

GARDER SES DISTANCES

En mai 2009, un léger mouvement de grogne traverse le SPHP. Certains policiers se plaignent d'être réduits à des emplois de domestiques auprès de personnalités de second ordre. Sortir le chien, aller acheter une baguette, n'entre pas dans leurs fonctions. Le garde du corps n'a rien d'un employé de maison.

« Je vais vous narrer une anecdote survenue au salon d'honneur d'Orly, commente Jean-Pierre Lorain. J'en ai été témoin. C'était sous Giscard, un ministre de la Santé a ordonné à son officier de sécurité : "Prenez ma valise !" Comme ça, sur un ton sec. L'autre a répondu non. Le ministre a insisté : "Prenez ma valise !" Mon collègue s'est emporté. Il a pris le ministre par le col et l'a soulevé de terre : "Tout ministre que vous êtes, si vous me reparlez sur ce ton, je vous fous ma main dans la gueule ! Si vous traitez votre officier de sécurité comme un larbin, n'attendez pas de lui qu'un jour il ait envie de se mettre entre vous et une balle !" Il a eu raison. Nous sommes des policiers, avec une carte de police et un calibre. Nous sommes des porte-flingues, pas des porte-valises ! »

Jean Grinsard aussi a refusé de porter la valise d'un ministre.

« C'était avec un ministre du Commerce extérieur, toujours le même, dit-il. Il voulait que je porte sa valise et j'ai dit non. Je lui ai expliqué que je ne pouvais pas à la fois assurer sa sécurité et porter une valise. Ça ne lui a pas plu et j'ai préféré quitter son service. Mais je sais que d'autres étaient beaucoup plus corvéables. Je pense notamment à quelqu'un qui allait repeindre les volets de la maison de campagne de son ministre ! »

En fait, chacun a sa propre interprétation du métier. Le champ est large.

« Être chargé de la sécurité, c'est aussi remplir le rôle d'un aide de camp civil, estime Jean-Pierre Duc. Nous sommes au plus près de la personnalité. Pour la protéger, certes, mais elle peut avoir besoin de nous pour aller chercher un document, transmettre un message. La plupart des ministres apprécient la présence de leur officier de sécurité pour ses raisons. »

Dans les faits, tels qu'ils sont enseignés et tels qu'ils doivent être appliqués, le garde du corps doit savoir mettre des distances entre lui et la personnalité qu'il protège. Il ne s'agit pas de rester figé sur des positions mais de savoir s'adapter avec finesse.

« À force d'être avec une personnalité, il peut y avoir un glissement et le gars devient plutôt officier d'ordonnance, admet Jean-Louis Fiamenghi. Mais lorsque arrive le danger, il faut qu'il ait gardé un minimum de motivation, de réflexes pour pouvoir agir. »

« Je me souviens d'avoir protégé la reine Marguerite II du Danemark, rapporte Anne Desbordes. Nous nous trouvions dans un petit village dans le cœur de la France. Elle me dit avoir des lettres à poster. Je l'ai accompagnée jusqu'au bureau de tabac où elle a acheté ses timbres. Alors elle m'a demandé d'aller poster les lettres. Je lui ai répondu non ! Nous savions d'après les informations fournies par les RG qu'elle ne risquait rien, il n'y avait pour elle aucune menace particulière à se rendre à pied à la boîte aux lettres. Je lui ai expliqué que je préférais l'accompagner, ce que nous avons fait. »

Savoir dire non est tout un art. Un art qui se conjugue mieux au féminin.

« La personnalité ne peut nous demander de services personnels, rappelle Helena Thomas. La frontière de la faisabilité du service à rendre est à la discrétion du fonctionnaire. Si le ministre prend l'avion, qu'il a trois valises et demande au fonctionnaire de l'aider à en porter une, souvent il le fait. Mais il ne faut pas non plus que le service rendu empiète sur la sécurité. Un ministre, un jour, a demandé à un fonctionnaire d'aller lui chercher une boîte de chocolats parce qu'il était invité à une soirée et que sa femme était absente. Pris par le temps, le ministre ne pouvait s'en occuper. Le policier a accepté car cette demande était tout à fait exceptionnelle et faite de façon très courtoise. »

L'autre danger est l'excès de sympathie envers la personnalité. On l'a vu avec le garde du corps de Bérégovoy qui a fini par enfreindre les consignes avec des conséquences tragiques.

« Nous sommes les hommes de confiance car nous entrons dans l'intimité, ajoute Jean-Pierre Duc. Nous sommes appelés à rencontrer la famille, à aller dans leur domicile, à les entendre passer des appels privés. Il faut qu'il y ait une confiance. J'ai toujours eu de l'empathie pour les gens avec qui j'ai travaillé. »

Mais « est-ce que l'amitié dans ce genre de rapport n'est pas un piège ? », s'interroge Duc. « Si le hasard fait qu'on a des liens d'amitié avec la personnalité, il faut être extrêmement prudent et méfiant, encore plus que d'habitude. C'est un danger. »

Dans ce domaine aussi, il faut savoir placer des barrières, aux bons endroits.

« Nous ne sommes jamais le confident de la personnalité, insiste Anne Desbordes. Nous devons rester distants, même s'il peut y avoir une certaine connivence, et une grande confiance. »

Le fonctionnement actuel du service permet d'éviter un trop fort rapprochement entre policier et personnalité. De plus en plus, les équipes tournent et il devient rare qu'un garde du corps occupe durablement le même poste.

« Avant la refonte, explique René-Georges Querry, les officiers de sécurité restaient trop longtemps avec la même personnalité. Ils les suivaient même quand elles quittaient leurs fonctions mais continuaient d'être protégées. Il y avait comme une mutation génétique et ils passaient du statut d'officier de police à celui de personnel de maison. Et ça, c'est interdit. Dans ce cas, ils sont complètement perdus pour la République, il faut le dire clairement. Ils sont peu nombreux mais il y en a quelques-uns. »

Ce que Christian Oslawska résume en ces termes :

« Plus la mission est longue avec une personnalité, plus elle devient ennuyeuse parce qu'on tombe dans tous les travers de la routine. À mon avis, il faut faire tourner les gens pour éviter le relâchement. »

Autant d'éléments qui constituent le quotidien du fonctionnaire du SPHP.

« Il faut que les policiers du service gardent les pieds sur terre, prévient Helena Thomas. En aucun cas ils ne font partie du sérail de la personnalité. Il faut être proche mais on ne copine pas. Pas trop proche non plus avec les membres de la famille ; les policiers ne sont pas là pour jouer avec les enfants. Quand la personnalité invite le fonctionnaire à sa table, c'est très sympa mais ça ne doit pas devenir une habitude. Il est normal qu'il y ait une confiance, mais il faut trouver le juste milieu. »

Le juste milieu. Où est-il ?

« Si vous regardez bien les conseils des ministres, remarque toutefois Jean-Louis Fiamenghi, vous constaterez que les ministres portent leurs dossiers alors qu'avant le policier était chargé comme un baudet ! »

LA COUR DÉCOMPTE

En juin 2010, un rapport de la Cour des comptes propulse le SPHP à la une des journaux. L'occasion pour le grand public de découvrir ce que désignent ces initiales. Les bodyguards, d'habitude si discrets, se retrouvent soudainement sous les feux de l'actualité.

Après avoir épluché les bilans, les grands comptables en concluent que le service coûte cher et que certaines missions paraissent peu justifiées. Un véritable passage au crible.

S'il n'est pas question de remettre en cause la protection du président, des ministres et de certains hauts magistrats, le doute plane sur l'intérêt de placer des gardes autour d'hommes et de femmes pour qui la protection « n'est pas justifiée par un niveau de menace suffisant ».

Est notamment montré du doigt Michel Charasse, ancien ministre du Budget de François Mitterrand, encadré par deux membres du SPHP dans sa commune de Puy-Guillaume qui ne compte que deux mille six cent soixante-quatorze habitants et où le seul danger semble venir d'oiseaux irascibles ou de supporters de rugby ayant trop forcé sur la troisième mi-temps. Pire, selon la Cour des comptes, Michel Charasse facturerait au SPHP la location du studio où logent ses deux gardes. Rien de vraiment onéreux (cent vingt et un euros par mois) mais de quoi faire tiquer la Cour qui trouve « regrettable qu'une personnalité protégée par le SPHP ait tiré profit de la location des logements affectés à sa sécurité ». Pour sa défense, l'ex-ministre expliquera que jusqu'en 2006, les policiers logeaient dans un banal mobil-home sans eau courante planté dans le jardin de sa maison. « On aurait pu les loger à l'hôtel, à deux kilomètres, mais cela n'avait pas de sens dans le cadre d'une protection rapprochée, soulignera Madame Charasse. Donc nous avons aménagé à nos frais un bâtiment proche de la maison. Encore aujourd'hui ils disposent de cet appartement meublé et équipé par nos soins. Il y a même une femme de ménage qui vient une fois par semaine[1]. » Quant à la nécessité d'une protection, elle serait, selon Michel Charasse, justifiée par le fait que lors de son passage au ministère, il ne s'est pas fait que des amis. Subtil euphémisme.

Ainsi diverses personnes, à divers titres, continuent d'être protégées par le SPHP et grèvent le budget du service.

En réalité, ce signal d'alarme tiré subitement n'intervient qu'après de nombreux grincements de rouages. Déjà en octobre 2008, d'aucuns s'étaient émus qu'Ingrid Betancourt, ex-otage colombienne, bénéficie des services du SPHP, à la demande expresse de l'Élysée. La dame était escortée tant en France qu'à l'étranger. Or elle voyageait beaucoup et effectua notamment un long séjour à New York où ses gardes l'accompagnèrent. Quelle est la menace réelle ? Les FARC (Forces armées révolutionnaires de Colombie) oseraient-elles tenter un coup de force sur le territoire français ? Difficile à dire… En avril 2009, la protection perdurait et fit réagir *Le Canard enchaîné*, toujours prompt à appuyer là où ça fait mal. « La protection affectée à Ingrid Betancourt a coûté au Trésor public, en neuf mois, 73 238 euros hors salaires, publia l'hebdomadaire satirique. Rien qu'en hébergement et transport. C'est le ministère de l'Intérieur qui l'a avoué, le 31 mars, en réponse à une question du député UMP Lionel Tardy. Pourtant, les services de l'antiterrorisme français ont classé "4" (le plus faible) le niveau de protection dont doit bénéficier – hors Colombie, évidemment – l'ex-otage des FARC. En clair : elle peut désormais se débrouiller comme une grande. »

De part et d'autre, y compris au sein du gouvernement, on s'est rendu compte que, sans contrôle, les dépenses du SPHP risquaient de grimper vers des cimes « himalayesques ». Dès avril 2009, l'Élysée envisagea de sévères réformes et de non moins sévères économies. D'où le recours à une commission, présidée par un représentant du ministre de l'Intérieur, chargée de rendre un avis quant à l'attribution ou non de gardes du corps. Elle est censée travailler en rapport étroit

1 *Le Parisien* du 8 juin 2010.

avec l'UCLAT[2]. Charge à elle de « réactualiser régulièrement son analyse afin de prendre en compte l'évolution des risques de menaces qui pèsent », selon le ministère de l'Intérieur. Désormais, les personnalités sont classées en fonction d'un « indice UCLAT », de un à quatre, le niveau un représentant les menaces les plus fortes. D'après les textes, « cette commission se réunit à tout moment, à la demande du ministre ». Dans les faits, elle ne se réunit que sporadiquement.

À la fin de cette même année 2009, d'autres chiffres vinrent confirmer l'inquiétude : le coût moyen de la protection d'une personnalité institutionnelle ou gouvernementale est de soixante-six mille cent soixante-sept euros et de soixante et onze mille huit cent soixante-dix-neuf euros par fonctionnaire pour une personnalité civile. Les frais de mission (repas, hôtel, transport, etc.) grimpent à une vitesse supersonique dès qu'il est question de voyages à l'étranger.

La direction générale de la police nationale s'en émeut et annonce : « Des axes de travail vont être proposés à la commission d'examen des demandes de protection afin de prendre en compte les contraintes budgétaires et de permettre une réduction des effectifs mobilisés, tout en augmentant la qualité et le volume du service rendu lorsqu'une personnalité est effectivement menacée selon l'évaluation réalisée par les services spécialisés. » Évaluer la menace et adapter la protection.

L'une des mesures les plus immédiates fut la suppression de l'accompagnement à l'étranger des personnalités civiles. Le SPHP continuerait d'assurer leur sécurité à l'intérieur du territoire mais non au-delà. Les voyages formant la jeunesse mais plombant les budgets, voilà autant d'économies réalisées. Toute application comptant des exceptions – appelées « dérogations » –, en août 2009, Rachida Dati fut escortée par le SPHP au cours d'un voyage au Maroc, de même que Ségolène Royal aux États-Unis, puis Jean-Pierre Raffarin en Chine.

Dans le même temps, le SPHP suggéra l'arrêt des protections de Ségolène Royal, François Bayrou, candidats malheureux à la présidence, et Laurence Parisot, patronne du Medef, au motif d'une

---

2 Créée en 1984, l'UCLAT compte quatre-vingts fonctionnaires chargés de récolter par divers moyens (y compris les écoutes téléphoniques) des renseignements sur le terrorisme. Elle est directement rattachée au cabinet du directeur général de la police nationale.

absence de menaces, selon l'UCLAT. Ce à quoi la membre du Parti socialiste répondit que sa protection était « tout à fait justifiée », arguant avoir récemment reçu une balle de gros calibre et des menaces de mort par la poste. En revanche, Martine Aubry, secrétaire général de ce même parti, déclina poliment « la généreuse proposition du ministère de l'Intérieur ». De son côté, l'entourage de François Bayrou rappela que l'intéressé figurait toujours sur une liste noire du groupe indépendantiste basque armé ETA. Finalement, « en dépit du bien-fondé de ces propositions, le SPHP a reçu la consigne de maintenir ces dispositifs », comme l'écrira la Cour des comptes.

Début 2010, d'autres décisions tombèrent. Ainsi l'ex-ministre Rachida Dati se fit retirer sa Peugeot 607 de fonction et ses trois officiers de sécurité. Si cet acte bénéficia d'une certaine médiatisation, il ne fut pas isolé : d'autres anciens ministres et anciens présidents du Sénat se retrouvèrent logés à la même enseigne. Exit leurs gardes du corps, ou plutôt retour au bercail d'où ils furent appelés à d'autres missions.

Ces mesures « prises après avis des services spécialisés du ministère de l'Intérieur », selon la formule officielle, prouvaient que le gouvernement avait décidé de fermer des robinets.

Dans ce contexte de réformes et de restrictions surgit ce rapport de la Cour des comptes. Il y est indiqué que tous les anciens Premiers ministres bénéficient d'une protection assurée par le SPHP, soit au total neuf personnes. Mais, dans la France de 2010, qui se souvient encore que Pierre Mauroy fut Premier ministre plus d'un quart de siècle auparavant ? Selon *Le Parisien*, les frais d'escorte de Dominique de Villepin auraient chiffré quatre-vingt-quatorze mille cinq cent soixante-deux euros pour la seule année 2008.

Les anciens ministres de l'Intérieur peuvent aussi bénéficier d'une protection à vie, ce dont profitent, entre autres, Pierre Joxe, Jean-Pierre Chevènement, Daniel Vaillant et Charles Pasqua. La Cour des comptes préconise de limiter ce genre de protection à un an après l'arrêt des fonctions ministérielles des intéressés. Elle souligne au passage que la France est « le seul pays à accorder une protection policière sans limite de temps à ses anciens ministres de l'Intérieur », ce qui est un peu faux.

« Au SPHP nous nous sommes demandé ce que faisaient nos collègues européens, explique Gilles Furigo. L'an dernier, à l'occasion de la réunion des Vingt-Sept à Paris, nous avons lancé l'un des thèmes : "Que faites-vous avec vos anciens ministres et chefs d'État ?" Certains pays n'ont pas répondu, donc nous en avons conclu que chez eux ça doit être le foutoir. D'autres, comme l'Allemagne et l'Angleterre, nous ont dit : "On a des textes, on les applique !" Mais on a fouillé un peu. Les Allemands ont précisé : "On a trouvé le système : ils continuent à être protégés, mais on vire ça aux services secrets !" Tandis que les Anglais, toujours très flegmatiques, nuançaient : "On a des textes et on les applique, sauf si le Premier ministre nous dit de continuer à assurer la sécurité de la personnalité." Bref, au niveau européen, ils font tous comme nous et sont soumis au politique. »

Les anciens présidents de la République ont aussi droit à une escorte à vie, ainsi que leurs épouses, même veuves, comme c'est le cas de Danielle Mitterrand et comme ce fut celui de Claude Pompidou. Madame Giscard d'Estaing l'a refusé. Cette dernière, comme Bernadette Chirac, peut bénéficier de la protection accordée à son mari.

« Pour les anciens présidents de la République, il est normal que ce soit à vie, estime Gilles Furigo. Pour les Premiers ministres on devrait le faire pour une certaine durée, pas au-delà. Raymond Barre avait trouvé une excellente solution. Il avait gardé auprès de lui un ancien policier du service parti à la retraite. L'homme continuait d'assurer sa protection et Raymond Barre le payait de ses deniers. Seulement, il avait demandé au SPHP d'assurer le remplacement de ce garde quand celui-ci ne pouvait assurer son service, ce que nous avons accepté. On pourrait faire cela avec tous les anciens Premiers ministres mais ils devraient les payer eux-mêmes. Et ça, sur le nombre, un seul l'a fait, un seul ! »

Il y a beaucoup d'ex-hautes personnalités qui continuent de bénéficier d'une protection rapprochée. Ce qui implique certaines missions pas forcément agréables.

« On a dû assurer la sécurité d'anciennes personnalités malades, handicapées qui avaient davantage besoin d'une assistance médicale, rappelle Anne Desbordes. De jeunes officiers de sécurité étaient affectés à une personnalité qui avait l'âge de leur grand-père, ce qui ne leur plaisait pas du tout. Ça ne faisait pas partie de leur vocation. On essayait de les motiver, de les faire remplacer, tout en sachant qu'il est très difficile de changer les habitudes d'une personne âgée. C'est l'héritage d'une époque monarchique : la République est une bonne mère, mais cela tend à disparaître. »

Parmi les autres mesures préconisées : la suppression des protections des personnalités étrangères en visite privée en France. Décision plus facile à écrire qu'à appliquer car ces protections relèvent de la politique internationale et de la diplomatie. On peut les considérer comme des « missions de confort », mais elles permettent d'entretenir de saines relations avec des pays chatouilleux.

Autant de remarques qui, aux dires de la Place Beauvau, vont dans le sens des dernières modifications apportées au service. « Depuis près d'un an, le ministre de l'Intérieur a déjà pris un certain nombre de mesures consistant à alléger, voire à supprimer la protection de certaines personnalités dont l'état des menaces ne semblait plus justifier de protection », souligne le ministère.

Enfin, le rapport s'interroge sur la présence à Strasbourg de neuf fonctionnaires du SPHP. Il s'agit de protéger le Parlement européen et ses députés, mais, dixit la Cour, ces gardes de haut niveau ne travailleraient effectivement que trois à six jours par mois !

« Le rapport de la Cour des comptes a fait un constat : mettre une mission en place est plus facile que de la supprimer, analyse Gilles Furigo. Nous avons quand même réussi à supprimer des missions depuis 2008. Mais ce n'est qu'un début, nous sommes en train d'amorcer la pompe et dans dix ans ça sera effectif. J'espère qu'il y aura une réelle prise de conscience car on nous demande sans cesse de faire des économies. Désormais, la pompe est amorcée et on ne pourra plus faire machine arrière. Dans la police, si l'on veut que ça bouge, il faut avancer centimètre par centimètre et ne jamais reculer. On y arrivera ! »

SPHP

Missions

« Je me suis toujours posé la question "Pourquoi protéger les personnalités ?", affirme Maurice Gravaud. Dans le cas d'une personnalité française, il ne faut jamais que ce soit une question de prestige mais de nécessité pour la sécurité. Les élus et les ministres doivent pouvoir prendre des décisions sereinement, il ne faut pas qu'ils soient sous pression, ils doivent être dégagés de tout souci. Donc il faut constituer une sorte de bulle autour d'eux, tout en les laissant libres de leurs faits et gestes. Protéger les personnalités, c'est aussi leur permettre d'exercer leur métier sereinement, tout en les laissant entendre le bruit du monde. »

Éric Stemmelen y voit autre chose :

« Protéger le président, les membres du gouvernement, c'est obligatoire dans tous les pays du monde. Nous sommes chargés de protéger la continuité du pouvoir politique. »

Vaille que vaille, le SPHP continue d'appliquer ses méthodes et de justifier son existence. Fonction première : la protection. Vaste terme qui regroupe bien des données.

« Il faut faire la différence entre la protection rapprochée et l'accompagnement de sécurité, précise René-Georges Querry. Dans tous les services du monde, quand on parle de protection rapprochée cela consiste à mettre autour de la personnalité trois policiers, matin, midi et soir, sauf dans son lit. Globalement une équipe de vingt-cinq personnes lui est dédiée, surtout quand la personnalité travaille beaucoup. Ça veut dire voiture avec chauffeur, un officier de sécurité devant, en liaison radio, et derrière une voiture suiveuse avec un policier qui conduit et deux ou trois officiers de sécurité. Ce à quoi s'ajoutent, pour certaines personnalités, des motards anonymes. Pas ceux des défilés avec leurs gants beurre frais mais un pilote de moto avec un homme armé derrière lui. Cela présente l'avantage de pouvoir se faufiler, partir devant ou se mettre en retrait et observer s'il n'y a pas de voiture en filature. Ça, c'est la vraie protection rapprochée. Bénéficient d'une protection rapprochée, outre le président et ses proches – ce qui est parfaitement normal car ils sont menacés au même titre que le président – le Premier ministre, le ministre de l'Intérieur, de la Défense, des Affaires étrangères et de la Justice car ils sont plus exposés que le ministre des Affaires sociales, des Sports ou de la Culture. Ces derniers ne disposent pas d'une protection rapprochée mais de ce que l'on appelle un accompagnement de sécurité : deux officiers de sécurité qui travaillent alternativement. L'officier accompagnateur se déplace dans la voiture de la personnalité et est armé. Bien sûr un homme seul protège moins efficacement que trois ou quatre officiers, mais il est là pour voir si tout va bien et il peut, en fonction des risques, ponctuellement demander un renfort de sécurité, alors on installe temporairement une protection rapprochée. »

L'équipe chargée d'encadrer le ministre de l'Intérieur compte vingt et un officiers de sécurité. Quinze pour le ministre de la Défense, quatorze pour le ministre des Affaires étrangères, treize pour le ministre de la Justice, cinq pour le ministre de l'Immigration. En comparaison, les autres membres du gouvernement paraissent peu ou mal lotis : ils disposent la plupart du temps de deux gardes, voire de trois quand ils ont des horaires de travail très longs ou quand ils bougent beaucoup. Équipe qui peut être, effectivement, renforcée en cas de menace précise, comme ce fut le cas pour le ministre de la Culture, Frédéric Mitterrand, qui se retrouva sous les feux de l'actualité et d'une certaine animosité lors de la polémique sur son livre *La Mauvaise Vie*.

Chaque ministre doit composer avec ses officiers de sécurité.

« Si le ministre, pour une raison X ou Y, n'a pas envie de vous voir, vous avez beaucoup de mal à assurer sa sécurité, souligne Jean-Pierre Duc. On ne peut rien faire contre sa décision. S'il dit : “Je sors mais je n'ai pas besoin de vous”, on peut difficilement s'imposer… Ça m'est arrivé quelquefois, pour des raisons très précises, des situations pendant lesquelles la personnalité ne souhaitait pas de présence étrangère. »

Que faire quand le non est incontournable ?

« Quand une personnalité vous dit : “Je ne veux plus vous voir parce que vous n’avez pas à m’accompagner dans cette circonstance”, répond Sylvain Lledo, on prévient l’état-major et aucun dispositif n’est mis en place. Si, entre-temps, il lui arrive quelque chose, tant pis. On ne peut imposer une protection car elle deviendrait inefficace. Ça va énerver la personnalité et tourner au jeu du chat et de la souris. Elle va monter dans l’ascenseur et nous empêcher d’y entrer par exemple. Une protection efficace est une protection acceptée. Il faut savoir se faire admettre de la personnalité. C’est un jeu de diplomatie. Un policier n’est pas forcément très diplomate mais il doit essayer ! »

Le maître mot reste la confiance, de part et d’autre.

« Un chef de cabinet peut appeler pour nous dire qu’un officier de sécurité ne fait pas l’affaire, remarque Querry. Il m’est arrivé une ou deux fois d’en changer. Il est très important que le policier s’adapte à la personnalité de son ministre et que celui-ci ait confiance en son officier de sécurité. »

« Il faut une affinité de caractères, confirme Anne Desbordes. Mon ancien patron me traitait de “marieuse”. Il y a des personnalités qui trouvent très pesant un officier de sécurité. Avoir un fonctionnaire trop grand par exemple quand la personnalité est plus petite, ça ne passe pas. Nous essayions donc de faire des mariages heureux en fonction des exigences de chacun. »

Souvent, les novices sont plus faciles à protéger que les vieux briscards de la politique.

« J’ai assuré la sécurité de Marceau Long, P-DG d’Air France, alors qu’il était sur la liste d’Action Directe, déclare Christian Oslawska. Il écoutait et respectait absolument tout ce qu’on lui disait et demandait à son entourage de faire de même. Les plus pénibles sont les personnalités avec un ego pas possible. »

Petit conseil aux hautes personnalités : soyez toujours aimables avec vos gardes du corps.

« Bien sûr qu’un ministre sympathique, qui a une certaine affinité avec son officier, sera mieux protégé ! admet Jean-Louis Fiamenghi. Certes la protection c’est de la technique, mais le truc en plus c’est l’affect. »

Un homme comme Édouard Balladur dont on sait qu’il n’adressait pas la parole à ses gardes, ne connaissait pas leurs noms et les traitait souvent avec « condescendance » aurait peut-être eu de mauvaises surprises en cas de vrai danger…

Dans les faits, le face à face entre les gens des ministères et ceux de la protection tourne au combat permanent.

« Nous avons mené la vie dure aux chefs de cabinet et aux ministres, rappelle Jean-Louis Fiamenghi. Un directeur de cabinet qui appelle ne va pas s'adresser à nous comme à n'importe qui, il ne va pas jouer les divas. On lui dit : "Non, ce ne sera pas comme ça !" Il faut être assez couillu pour dire non. C'est un service où il faut de l'autorité. »

La sécurité des politiques se poursuit tout au long des campagnes électorales.

« Nous sommes le seul service de l'État à accompagner la personnalité sur les meetings politiques, précise Gilles Furigo. La sécurisation du lieu du meeting est à la charge du parti, ce qui fait que nous sommes en relation avec le PC, le PS, l'UMP et le FN. On leur dit : "Aidez-nous mais ne nous gênez pas." Ça se passe très bien. Les bénévoles chargés de la protection ont les mêmes préoccupations que nous, donc nous parlons le même langage, et ils respectent notre savoir-faire. »

Les déplacements sont couverts par le SPHP, y compris ceux d'ordre privé comme les vacances. Quand des photographes immortalisent un Premier ministre sortant de l'eau, en plein été, ils oublient, volontairement, de braquer leurs objectifs sur les gardes du corps qui se tiennent à quelques mètres, voire à quelques brasses.

« Contrairement à l'image que le grand public se fait de notre action, relayée il est vrai partiellement par le cinéma, la sécurité rapprochée ne représente que dix pour cent de notre travail, rappelle Michel Besnard, responsable du GSPR. La majorité de nos missions est consacrée à la gestion des déplacements[1]. »

L'organisation des voyages officiels de personnalités étrangères en visite dans l'Hexagone incombe au SPHP.

« Une visite officielle en France, en général, ça se prépare la semaine précédente avec la sécurité étrangère et le protocole, détaille Helena Thomas. Nous allons repérer les sites prévus au programme, nous validons les arrivées des cortèges. Quand la personnalité arrive,

1 *Civique* de juin 2010.

nous allons la chercher et nous ne la quittons plus jusqu'à son départ. C'est-à-dire que nous sommes là dès son lever le matin et, le soir, nous ne quittons l'hôtel que quand nous savons qu'elle ne va pas ressortir. Nous nous calons sur son rythme de vie car l'État français est responsable de la sécurité de l'invité. C'est une règle internationale que tous les États acceptent. »

Il existe quatre types de visites. La visite d'État, officielle, de travail et privée.

« La France étant un lieu de villégiature prisé, il y a beaucoup de personnalités qui y viennent en vacances, souligne Alain Babonneau. Soit l'ambassade nous prévient par écrit que la personnalité ne souhaite pas de sécurité, soit nous sommes obligés d'être présents. »

Certaines visites se révèlent plus agitées que d'autres.

« Le bloc soviétique, à une époque, était assez drôle, poursuit Helena Thomas. Ils suivaient un schéma particulier : ils avaient tendance à ne pas trop écouter ce que nous leur disions et à essayer de rentrer en force un peu partout. Nous leur disions "Non !", mais ils tentaient quand même le coup, ce qui amenait certaines frictions. Cela reste propre à la plupart des pays de l'Est. Je me souviens d'un affrontement à l'Élysée qui avait dégénéré : les gardes d'un pays de l'Est voulaient entrer de force. Nous leur avions expliqué qu'un seul garde était autorisé à entrer dans le palais. Ils ont fait la sourde oreille et, le jour J, ils ont cherché à entrer à plusieurs. Les gendarmes de l'Élysée ont refusé. Les gardes étrangers les ont bousculés, les gendarmes sont restés sur leur position. Ils en sont venus aux mains ! Les Français ont appelé leurs collègues à la rescousse et ça a donné une bagarre rangée dans la cour de l'Élysée ! Les intrus étant presque aussi larges que hauts, nos gendarmes ont eu fort à faire ! Mais ils ont réussi : les autres ne sont pas entrés ! »

En France, le SPHP a charge de sécurité pour toutes les personnalités présentes. C'est lui qui décide des mesures à prendre, quitte à décevoir les accompagnateurs.

« Il y a parfois des frictions avec les gens du protocole car certains sont très hautains, très imbus, raconte Christian Oslawska. Un jour, j'ai eu en charge Mandela (la première fois qu'il est venu à Paris). Au retour, nous nous sommes arrêtés au Trocadéro. Nous sommes sortis des voitures et nous avons avancé autour de Mandela. Les gens le reconnaissaient et s'agglutinaient autour de lui. Ça devenait dangereux. J'ai dit : "On dégage, on n'est pas assez nombreux !" Le responsable du protocole ne voulait pas. Lui ne voyait que le côté clinquant de la chose. Nous nous situons plus dans l'ombre et le danger. Nous avons évacué Mandela, qui l'a très bien compris d'ailleurs. »

Les gardes français accompagnent la personnalité étrangère dans chacun de ses déplacements, y compris dans la rue. À ce moment, si quelqu'un vient spontanément remettre un paquet, un cadeau à l'invité, l'objet est très rapidement évacué vers l'arrière. Si besoin est, il sera examiné par les services de police français avant d'être ouvert. Si l'on doit faire un cadeau à un dignitaire, mieux vaut que ce soit prévu longtemps à l'avance…

« Lors de l'Euromed de 2008, j'avais en charge le président syrien, Bachar el-Assad, qui logeait à l'Intercontinental, raconte Alain Babonneau. À la dernière minute, il nous dit qu'il souhaite dîner au restaurant. En catastrophe, avec le directeur de l'hôtel, nous avons essayé de trouver un endroit qui permettait de mixer une soirée classique au restaurant de l'hôtel et un minimum de sécurité. Mais l'épouse du président a insisté pour manger dans la brasserie au milieu de tout le monde. Il a fallu nous adapter en nous faisant discrets afin de ne pas créer un incident là où il n'y en avait pas. Nous avons positionné deux policiers à la table d'à côté – avec juste un verre d'eau, je précise – et d'autres dans la salle gardant un visuel sur les points stratégiques. »

La protection d'une personnalité en visite en France se poursuit dans ses activités privées.

« À 2 heures du matin, Amine Gemayel, président de la République du Liban, nous dit : "Fin de la mission", raconte Éric Stemmelen. Il voulait sortir en boîte ! Nous sommes restés. S'il avait été agressé en notre absence cela aurait créé un incident diplomatique de grande ampleur. Nous l'avons accompagné en boîte, même si c'est le genre d'endroit totalement ingérable. »

Aux policiers français de mettre en avant leurs connaissances sans froisser.

« Pour une personnalité étrangère, quand le programme a été acté et donc validé par le ministère des Affaires étrangères, il y a un programme et l'on s'y tient. Mais dans une partie privée, on peut se retrouver dans une situation que nous estimons dangereuse sur le plan de la sécurité, remarque Alain Babonneau. Il n'est pas idéal d'opposer un refus catégorique. À nous d'essayer de trouver une solution de rechange. Quand une personnalité, le soir après dîner, souhaite se balader à pied, nous l'orientons sur certains quartiers. En général, ça se passe très bien. »

En février 2009, Le président de l'Autorité palestinienne, Mahmoud Abbas, est en visite à Strasbourg. Il souhaite faire son jogging. C'est une personnalité très menacée, même dans une ville de la province française. Le SPHP lui explique qu'il ne peut assurer sa sécurité dans les rues, mais, en contrepartie, lui propose de l'emmener dans un stade proche de son hôtel. L'endroit est placé sous contrôle et, pendant une heure, Abbas peut courir, accompagné par ses proches.

Il est d'usage de protéger la famille du dirigeant en visite en France. Le terme de « famille » pouvant être interprété de manière très différente selon les latitudes.

« Nous devions protéger la femme d'un dirigeant arabe, raconte Éric Stemmelen. J'envoie un agent qui se retrouve au milieu de quarante femmes voilées de la tête au pied. Au bout de quelques jours il m'appelle pour me dire qu'il ne sait toujours pas laquelle il doit protéger. Il ne pouvait différencier la femme du prince ! J'ai levé la mission. À 10 heures du soir j'ai reçu un appel du chef du cabinet du ministère de l'Intérieur qui me réclamait des explications. Je lui ai répondu que l'on ne savait pas qui protéger puisque personne ne voulait nous dire laquelle était la bonne. Le lendemain, on nous a, enfin, désigné la femme en question. »

Le SPHP peut avoir fonction de conseil et de savoir-vivre, même si cela n'entre pas dans ses attributions premières.

« Certaines personnalités arrivent dans de grands restaurants en basket et jogging sans se rendre compte que cela peut déranger, remarque Helena Thomas. À nous d'essayer de leur expliquer… En ce qui concerne les restaurants, nous demandons à la personnalité si elle souhaite que l'on sécurise. Il y a des endroits difficiles à sécuriser tels que les restaurants, les théâtres, les cinémas… sauf à louer la salle entière ! Nous en informons la personnalité qui prend la décision finale. Au théâtre, nous restons à proximité en ayant un œil sur toute la salle. Il faut savoir être discret, presque invisible. »

Le travail du SPHP s'intègre dans un dispositif global.

« La protection d'une personnalité, c'est trois cercles concentriques, détaille Pascal Gérard. Et nous, nous formons le dernier. S'il se passe quelque chose au niveau de la protection rapprochée, c'est que les deux autres ont failli. Mais il n'y a pas de recette parfaite, il faut avoir beaucoup d'humilité et ne jamais se dire que nous sommes les meilleurs. »

Parmi les nombreuses tâches à réussir, il y a l'organisation des badges d'accréditation nécessaires pour toute manifestation. Badges qui se comptent souvent par milliers. À titre d'exemple, à l'occasion du sommet du soixantième anniversaire de l'Otan, 10 400 badges furent édités et distribués selon des consignes drastiques.

En fonction de ses missions, le SPHP travaille avec le RAID, le GIGN, le service de déminage, la sécurité publique, la gendarmerie et la DCI (Détachement central interministériel d'intervention technique) chargée de gérer les menaces NRBC[2].

« Pourquoi le SPHP est-il considéré comme l'un des meilleurs du monde ? fait mine de s'interroger Jean-Louis Fiamenghi. Parce qu'en France, nous sommes chefs de la protection partout : si l'on va chez les gendarmes, sur un aéroport, nous sommes les patrons. Nous convoquons toutes les personnes utiles, nous choisissons les véhicules, les chauffeurs, etc. Nous orchestrons tout le ballet. Chez nous, le gars du bout du bout, à tout moment, il peut remettre en cause l'organisation. Aux États-Unis, si le chef n'a pas donné l'ordre, le policier n'a pas le droit d'agir. Nous, nos gars prennent des initiatives, même en bout de chaîne. »

Faire partie du SPHP implique contraintes et astreintes.

« C'est vrai que le côté disponibilité, ce n'est pas idéal pour fonder une famille, convient Oslawska. Mais ça serait à refaire, je le referais car c'est hors normes et l'on rencontre des gens extraordinaires. Les fonctionnaires ronds-de-cuir nous envient mais eux ne bougeraient pas, ne quitteraient pas leur petite maison. »

Oui, le métier semble plaire à ceux qui l'exercent.

« Je n'ai jamais eu un fonctionnaire qui a refusé une mission, affirme Gilles Furigo. Très peu d'arrêts maladie, sauf blessures lors d'entraînements. D'ailleurs, même ceux qui sont en arrêt maladie veulent venir bosser ! Et les retraités adorent venir respirer l'odeur du service de temps à autre. »

---

2 Nucléaire, radiologique, bactériologique et chimique.

Armement

Le pistolet de référence est le Glock, utilisé également par le RAID et le GIGN. On est loin du Mauser régicide.

Ces Glock allient la légèreté (matériaux non métalliques résistant à la corrosion) à des chargeurs de grandes capacités (jusqu'à trente-trois cartouches dans certains modèles). Facilement maniable, doté d'une grande efficacité, ce type de revolver – de marque autrichienne – est prisé par les polices du monde entier. Au SPHP, chaque fonctionnaire en mission emporte avec lui au moins un chargeur supplémentaire.

Le Glock est une arme également appréciée par le petit et grand écran puisqu'il apparaît aux mains de nombreux policiers de fiction. Ainsi Kiefer Sutherland dans la série *24 heures chrono*, William Petersen dans *Les Experts : Las Vegas*, mais aussi Yves Rénier dans *Commissaire Moulin*. Au cinéma, l'engin est manié à foison dans la trilogie *Matrix*. Dans le dernier « Batman », *The Dark Knight : Le Chevalier noir*, il se retrouve entre les mains du Joker, ennemi du vengeur masqué.

Préférence est faite au Glock 26, pour sa taille, sa discrétion et son maniement aisé. Parmi les autres armes mises à disposition du SPHP figurent le Manurhin MR73 – rendu célèbre grâce à un film d'Olivier Marchal – en .357 Magnum avec canon huit et deux pouces, le Smith et Wesson calibre 38 spécial et différentes versions du Sig Sauer. Dans les armes de plus gros calibres, plus particulièrement destinées à stopper un véhicule, se distingue le Benelli M3 ou M4 calibre douze millimètres avec canon scié et crosse pliante.

« Quand je suis arrivé, il y avait des revolvers à cinq pouces, nous avions l'air ridicule, se souvient Christian Oslawska. Avec un Glock, vingt coups et deux chargeurs, vous pouvez intervenir pendant six ou sept secondes, ça fait du temps. En quinze ans, le service a fait un sacré bond. »

Autre arme : le BTD (bâton télescopique de défense), sorte de matraque en acier, aussi redoutable entre les mains d'un expert qu'un nunchaku entre celles d'un karatéka. Il sert à repousser les attaques directes et à contrer des tentatives d'agression à l'arme blanche.

L'arme n'est pas un gadget. Elle ne sert que dans des cas très précis.

« Il faut savoir apprécier la situation très rapidement, en une fraction de seconde, remarque Jean-Pierre Duc. Savoir si l'on doit ou non se servir de son arme. Mais ça fait partie du maniement de l'arme. On doit apprendre à la sortir de son étui instinctivement et la placer immédiatement dans la bonne position pour s'en servir en cas de besoin, sans avoir à réfléchir. Ça demande beaucoup de manipulations, beaucoup d'entraînements. Il y a quelque chose de primordial par rapport à l'arme, c'est que le porteur, l'utilisateur, ne doit surtout pas en avoir peur. Le but est de savoir que l'on peut s'en servir en cas d'absolue nécessité mais que si on peut l'éviter, c'est mieux. Nous sommes surentraînés à nous servir d'une arme, sachant que le maître mot est d'éviter de s'en servir. »

« Je ne me suis jamais servi de mon arme en mission, ajoute Sylvain Lledo. Dans le dispositif de sécurité rapprochée, sortir l'arme c'est quasiment de la riposte, le point de non-retour. En fait, en mission, nous faisons plus du transport d'arme que de l'usage. »

Article 327 du code pénal : « Il n'y a ni crime ni délit, lorsque l'homicide, les blessures et les coups étaient ordonnés par la loi et commandés par l'autorité légitime. »

Article 328 du code pénal : « Il n'y a ni crime ni délit, lorsque l'homicide, les blessures et les coups étaient commandés par la nécessité actuelle de la légitime défense de soi-même ou d'autrui. »

L'utilisation d'une arme ne peut se faire que dans un cadre légal très strict, comme le rappelle Alain Babonneau :

« La riposte doit être adaptée à l'attaque, c'est de la légitime défense. Si une personne vous attaque, vous sortez l'arme, mais si elle se retourne pour s'enfuir et que vous tirez, vous n'êtes plus en légitime défense. Il faut faire le bon choix. Globalement, l'usage de l'arme reste le dernier recours, notre objectif est l'évacuation du VIP non de tenir un siège. »

Un officier du SPHP ne dégaine que dans des cas extrêmes. La notion d'« extrême » étant à l'appréciation de chacun.

« Je connais un officier du service qui a sorti son arme à plusieurs reprises, c'est Jean-Pierre Lorain, avoue Gilles Furigo. Il y a eu la fois avec le neveu de la princesse Ashraf, en plein Paris. Mais il y en a eu une autre avec le ministre de la Justice. Ce ministre devait récupérer des documents auprès d'un gars. Or, ce dernier n'a pas voulu lui les donner. Lorain est entré à ce moment dans le bureau. Le ministre lui a dit : “Monsieur ne veut pas me donner les documents dont j'ai besoin." Alors Lorain a sorti son arme, l'a braquée sur le mec et lui a ordonné : "Tu vas lui donner, oui ?" L'autre savait qu'il y avait une cartouche dans le canon. Il n'en menait pas large et il a donné les documents. Ça peut paraître incroyable mais c'est une histoire vraie. Je l'ai vérifiée ! »

Matériel

Côté protection non liée à l'armement, il y l'inévitable valise en Kevlar qui peut se déployer en trois parties et, en une fraction de seconde, constituer un bouclier à l'épreuve des balles. Son poids n'a cessé de fondre au fil des années pour avoisiner tout de même les cinq kilos.

Le SPHP dispose également de deux cents véhicules régulièrement entretenus : cent quatre-vingt-sept voitures et treize motos, plus un utilitaire.

Les oreillettes, qui distinguent les gardes du corps, sont reliées à un système de protection sophistiquée appartenant au réseau RAMI. Cela permet au garde de rester en contact constant avec la salle de commandement ainsi qu'avec ses collègues les plus proches. Le micro est caché soit dans la manche, soit dans la cravate.

La technologie ne cesse d'évoluer. Elle constitue à la fois une aide et un handicap.

« Depuis un an, explique Jean-Louis Fiamenghi au printemps 2010, nous intégrons dans nos missions l'usage que les personnalités que nous protégeons font des nouvelles technologies. Il s'agit de les sensibiliser et de les mettre en garde quand elles utilisent un ordinateur ou un téléphone non crypté dans un lieu public[3]. »

Recrutement et formation

Avant d'intégrer le SPHP, avant même de recevoir des cours spécifiques, il faut remplir certaines conditions, passer une batterie de tests et d'épreuves tant physiques que psychologiques.

« Pour être un bon fonctionnaire du SPHP, il est important d'avoir connu le terrain, d'avoir une excellente forme physique et surtout d'être la discrétion incarnée, souligne René-Georges Querry. Quant aux tests psychologiques, je n'ai jamais bien compris ce que c'était, mais mani-

3 *Idem.*

festement ils ne marchent pas trop mal. Au début, j'étais sceptique, mais ça permet d'éviter d'intégrer les cinglés et les casse-cou. »

Pour postuler, il faut afficher moins de 45 ans et compter au minimum trois ans de titularisation. Les vagues de recrutement sont de deux à trois par an, ce qui représente une trentaine de personnes. Une fois ces conditions remplies, on peut entrer à l'école.

Chaque fonctionnaire du SPHP suit un cursus à la fois physique (endurance, sports de combat, natation, parcours de stress), technique (NRBC, pyrotechnie) et d'entraînement au tir (armes de poing et armes d'épaule). Plus, un perfectionnement à la conduite automobile et, pour certains, un entraînement de parachutistes à l'école des troupes aéroportées de Pau. À cela s'ajoutent des notions de secourisme.

Le gros de l'enseignement a lieu à Saint-Malo et dure quatre semaines. Il peut se prolonger à Chamonix (entraînement au tir à ski) et même dans la rue (simulation d'une tentative d'agression).

« Avant de fournir les différentes unités opérationnelles, il s'agit d'abord pour nous de constituer, par la voie d'un recrutement strict comprenant des épreuves physiques, psychologiques, informatiques et linguistiques, un vivier de policiers qui suivent ensuite une formation spécialisée, précise Jean-Jacques Nerset, responsable du SDRAO (sous-direction des ressources et de l'appui opérationnel). Placés auprès de personnalités, les officiers de sécurité doivent avant tout être dotés d'une grande capacité d'adaptation, être réactifs, et bénéficier d'un bon esprit d'équipe[4]. »

Le but est, plus ou moins, d'affiner les policiers jusqu'à les faire entrer dans un profil type.

« Pour être un bon garde du corps, il faut la tête et les jambes, estime Christian Oslawska. Avoir le physique de l'emploi, être d'une extrême rigueur, ne pas se laisser abuser par les apparences. Il faut, quand on voit quelque chose d'anormal, appliquer les procédures, un peu comme un pilote d'avion. On fait sa check-list et on réagit en conséquence. À chaque cas, il y a une procédure qui s'applique : je sors de voiture, il y a une procédure ; je rentre dans un immeuble, il y a une procédure ; je franchis une porte, il y a une procédure ; je monte un escalier, j'entre dans un ascenseur, etc. »

---

4 *Civique* de juin 2010.

Anne Desbordes d'ajouter :

« Il faut une vigilance de tous les instants. Vous développez certains sens, dont l'ouïe, et la vue. Le fait d'être en éveil tout le temps, même aujourd'hui ça me reste. Je ne vois plus tout à fait les choses comme tout le monde. Dans une foule, il peut y avoir un malade mental mais vous ne le voyez par forcément de suite, ça ne se détermine pas, il faut s'y préparer, se demander constamment d'où va tomber le coup. »

Des fonctions méconnues sont mises en valeur. Dont celle du « précurseur » dans les foules.

« Le plus grand danger c'est le leurre, estime Jean-Louis Fiamenghi. Dans la routine d'accompagnement, si une super nana est là, on est des mecs, on va la regarder, et on risque de se faire piéger. C'est aussi pour ça qu'on envoie des précurseurs qui arrivent deux heures avant l'heure H et regardent tout. Nous leur disons : "Buvez les comportements." Ils arrivent quelque part, balaient du regard et voient ce qui accroche. Il arrive qu'on repère quelqu'un, on le contrôle, on interpelle, mais bien souvent on ne trouve rien du tout. Parfois, on trouve des mecs avec des couteaux. On les évacue mais on n'a jamais la certitude qu'ils avaient l'intention de s'en servir. »

Toutes les possibilités d'agressions et d'attentats sont envisagées, étudiées, analysées.

« Nous travaillons beaucoup sur l'individu isolé n'appartenant pas à un groupe politique, car il est très difficile de le détecter, remarque Alain Babonneau. Ça nous est arrivé dans un cortège où une personne a voulu se jeter sur la voiture de la personnalité étrangère et c'est la moto qui est intervenue pour la maîtriser immédiatement. Il faut aussi se servir de ce qui s'est passé à l'étranger. Quand je suis allé au Pakistan, j'ai visionné toutes les images prises lors l'attentat de Benazir Bhutto. On remarque que, dans la foule, l'auteur des coups de feu était le seul qui portait des lunettes de soleil, ce qui n'était pas justifié par rapport à l'heure de la manifestation. »

Certains cas paraissent presque hors de contrôle.

« L'attentat-suicide, tel qu'il a été mis au point par les islamistes, est un mode opératoire qui nous échappe, admet Pascal Gérard. Si un mec monte dans le métro avec une ceinture d'explosifs, on ne peut rien faire. Je crains que ça n'arrive un jour et l'on ne pourra rien faire pour l'éviter. Lors des attentats de Madrid, la bombe était commandée à distance avec un téléphone portable. Pour moi, la lutte antiterrorisme est essentiellement, pour ne pas dire exclusivement, un travail de renseignement. Quand on en est au stade de l'exécution, il est trop tard. »

Alain Babonneau estime pour sa part :

« Il est évident que sur un cortège, le véhicule piégé qui explose – comme cela s'est produit au Liban ou en Afghanistan – j'ai tendance à dire qu'il n'y a pas grand chose à faire, sauf un travail en amont : contrôle, surveillance. »

Les nombreux exercices de simulations peuvent présenter un léger défaut :

« Le problème de ce service d'élite c'est qu'on n'y fait jamais d'exercices d'entraînement avec les ministres ou le président, remarque Éric Stemmelen. On ne connaît pas leurs réactions, ce qui gêne notre travail. »

Un garde du corps doit savoir risquer sa vie pour la personnalité qu'il protège. La question n'est jamais éludée au cours de la formation. Au contraire, elle est traitée et prise en compte. Ceux qui hésitent face à cette évidence sont obligés de quitter l'école.

« Nous savons que notre vie peut être sacrifiée mais nous ne le claironnons pas à longueur de journée, temporise Alain Babonneau. Nous sommes là pour protéger. Les entraînements sont faits pour aller jusqu'au bout mais qui peut dire comment les gens réagiront au moment crucial ? Et puis nous donnons l'image de personnes qui vont donner leur vie pour la personnalité mais je n'ai pas vu beaucoup de collègues du SPHP tomber sous les balles. En revanche, il y en a des dizaines chaque année sur la voie publique. »

Au terme de cet enseignement rigoureux, le policier intègre le SPHP où il découvre un travail de police très différent de ce qu'il a pu faire jusqu'alors.

« L'avantage du SPHP par rapport à la PJ, remarque Sylvain Lledo, est que vous savez tout de suite si ça a marché. Le côté frustrant à la PJ : vous avez des enquêtes, vous interpellez, si tout va bien vous déférez, le truand est écroué et après vous n'avez plus la main. Par la suite, vous apprenez qu'il est incarcéré, ou relâché, et là c'est une remise en cause qui veut dire qu'à un moment vous n'avez pas été bon. Il n'y a rien de tout cela au SPHP. »

Quelle que soit la qualité de la formation, l'approche du métier se perfectionne au jour le jour.

« Le problème de ce service, remarque Pascal Gérard, c'est que d'où que l'on vienne, c'est un boulot de terrain qui s'apprend oralement. Il y a des stages, bien sûr, pour apprendre les techniques de protection rapprochée, mais pour le reste rien. On ne peut pas expliquer comment se monte une visite officielle. Il faut l'avoir vécu. »

Le fonctionnaire du SPHP se rend rapidement compte qu'il bénéficie d'une grande autonomie. À lui de l'utiliser à bon escient. D'où l'importance des tests psychologiques en début de parcours.

« Ce n'est pas du tout le même univers que dans le reste de la police, remarque Jean-Louis Fiamenghi, le système de commandement y est différent. On forme des fonctionnaires et dès l'instant où ils sont auprès d'une personnalité, ils échappent au service car ils vivent avec la personnalité. À titre de comparaison, un mec du RAID c'est plutôt "J'agis avant de réfléchir" alors que celui du SPHP c'est "J'analyse même s'il est plus logique d'agir" ».

Un métier en or ? Sans doute pas. Le mât de Cocagne n'existe pas au sein de la police.

« La protection rapprochée n'a rien à voir avec ce que l'on voit dans les films genre *Bodyguard*, rappelle René-Georges Querry. Ce n'est pas de l'action tous les jours, c'est un métier ingrat. Ce serait plutôt *Le Désert des Tartares*. On prend des types d'une très grande qualité et on leur demande d'être attentifs et vigilants alors qu'il n'y aura probablement jamais de passage à l'action. Néanmoins, il faut rester dans d'excellentes dispositions physiques et psychologiques. »

Anne Desbordes va plus loin :

« Vous donnez votre temps à quelqu'un du matin au soir, vous êtes debout avant la personnalité, pour aller la chercher à son domicile, vous la raccompagnez tard, vous avez peu de temps de sommeil, vous êtes en déplacement avec elle… S'occuper d'une personnalité, c'est comme s'occuper d'un enfant : vous n'avez jamais le temps de penser à vous. Nous ne sommes pas des martyrs, mais quand même, c'est un métier très prenant avec de nombreux à-côtés difficiles. Il faut savoir se fondre dans le groupe qui accompagne la personnalité et tout supporter. Si vous recevez la pluie sur la tête, vous n'allez pas vous protéger alors que vous êtes là pour protéger une personnalité. Ce n'est pas le plus important, mais à la longue ça devient prenant. D'ailleurs, assez vite je n'ai plus été garde du corps, je ne trouvais pas cela assez gratifiant, j'ai préféré être associée à l'organisation des déplacements du chef de l'État, ce qui, pour moi, restera le plus passionnant. »

Être policier au SPHP, c'est évoluer dans un univers qui n'est pas ouvert à tout le monde.

« Ce n'est pas un service de police comme les autres, estime Éric Stemmelen. On touche les chefs d'État, les gens qui ont de l'argent et ça, ça peut pourrir beaucoup. »

D'où la nécessité d'avoir des hommes et des femmes solides, peu enclins à se laisser berner par le miroir aux alouettes.

« J'ai vu des gens se détruire dans ce métier parce que ça a l'air facile, affirme Maurice Gravaud. Vous disposez d'une grande indépendance, le commandement n'existe pas vraiment. Il faut une grande discipline personnelle car il est très facile de déraper. »

Dans l'ensemble, le métier est plutôt bien accepté par ceux qui l'effectuent.

« Nous travaillons dans des conditions très confortables, rappelle Alain Babonneau. C'est pour cela qu'il faut avoir un comportement irréprochable vis-à-vis des autres services de police, rester humbles. »

Et ces fameux voyages merveilleux dans tous les coins du monde ? Oh, bien sûr, ils existent toujours, mais ils ne sont que la face brillante d'une médaille dont le revers est parfois difficile à porter.

Là où le bât blesse

« On devrait organiser, au niveau de la formation, des stages d'attente, ajoute Sylvain Lledo. Elle fait sacrément partie du métier. Quand vous êtes assis, ça va, mais rester quatre ou cinq heures debout derrière une porte quand il fait très chaud, ça ne s'apprend pas à l'école de Saint-Malo… Je suis allé à Auschwitz avec Jacques Chirac pour une cérémonie commémorative où chacun déposait une bougie. J'ai passé trois heures debout dans la neige. J'étais gelé, les pieds, les mains, et tout cela dans une atmosphère lourde. Comment se plaindre, comparé à tous ces hommes et ces femmes qui ont souffert là-bas, pieds nus, sans rien à manger, et dont la plupart sont morts ? Je ne veux pas me plaindre, mais je peux vous garantir que j'ai eu très froid et que j'ai trouvé le temps long. L'attente, on l'apprend sur le terrain et certains ont du mal à s'y faire. Le problème se situe au niveau du recrutement car beaucoup ne voient que les belles voitures, le côté James Bond, et certains ne supportent pas cette partie du métier, ils quittent le service ou ils deviennent aigris. »

Tous les policiers du SPHP, passés ou présents, peuvent évoquer ces interminables heures dans la cour de l'Assemblée nationale, au Sénat, dans un couloir, ou lors d'une cérémonie officielle. Des heures où rien ne se passe. Comparativement, la période « action », qui consiste à accompagner effectivement la personnalité dans ses déplacements, est infime par rapport à la période « attente ».

« Je me souviens de personnalités du Proche et du Moyen-Orient qui avaient l'habitude d'être servies et ne faisaient pas du tout attention à nous, termine Anne Desbordes. Nous étions pratiquement à demeure et pouvions rester des heures à attendre. On nous annonçait la sortie de la personnalité à 13 heures, mais à 18 heures nous attendions toujours. Cela nuit à l'efficacité. »

Bilan

« La difficulté pour un service comme le nôtre, c'est que l'on peut difficilement quantifier notre travail. Tant que nous ne sommes pas confrontés à une tentative d'agression, nous ne pouvons pas savoir si nous allons bien réagir ou pas, estime Alain Babonneau. De même, nous ne pouvons pas savoir combien d'agressions ont été déjouées du fait de la présence de notre dispositif. »

Au vu des forces déployées, des terroristes ont-ils renoncé à leurs actions ? Des individus isolés sont-ils rentrés chez eux sans avoir concrétisé leurs envies malfaisantes ? Impossible de le savoir. Ce qui, fort heureusement, n'empêche pas le SPHP de continuer d'avancer, d'évoluer, et de faire avec les moyens du bord.

« À l'heure actuelle, il me manque du budget que je pourrais trouver en supprimant des missions, explique Gilles Furigo. Nous occupons des locaux neufs et propres. Heureusement que nous n'avons pas besoin de beaucoup de bureaux, sinon il nous faudrait sept mille mètres carrés au lieu des deux mille cinq cents qui nous sont alloués. Mes priorités vont vers un parc auto parfait, l'informatique et l'armement. Pour assurer une bonne protection, il faut de l'humain et des moyens. »

Le siège du SPHP est implanté rue de Miromesnil à Paris, à deux pas du ministère de l'Intérieur et du palais de l'Élysée.

Le SPHP paraît en forme, promis à un bel avenir.

« Le nouveau directeur est très réfléchi, pas un agité, constate Christian Oslawska. Le service a encore de belles heures devant lui. »

ANNEXES

Circulaire interministérielle relative à la sécurité des déplacements officiels (1er mars 1935)

Extraits

BUT DES INSTRUCTIONS

À la suite d'événements douloureux et regrettables, il a paru nécessaire de résumer, en les mettant à jour et en les précisant, les directives à suivre lors des voyages officiels. [...]

RESPONSABILITÉ ET DIRECTION

La responsabilité et la direction du service d'ordre et de sécurité dans les voyages et déplacements officiels incombent :

1° À Paris et dans le département de la Seine, au préfet de police. [...]

2° Dans les départements, au préfet ; le commissaire divisionnaire chargé des voyages officiels mis à sa disposition par le directeur général de la Sûreté nationale, a, dans la période d'organisation du voyage, un rôle d'agent de liaison entre la sûreté nationale et le préfet et de conseiller technique auprès de ce dernier. [...]

ORGANISATION GÉNÉRALE D'UN VOYAGE OFFICIEL

Service d'information. Avant d'examiner les différentes phases par lesquelles passe l'organisation proprement dite du voyage, il convient de marquer l'importance capitale du service d'information qui doit, dès que le voyage a été décidé, s'efforcer de recueillir dans les milieux suspects tous les renseignements susceptibles de déceler en temps utile l'organisation de manifestations ou même d'attentats. [Renforcements des liens inter-administratifs et avec l'étranger, centralisation et coordination des renseignements].

DISPOSITIONS PRÉLIMINAIRES

S'il s'agit d'un voyage du président de la République, la Présidence arrête, tout d'abord, les grandes lignes du programme (date, durée, réceptions et cérémonies diverses). La direction de la Sûreté nationale reçoit communication de cet avant-projet.

ORGANISATION GÉNÉRALE D'UN VOYAGE PRÉSIDENTIEL

Première phase.

Un mois, au moins, avant la date du voyage, est organisée à la Préfecture du département, lieu du voyage, ou dans la ville désignée par le Préfet, et sous sa présidence, une conférence à laquelle doivent assister : le représentant de la Présidence de la République, le Général commandant la région [autres officiers air, mer...], le Commissaire divisionnaire chargé des voyages officiels, le commandant d'armes, le commandant de la compagnie départementale de gendarmerie, [...] le commissaire central ou de police, le Commissaire spécial, le chef de la brigade régionale de police mobile, le chef du service télégraphique de l'Élysée, le directeur départemental des postes, le représentant du réseau de chemin de fer intéressé, le chef local du service de la voirie et les autorités locales qui ont invité le président (maire, président du Conseil général, président de la Chambre de commerce, etc.). [Surveillance préalable des hôtels, garnis ou débits et trajets présidentiels].

Deuxième phase.

C'est au cours d'une deuxième conférence que le programme détaillé sera arrêté après que les autorités ayant assisté à la première réunion se seront rendues sur les lieux pour examiner le trajet du cortège et auront visité les emplacements et locaux où des cérémonies seront organisées (monuments à inaugurer, fêtes en plein air, salles de banquets, théâtres, etc.). Ce programme doit concorder exactement avec les grandes lignes arrêtées par la Présidence. L'itinéraire du cortège, y compris les points d'arrêts où se dérouleront les cérémonies, l'horaire ainsi que le programme et la durée de chaque cérémonie, étant arrêtés et acceptés par la Présidence de la République, des plans très précis seront établis [suit exposé des directives de sécurité].

Troisième phase.

Entre la première conférence et la dernière [...] différents travaux préparatoires auront été faits : La Présidence ayant communiqué la liste des personnalités qui accompagnent le chef de l'État dans le train et dans les villes, la mise au point et l'édition du livret-programme du voyage étant faites également par la Présidence, le Commissaire divisionnaire chargé des voyages officiels mettra au point les dispositions suivantes :

a) Envoi d'un télégramme-circulaire pour inviter tous les préfets à prendre des mesures de sécurité et de protection pendant le voyage.

b) Dispositions particulières déterminées par les renseignements recueillis par le Service d'information.

c) Rédaction des coupe-file de sûreté pour les personnalités accréditées, invités, membres de la presse, fonctionnaires de police. Leur distribution est assurée : 1° par la Présidence (secrétariat militaire) pour les personnalités du train, y compris la presse parisienne ; 2° par le Préfet pour les personnalités (et la presse locale) qui sont invitées au cortège.

Quatrième phase.

Mise au point définitive du plan d'exécution. Une dizaine de jours avant la date du voyage, le commissaire divisionnaire chargé des voyages officiels, accompagné de collaborateurs spécialisés, se rend à nouveau dans la ou les villes qui seront visitées par le cortège officiel [Dispositions immédiates et personnelles de la sécurité du président]. Dès l'arrivée de ces fonctionnaires, doit se tenir, sous la présidence du Préfet, une nouvelle conférence à laquelle tous les représentants locaux des autorités et organismes prévus à la p. 7 doivent assister. Tous les participants exécutent ensemble le parcours que suivra le cortège [...]. Répétition générale du cortège. Enfin, la veille du jour de l'arrivée du président, le plan d'exécution qui a été arrêté fait l'objet d'une répétition générale dirigée par le Préfet. Elle est exécutée avec le concours de tous les services qui auront à participer à l'escorte du président. [...]

Dispositions particulières.

Train spécial.

[...] La composition du train étant fixée, l'attribution protocolaire des places dans les voitures est faite par la Présidence de la République [...].

Service d'honneur.

Ce service est demandé par le préfet [...] Le service d'honneur comprend, notamment, une compagnie d'honneur à l'arrivée et au départ, un piquet d'honneur à la résidence présidentielle (préfecture, en général) et escorte de cavalerie.

Service d'ordre.

Variable suivant l'importance et la nature du parcours. Chargé de contenir et de surveiller le public, il est assuré par la police locale, la gendarmerie et la garde mobile, le concours de la troupe étant à prévoir. La haie, qui a pour but de maintenir la liberté de la chaussée sur l'itinéraire du cortège, sera fournie par les troupes en service d'honneur et disposée le long des trottoirs à intervalles les plus serrés possible. Dans ces intervalles seront placés des agents, gardes ou gendarmes [...]. Lorsque les effectifs le permettront, des gradés de la police ou de la gendarmerie et de la garde, placés sur la chaussée à intervalles convenables et à une distance suffisante du trottoir, feront face à la foule et observeront celle-ci. Il importe de choisir les voies les plus larges pour déterminer l'itinéraire [...]. Les services d'ordre s'exercent plus difficilement dans les rues étroites et les abords immédiats des voitures du cortège y sont insuffisamment dégagés.

Dispositif pour l'ordre du cortège.

1° Un groupe de 5 à 6 voitures [PTT, Élysée, police locale, reporters photo et cinéma. Doit toujours être en avance].

2° Le groupe officiel, disposé comme suit : 5 motocyclistes ouvrant la marche ; auto pilote ; Peloton de gendarmes ou de gardes mobiles à cheval ; fanfare de cavalerie ; une ou deux voitures dites protocolaires ; un peloton de cavalerie dit « de tête » ; l'étendard et sa garde ; la voiture présidentielle flanquée de 8 cyclistes, ou motocyclistes, et gardée à l'arrière par 8 cyclistes ou motocyclistes sur un ou deux rangs. Un officier général et un officier supérieur sont placés à hauteur des portières de la voiture, à l'intérieur de l'encadrement formé par les cyclistes ; la voiture de sûreté de l'Élysée ; les voitures transportant les personnalités officielles ; un peloton de cavalerie dit « de queue », déployé sur toute la largeur de la chaussée [...]. En outre, une file de cyclistes ou motocyclistes, dits de « flanquement », se déplaçant à hauteur de la voiture, parallèlement et le plus près possible de chaque trottoir, pourront éventuellement constituer un second rideau de protection, notamment lorsqu'il s'agira d'une chaussée de grande largeur.

Annexe.

[...] Se préoccuper des fenêtres louées sur les itinéraires. [...] Manifestations politiques. S'enquérir des manifestations politiques ou autres qui pourraient avoir lieu sur le passage du président de la République. En rendre compte dans le plus bref délai afin que les services locaux puissent prendre des mesures pour les empêcher ou en supprimer l'effet. [...] Interdire le jet de confettis, serpentins et bouquets sur le passage du cortège [...] S'assurer de la solidité des arcs de triomphe, mâts, installations d'illuminations, pavoisements, décorations, etc. »

Arrêté du 17 décembre 2008
relatif aux missions et à l'organisation du
service de protection des hautes personnalités

Article 1

Le service de protection des hautes personnalités assure, au profit de personnes françaises et étrangères, les missions de protection rapprochée et d'accompagnement de sécurité.

Il met en œuvre les mesures nécessaires à la sécurité générale du Président de la République.

Il met en œuvre les mesures nécessaires à l'organisation matérielle et à la sécurité des visites officielles en France et à l'étranger.

Il est placé sous l'autorité d'un fonctionnaire du corps de conception et de direction de la police nationale.

SECTION 1 : DE L'ORGANISATION DU SERVICE

Article 2

Le service de protection des hautes personnalités comprend :

– l'état-major ;

– le groupe de sécurité de la présidence de la République ;

– la sous-direction de la sécurité des hautes personnalités françaises ;

– la sous-direction de la sécurité des hautes personnalités étrangères ;

– la sous-direction de la sécurité des personnalités menacées ;

– la sous-direction des ressources et de l'appui opérationnel.

Il peut également recevoir le concours de compagnies républicaines de sécurité.

Article 3

L'état-major reçoit les demandes adressées au service et en assure le traitement.

Il est chargé, au moyen du centre d'information opérationnelle, du recueil et de la diffusion de l'information opérationnelle.

Il assure une mission de coordination générale et de synthèse à l'égard des sous-directions.

Il est chargé des relations extérieures du service.

Il coordonne la conception des dispositifs de sécurité complexes, liés à des événements ou des manifestations de grande ampleur ou auxquels participent de nombreuses hautes personnalités françaises ou étrangères. En liaison le cas échéant avec le service de sécurité du ministère de l'intérieur, il fait effectuer, pour les besoins de la sécurité des personnes protégées par le service, des audits destinés à évaluer la sécurité des bâtiments.

Article 4
Le groupe de sécurité de la présidence de la République, sur le territoire de la République et à l'étranger, assure la protection personnelle et immédiate du Président de la République et met en œuvre les mesures nécessaires à sa sécurité, notamment à l'organisation matérielle et à la sécurité de ses déplacements.
Article 5
La sous-direction des hautes personnalités françaises, sur le territoire de la République et à l'étranger, assure la protection rapprochée ou l'accompagnement de sécurité des membres du Gouvernement et met en œuvre les mesures nécessaires à leur sécurité, notamment à l'organisation matérielle et à la sécurité de leurs déplacements. Elle assure également la protection rapprochée ou l'accompagnement de sécurité des hautes personnalités françaises auxquelles, en fonction des risques et menaces évalués par les services spécialisés et sur la décision du ministre de l'intérieur, il est accordé de telles mesures.
Elle comprend des groupes et des équipes de sécurité placés auprès de chacune des personnalités concernées.
Article 6
La sous-direction des hautes personnalités étrangères assure la protection rapprochée ou l'accompagnement de sécurité des chefs d'État et de Gouvernement en visite officielle ou privée sur le territoire de la République et des hautes personnalités étrangères auxquelles, en fonction des risques et menaces évalués par les services spécialisés et sur la décision du ministre de l'intérieur, il est accordé de telles mesures.
Elle comprend des groupes et des équipes de sécurité placés auprès de chacune des personnalités concernées. Elle dispose d'une antenne à Strasbourg auprès des institutions européennes.
Article 7
La sous-direction de la sécurité des personnalités menacées assure la protection rapprochée ou l'accompagnement de sécurité des personnes physiques auxquelles, en fonction des risques et menaces évalués par les services spécialisés et sur la décision du ministre de l'intérieur, il est accordé de telles mesures.
Elle comprend des groupes et des équipes de sécurité placés auprès de chacune des personnes concernées.
Article 8
La sous-direction des ressources et de l'appui opérationnel fournit à l'ensemble des composantes du service leurs moyens opérationnels ; elle assure la gestion financière du service et le contrôle de gestion.

Elle organise le recrutement des fonctionnaires actifs de police ainsi que la formation professionnelle des fonctionnaires affectés au service. Elle assure la gestion opérationnelle des personnels et participe à l'élaboration des règlements d'emploi. Elle veille au respect des règles de discipline et de déontologie.

Elle dispose d'un groupe d'appui et de protection, composé de fonctionnaires actifs de police spécialement entraînés à la protection des personnes particulièrement menacées et qui apporte son concours, en tant que de besoin, aux sous-directions chargées de missions de sécurité.

Elle assure l'ensemble de ses missions en liaison avec les services compétents de la direction générale de la police nationale, notamment la direction de l'administration de la police nationale et l'inspection générale de la police nationale.

SECTION 2 : DE LA SÉLECTION DES FONCTIONNAIRES ACTIFS DE POLICE ET DU CONTRÔLE DE LEUR APTITUDE PROFESSIONNELLE

Article 9

Les fonctionnaires actifs de police du corps de commandement et du corps d'encadrement et d'application, à condition d'être titulaires depuis trois ans, peuvent être affectés au service après avoir été déclarés médicalement aptes par l'administration aux missions exercées par le service et avoir subi avec succès les épreuves de sélection. La durée de l'affectation est de cinq ans.

Cette affectation peut être renouvelée si la manière de servir des fonctionnaires est satisfaisante, s'ils sont toujours médicalement aptes à l'exercice de leurs missions et s'ils ont subi avec succès des épreuves de contrôle de l'aptitude professionnelle.

Ils sont tenus de suivre les stages de spécialisation dispensés dès leur affectation au service, la formation continue et les séances d'entraînement individuel et collectif.

Article 10

Les épreuves mentionnées aux premier et deuxième alinéas de l'article 9, et dont le contenu et les modalités sont définis par une instruction du directeur général de la police nationale prise sur la proposition du chef du service, comprennent :

– des épreuves psychotechniques ;
– des entretiens individuels ;
– des épreuves physiques ;
– des épreuves de tir ;
– une évaluation des connaissances professionnelles.

SECTION 3 : RÈGLES D'EMPLOI

Article 11

Sur le territoire de la République, les missions définies aux deuxième et troisième alinéas de l'article 1er sont exécutées sous l'autorité du représentant de l'État territorialement compétent, responsable dans son département ou sa collectivité du bon déroulement des visites officielles et chargé, à ce titre, de préparer leur organisation et d'assurer leur sécurité. À cet effet, le chef du service ou son représentant se met à la disposition du représentant de l'État, qu'il assiste en tant que conseiller technique pour l'élaboration des mesures nécessaires, et les fonctionnaires du service en mission dans son département ou sa collectivité sont placés sous son autorité.

Article 12

À l'étranger, les missions définies aux deuxième et troisième alinéas de l'article 1er sont exécutées sous l'autorité de l'ambassadeur. À cet effet, le chef du service ou son représentant se met à sa disposition et l'assiste en tant que conseiller technique pour l'élaboration des mesures nécessaires, et les fonctionnaires du service en mission dans l'État concerné sont placés sous son autorité.

Article 13

Une commission présidée par le directeur du cabinet du ministre ou son représentant rend un avis au ministre de l'intérieur, en fonction des risques et menaces évalués par les services spécialisés, sur l'octroi ou le maintien de toute mesure de protection rapprochée ou d'accompagnement de sécurité, ainsi que, le cas échéant, sur la nature et le degré de la protection accordée. Cette commission se réunit à tout moment, à la demande du ministre. Elle est composée exclusivement d'agents de l'État et comprend au moins le directeur général de la police nationale, le directeur général de la gendarmerie nationale, le préfet de police, le chef du service de protection des hautes personnalités et le chef de l'unité de coordination de la lutte antiterroriste, qui peuvent être représentés. Le ministre peut décider de ne pas consulter la commission lorsque la situation le justifie, notamment au regard des délais nécessaires à la commission pour se réunir et rendre son avis.

SECTION 4 : DISPOSITIONS TRANSITOIRES ET FINALES

Article 14

Les fonctionnaires actifs de la police nationale affectés au service de sécurité du ministère de l'intérieur (groupe de protection de la police nationale) ainsi que ceux affectés, au sein de la direction du renseignement de la préfecture de police, à des missions de protection de personnalités peuvent demander leur affectation au service de protection des hautes personnalités sans subir les épreuves de sélection mentionnées à l'article 10.

Dans un délai d'un an à compter de l'entrée en vigueur du présent arrêté, le maintien de leur affectation sera subordonné à l'appréciation de leur manière de servir et à une évaluation de leurs connaissances professionnelles. Les fonctionnaires dont l'affectation n'aura pas été maintenue seront mutés après avis de la commission administrative paritaire, dans les conditions applicables à chaque corps, à l'un des trois postes proposés par l'administration. Si un fonctionnaire ne fait pas acte de candidature pour un poste proposé par l'administration ou n'obtient pas satisfaction, il sera réintégré, en fonction de sa précédente affectation, au service de sécurité du ministère de l'intérieur ou à la direction du renseignement de la préfecture de police.

Fait à Paris, le 17 décembre 2008 / Michèle Alliot-Marie

PRÉSIDENTS DE LA CINQUIÈME RÉPUBLIQUE

Charles de Gaulle 8 janvier 1959 – 28 avril 1969
Georges Pompidou 20 juin 1969 – 2 avril 1974
Valéry Giscard d'Estaing 27 mai 1974 – 21 mai 1981
François Mitterrand 21 mai 1981 – 17 mai 1995
Jacques Chirac 17 mai 1995 – 16 mai 2007
Nicolas Sarkozy 16 mai 2007

PREMIERS MINISTRES

Michel Debré 9 janvier 1959 – 14 avril 1962
Georges Pompidou 14 avril 1962 – 10 juillet 1968
Maurice Couve de Murville 10 juillet 1968 – 21 juin 1969
Jacques Chaban-Delmas 21 juin 1969 – 5 juillet 1972
Pierre Messmer 5 juillet 1972 – 27 mai 1974
Jacques Chirac 27 mai 1974 – 25 août 1976
Raymond Barre 25 août 1976 – 21 mai 1981
Pierre Mauroy 21 mai 1981 – 17 juillet 1984
Laurent Fabius 17 juillet 1984 – 20 mars 1986
Jacques Chirac 20 mars 1986 – 9 mai 1988
Michel Rocard 9 mai 1988 – 15 mai 1991
Édith Cresson 15 mai 1991 – 2 avril 1992

Pierre Bérégovoy 2 avril 1992 – 29 mars 1993

Édouard Balladur 29 mars 1993 – 18 mai 1995

Alain Juppé 18 mai 1995 – 2 juin 1997

Lionel Jospin 2 juin 1997 – 6 mai 2002

Jean-Pierre Raffarin 6 mai 2002 – 31 mai 2005

Dominique de Villepin 31 mai 2005 – 16 mai 2007

François Fillon 16 mai 2007

MINISTRES DE L'INTÉRIEUR

Jean Berthoin 8 janvier 1959 – 28 mai 1959

Pierre Chatenet 28 mai 1959 – 6 mai 1961

Roger Frey 6 mai 1961 – 6 avril 1967

Christian Fouchet 6 avril 1967 – 30 mai 1968

Raymond Marcellin 30 mai 1968 – 27 février 1974

Jacques Chirac 27 février 1974 – 28 mai 1974

Michel Poniatowski 28 mai 1974 – 30 mars 1977

Christian Bonnet 30 mars 1977 – 22 mai 1981

Gaston Defferre 22 mai 1981 – 19 juillet 1984

Pierre Joxe 19 juillet 1984 – 20 mars 1986

Charles Pasqua 20 mars 1986 – 12 mai 1988

Pierre Joxe 12 mai 1988 – 29 janvier 1991

Philippe Marchand 29 janvier 1991– 2 avril 1992

Paul Quilès 2 avril 1992 – 29 mars 1993

Charles Pasqua 29 mars 1993 – 18 mai 1995

Jean-Louis Debré 18 mai 1995 – 4 juin 1997

Jean-Pierre Chevènement 4 juin 1997– 3 septembre 1998

Jean-Jack Queyranne 3 septembre 1998 – 30 décembre 1998

Jean-Pierre Chevènement 30 décembre 1998 – 29 août 2000

Daniel Vaillant 29 août 2000 – 7 mai 2002

Nicolas Sarkozy 7 mai 2002 – 31 mars 2004

Dominique de Villepin 31 mars 2004 – 31 mai 2005

Nicolas Sarkozy 31 mai 2005 – 26 mars 2007

François Baroin 26 mars 2007 – 16 mai 2007

Michèle Alliot-Marie 16 mai 2007 – 23 juin 2009

Brice Hortefeux 23 juin 2009

REMERCIEMENTS

L'auteur tient à remercier toutes les personnes qui, de près ou de très près, ont permis l'élaboration de ce livre.

Tout d'abord Emmanuel Prévost qui en fut le véritable initiateur. Sans lui le SPHP aurait continué de rester dans l'ombre.

Jean-Louis Fiamenghi, Gilles Furigo et Pascal Gérard qui ont soutenu cette aventure de bout en bout, ont ouvert leurs carnets d'adresses, leurs malles aux souvenirs et n'ont jamais ménagé leur temps.

Yannick Dehée et son efficace équipe qui ont su transformer ce projet un peu fou en un livre présentable.

Odile Sauwal qui a été, ô combien, présente du début jusqu'à la fin.

Mesdames Annie Desbordes et Helena Thomas, messieurs Alain Babonneau, Henri Cantet, Georges Clément, Jean-Pierre Duc, Maurice Gravaud-Lestieux, Jean Grinsard, Pierre Guiziou, Christian Lambert, Sylvain Lledo, Jean-Pierre Lorain, Guy Parquet, Patrice Poirson, René-Georges Querry, Christian Oslawska, Raymond Sasia, Éric Stemmelen, Joseph Théréné, plus quelques autres qui tiennent à garder l'anonymat. Tous ont répondu à mes questions, y compris les plus saugrenues. Grâce à eux, et avec eux, j'ai pu construire cette « petite histoire du SPHP par ceux qui l'ont vécue ».

Merci au courtois Christian Prouteau, en dépit de nos rendez-vous manqués.

Remerciements aussi à l'Hôtel Lancaster de Paris dont le bar servit de cadre confortable à bien des rencontres.

Merci enfin à l'ensemble du personnel du SPHP qui a eu l'amabilité de me voir traîner dans les couloirs sans me sauter dessus et qui, au contraire, s'est toujours montré ouvert et bienveillant.

Il ne me reste plus qu'à rêver de devenir une « haute personnalité » pour savoir ce qu'est vraiment être protégé par le SPHP ! Mais je crains qu'il ne soit trop tard.

TABLE DES MATIÈRES

Achevé d'imprimer par Corlet, Imprimeur, S.A. - 14110 Condé-sur-Noireau
N° d'Imprimeur : 133674 - Dépôt légal : novembre 2010 - *Imprimé en France*